第一信托丛书
DI YI XIN TUO CONG SHU

信托产品的开发创新

翟立宏　杨林枫　主著

中国财政经济出版社

图书在版编目（CIP）数据

信托产品的开发创新／翟立宏等著．—北京：中国财政经济出版社，2008.11

（第一信托丛书）

ISBN 978-7-5095-1022-3

Ⅰ．信…　Ⅱ．翟…　Ⅲ．信托业务　Ⅳ．F830.8

中国版本图书馆 CIP 数据核字（2008）第 160655 号

责任编辑：林治滨　　　　责任校对：徐艳丽

封面设计：郁　佳　　　　版式设计：兰　波

中国财政经济出版社出版

URL：http：//www.cfeph.cn

E-mail：cfeph@cfeph.cn

社址：北京市海淀区阜成路甲 28 号　邮政编码：100142

发行处电话：88190406　财经书店电话：64033436

北京财经印刷厂印刷　　各地新华书店经销

787×960 毫米　16 开　19.5 印张　301 000 字

2008 年12月第 1 版　2008 年12月北京第 1 次印刷

印数：1—4 000　　定价：38.00 元

ISBN 978-7-5095-1022-3/F·0852

（图书出现印装问题，本社负责调换）

本社质量投诉电话：010-88190744

总序

从历史的角度讲，信托业引入中国已近百年，但是信托作为一种制度被引入我国却是在信托业历经了几度风雨、几番沉浮之后。2001年10月，《中华人民共和国信托法》的生效，标志着信托制度在中国的真正扎根。至今七载已过，我们欣喜地看到，中国信托业基本走上了“受人之托、代人理财”的正途，这棵金融业的“常青之树”正在神州大地上健康、茁壮地成长。事实表明，中国的土壤是适合信托业和信托制度生存与发展的。而且，随着国内社会财富积累程度的不断提高，社会公众和机构对信托产品的需求也将不断增长，信托业的发展空间将越来越广阔。信托具有信托财产独立、管理方式灵活、运用范围多样等特点，这使得信托制度必然在中国的经济社会发展中扮演越来越重要的角色，并将发挥越来越突出的作用。

同样需要正视的是，中国正式接受信托制度的时间还很短，就总体而言，社会大众对信托的认知度仍然比较低。因此，中国发展信托业不仅面临着向社会大众宣扬信托理念、普及信托知识的艰巨任务，还需要不断提高信托从业人员的素质以及提高信托公司受托管理信托财产的水平。

抓住机遇、应对挑战以发展信托业和信托制度，这需要理论和实践的有机结合与互动发展。在我国当前努力发展信托业和信托制度的大背景下，信托理论亟需创新和发展。回顾过去20多年的历史，部分信托实务人士和理论人士一直坚持研究信托理论，但由于种种原因，信托理论的创新和发展一直是金融、法律等研究领域中最为薄弱的环节之一，信托理论研究以及信托知识普及的水平已远远落后于信托业实践的步伐，这种理论与实践的脱节问题值得每一位关心和热爱信托的人士深刻警醒。

"第一信托丛书"是信托业界自发组织和自觉创新的信托研究丛书，其中包括普及信托知识、总结信托实践、提炼升华信托理论的一系列分册。该丛书无论从宣传、普及和推广信托知识的角度看，还是从推进信托实践和信托理论研究的角度看，均堪称是信托业界的第一套大型系列丛书。丛书的编撰出版是我国信托业界乃至金融界的一件大事，对于进一步促进信托业的规范和健康发展具有重大现实意义。

我们诚挚地希望《第一信托丛书》能够得到大家的关注和批评，并引发各方有识之士不断为信托业界和社会大众奉献出更多高质量的信托研究著作，同时衷心地祝愿中国信托业一路走好、不断发展壮大。

是为序。

丛书编辑委员会

2007 年 5 月

主编致辞

2001年《中华人民共和国信托法》的颁布，标志着一个新时代的开始，业者和学者们称之为："新信托时代"。随后，中国人民银行《信托投资公司管理办法》（2002年6月5日）和《信托投资公司资金信托管理暂行办法》（2002年6月26日）的陆续颁布实施，初步构成了中国信托业"一法两规"的基本法律法规平台，结束了中国引入现代信托业至今一个世纪以来无法可依的历史。而中国银行业监督管理委员会2006年12月颁布的《信托公司管理办法》和《信托公司集合资金信托计划管理办法》（2007年3月1日生效）进一步重构了这一基本法律法规体系，把信托公司从"融资平台"向"受人之托、代人理财"的专业化机构的转型推上了制度轨道。中国信托业在新的"一法两规"体系下将会涌现出一大批风险可控、守法合规、创新不断、具有核心竞争力的专业化金融机构，中国信托业焕然一新、持续健康发展的时代已经拉开序幕。

人们或许并不熟悉现代信托自20世纪初叶被引入中国后的漫长发展历史，但对1979年我国第二次引入现代信托业——即以1979年中国国际信托投资公司成立为标志的行业恢复和发展的历史，都有着比较深刻的印象。但遗憾的是，不仅一般社会公众，就连一些经济学者甚至专门研究金融的学者对于信托制度、信托业务、信托功能及其定位，包括信托机构应该和能够做什么也缺乏全面了解，甚至还有不少谬见和误解，即便在我们的信托机构从业人员中，也存在不少的“信托盲”。当然，这不仅是我国信托法规滞后造成的，也与20多年来信托业的错误定位、信托本原业务荒废和信托从业人员岗位培训不足的情况因果相循。从另外一个角度来说，无论对于社会公众和私人投资者，还是对于企业和各类社会团体，甚或对于政府和行业领导机构而言，认识和学会运用信托这一现代金融工具，都具有特别重要的意义。所以，作为资深的从业人员，我们感到了应该为普及信托知识和信托法规做些什么的责任感和使命感。于是，在许许多多业者、学者甚至包括一些已经离开信托业的老同事们的鼓励下，有了组织编撰这样一套信托丛书的想法。

过去10多年中，曾经有不少信托书籍问世，不同程度地介绍和宣传了这一舶来的事物。但由于它们多为《中华人民共和国信托法》颁行前的过去时态，所以无疑需要结合新信托时代的法律法规进行更新。另外，由于这些读物多以单册刊行，往往不能顾及专业与普及的不同水平、无法满足精进与入门的不同需求，所以，存在对不同学术水平读者群体无法兼顾的缺憾。对此，我们决定采用丛书方式解决。

作为一套丛书，我们设计了6本不同分工的著述，分别是：《信托漫话》、《信托法基础理论研究》、《海外信托发展史》、《信托产品概述》、《信托产品的开发创新》、《信托业监管法律问题研究》。这些著作从不同的角度论述了信托制度、信托业和信托产品，基本上涵盖了与信托直接相关的理论和实务问题，比较系统、全面地介绍和宣传了信托制度、营业性信托业务和中国的信托公司群体。

自最初动议编纂丛书以来，至今已历时7年。时光荏苒、人事变迁，最早参与丛书编纂的团队已有不少变动，加之大家多处在信托实践的第一线，所以筹备编写的速度自然无法保障。

而由于政策、环境的变动屡屡发生，更使丛书的编写进程延宕再三。随着“新信托时代”信托行业的迅猛发展，信托公司业已初步地实现了作为专业理财机构的转型，产品品种、业务规模均增长迅速，在金融领域比较效益十分明显。但另一方面，行业规范发展也不断对制度体系的完善甚至重新构建提出要求，所以信托监管的法律法规也需要与时俱进。而无论是政策法规的不断微调，还是最具代表性的2007年中国银行业监督管理委员会新的“一法两规”的出台，都必然导致丛书计划的变动与修订。好在编辑一套由浅及深，体系较为完整、完善的信托理论著作已经成为信托发展共同的需求和愿望，所以，自我们2005年再次提议此事，就有幸得到了多家信托公司的大力支持，还在中国信托业协会的帮助和召集下，专门召开了2005年10月份的青岛会议，并进而组成了专家委员会和编辑委员会。近3年来，在编辑委员会诸贤的努力工作下，不仅积极调整了出书计划与步骤，为了延揽业界内外一流人选、保证编撰质量，还特别设计了竞争机制，通过招标等方式产生了各个分册的作者。目前，各分册的编撰均在稳步推进、进展顺利，其中4个册已经完成初稿，丛书将在一年之内陆续出齐。

相较于国内10多年来许多版本的信托读物，丛书编委会无论是从礼请各信托公司、行业监管部门负责人及著名专家学者组成专家团队，还是最广泛地集合业界、学界人才优势、业务创新和研究成果；无论是用不同分册来解决普及与专业矛盾，还是采用竞标方式确定最佳执笔人，由于诸多作法在中国信托理论研究界都是开创性的，因此，我们在2005年接受建议将这套筹备多年的丛书定名为《第一信托丛书》。

如果仅自1979年我国重新引入信托制度为起点来看，中国信托业在经历了20多年跌宕起伏的时光之后，可以说目前正处在一个前所未有的良好的法律和经济环境中。我们殷切地希望我们的

《第一信托丛书》能够成为无愧改革开放时代、反映太阳光芒的微小水滴，为信托业发扬光大时期的到来谱就序曲。

诚挚敬意予我们的读者、编者和作者。

2008 年 5 月于北京

前言

作为一项在世界范围内被广为继受的财产转移与财产管理制度，信托在我国的移植和发展命运曲折，我国的信托业经历了近百年兴衰浮沉、时有时无的发展历程。尤其从 1979 年重新恢复开办信托机构以来，由于各种原因，更是历尽坎坷，跌宕起伏，发展状况很不如人意。为什么在全世界范围内几乎所有继受该制度的国家都被证实了是行之有效的一种制度安排，而在中国这一块土地上的发展却遭遇了如此多的障碍呢？或许正是由于这种对信托特有功能的笃信和对我国信托业发展现状的不满之间的矛盾，促使近年来很多学者和业内人士从各个领域、各个层次、各个角度对我国信托业发展中的诸多问题进行着从未间断的研究和探索。

本书是第一信托丛书《信托产品概述》的姊妹篇。从《信托产品概述》完成初稿到《信托产品的开发创新》的完成，时间不知不觉就过去了一年多。一年多来，最大的感慨是中国信托业实践发展的速度是如此之快，而我们对于实践进行理论总结和提升的脚步又是如此之慢，以至于我们在坚信“理论来源于实践”的同时，不能不对“理论指导实践”的效果产生了怀疑。其实，与实践发展同步，最近两年信托理论的发展是非常之快的，尤其是监管机关组织的信托业发展八大课题研究，大大促进了中国信托理论的发展。只是大量信托理论的研究成果，都以内部研究报告的形式出现，尚未系统整理并正式出版或者发表。而本书相当部分内容，尤其是下篇，正是将业界和学界部分信托理论研究成果进行系统总结的一次尝试。

本书将研究视角聚焦于信托产品的开发创新，是出于多方面的考虑。无论是从信托特有的制度构造和制度功能来看，还是从信托产生发展和移植传播的历史来看；无论是从中国信托业以往的坎坷历程来看，还是从其未来的发展之路来看，对信托产品创新问题的研究都应该是信托研究领域的主基调和主旋律，并且对信托产品创新问题的研究也极有可能形成我国金融理论体系中最具有本土化特色的内容之一。相对于银行、证券、保险等行业的传统金融业务来说，信托的制度构造和制度功能具有高度的灵活性特征和弹性空间，对特定环境的适应性更强，这些都能至少从研究对象这一层次上满足金融理论创新的基本要求；而中国转轨经济的运行也为信托产品创新的实践提供了广阔的领域，未来可能的社会变迁更为信托产品创新的应用开拓了无尽的空间。因此，以信托产品的创新研究为题，不仅具有理论意义，也具有广泛和深远的实践意义。

当然，能够认识到的意义未必都是能够实现的目标，就像我们都知道信托的运用范围无比广袤，但凭一己的想象力总是无法得窥其全貌一样。尽管本书尝试着去搭建一个分析信托产品开发创新的理论框架，并以现实的素材资料对其进行注解与说明，但囿于著者有限的能力，书中的失当谬误之处在所难免。中国的信托理论研究和信托实践一样，有太多的开创性，因此，我们写作本书的过程本身就是一个不断学习和提升自己的过程。正如我们在《信托产品概述》的后记中谈到的，不久之后回过头来看我们写的书，也许是因为自己信托理论水平的进步，也许是信托实践的重大发展，许多的遗憾和错误会让我们惶恐和羞愧，遗憾也只能永远装在自己的心里了。但是即使如此，我们仍然坚信我们所做的工作是非常有意义的，因为理论的成熟不可能一步到位，后人总是可以从前人的哪怕非常不成熟的理论成果中有所受益。

本书作者的分工是：全书的结构由翟立宏和杨林枫设计，上篇各章的结构和全稿撰写由翟立宏独立完成，杨林枫补充了部分资料。下篇的章节结构由杨林枫和吴龙龙设计，第一章由杨蔚（民生银行成都分行）撰写初稿；第二章由周麟、贾不多、王晓宇、门磊、赵杨（西南财经大学信托与理财研究所）撰写初稿；第三章由吴龙龙（西南财经大学信托与理财研究所）撰写初稿；第四章由张学银（山东科技大学）撰写初稿；第五章由杨林枫、李二东撰写初稿。下篇的初稿完成后，由吴龙龙和杨林枫进行初稿修改。全书上篇由翟立宏总撰，下篇由杨林枫进行总撰。

中国财政经济出版社张立宪副总编及林治滨编辑为本书的出版付出了大量辛劳与智慧，在此我们谨表诚挚谢意！

作　者

2008 年 7 月 16 日

目录

上篇　信托产品创新的要素解构与环境分析
——基于中国信托业发展进程的研究

下篇 新政背景下信托产品创新的战略选择

上　篇

信托产品创新的要素解构与环境分析

——基于中国信托业发展进程的研究

导论

第一节
信托产品开发创新研究的意义

在有关中国信托业发展的诸多问题中，我们之所以选择以信托产品开发创新问题的研究为题，主要是出于以下三方面考虑：

一、理论层面的考虑

从理论上说，信托业的发展应该立足于信托功能的实现，信托功能的实现只能依靠信托业务的拓展，而信托业务的拓展必须借助于信托产品的开发创新。

1. 信托业的发展应该立足于信托功能的实现，这是现代金融发展的功能观的规范要求。如何解释当前金融体系结构的趋势性变化，在西方国家尤其美国理论界近年来流行的“功能观点”给我们提供了全新的视角①。与传统的“机构观点”将现存的机构和组织结构作为既定的、固化的、前提的观点有所不同，功能观点认为不同金融机构的构成及形式是不断变化的，而金融体系的基本功能变化却很微小，并且金融机构的形式变化以及金融工具的创新都是围绕金融功能而变动的，因此，应该把研究视角定位于金融体系的基本功能上，然后根据不同的经济功能去建立能最有效实现这些功能的机构和组织。这一观点给我们的启示是，在研究信托业发展问题的过程中，我

① 王国言：“全球金融体系结构变化的新视角：功能观点”，《财贸经济》2001 年第 2 期，第 71～73 页。

们要时刻清醒地意识到，信托业的发展归根到底是为了通过实现信托特有的制度功能及其派生功能而提高整个金融体系的效率，而不是为了拯救或扩展某些或某类现存的机构或组织，尽管从信托产品供给的角度来看，某类特定的机构或组织的存在也是必要的，但目的和手段的主从关系却必须区分清楚。

2. 信托功能的实现只能依靠信托业务的拓展，这是“功能”与“业务”概念逻辑关系的具体体现。从理论上来说，实现信托制度的功能可能还有其他的途径①，但至少从目前来看却只能依靠某类机构或组织所提供的信托业务的拓展，因此，信托业务和信托功能也就成为逻辑上紧密相连的两个概念。一方面，信托功能是从信托业务中归纳提炼出来的，对信托功能的分析不能只建立在抽象的理论分析基础之上，而必须落实于具体的业务之中；另一方面，信托业务的拓展必须围绕实现信托无可替代的制度功能来进行，否则，信托业务也就失去了存在的意义。

3. 信托业务的拓展必须借助于信托产品的创新，因为“创新”是“信托产品”的基本特质。按照现代营销学的基本观点，某类行业或机构的业务扩展的基础是其所提供的产品，那么信托行业或机构应该提供怎样的产品来扩展其业务呢？“信托的运用范围可以和人类的想象力媲美”，美国信托法专家斯考特这句触及信托制度本质的精辟评语或许也应该成为对信托产品基本特质的概括。信托之所以能够在现代经济生活中获得广泛的应用，关键在于信托制度特有的风险隔离功能和权利重构功能所赋予信托产品的高度灵活性，这种高度灵活性被信托机构所认识，并通过其创造性的结构设计，具体化为风险和收益各异的信托产品，以满足市场主体多样化的特定需求。所以说僵化与守旧是信托业的天敌，信托的制度优势，一定是在持续不断的创新过程中才能被广泛地利用，创新因此也被视为“信托业发展的原动力”②。

二、历史演进层面的考虑

从信托制度在各国的移植传播来看，各国在最初确认继受了信托制度的

① 如在信托发展早期及目前西方国家依然大量存在的非营业信托和民事信托。

② 杨如彦、孟辉：《中国金融工具创新报告（2004）》，中国人民大学出版社 2004 年版，第 124～126 页。

基本要素之后，接下来都致力于推动适合本国的信托产品创新，从而才形成了各具特色的信托业发展模式。

信托制度起源于英国，但在它特殊的制度功能被其他国家认可和接受之后，它在国外的发展壮大却比在英国本土内的发展还要突出，这其中最引人注目的就是美国和日本。在完成了基本的制度构建之后，这两个国家都是通过大力推动适合本国的信托产品创新，成为了各国发展信托业的典范。

美国的信托制度及其观念同英国是一脉相承的，但却并没有囿于既有的观念，而是一方面继承了公民个人间以信任为基础，以无偿为原则的非营业信托；另一方面从一开始就创造性地以公司组织形式大范围地开展营业信托，并以其为主①。这也使得美国从个人受托转变为法人受托，在时间上比英国足足早了50年之多②。从信托财产的形式来看，南北战争结束后在美国国内兴起了建设热潮，筑铁路、开矿山的公司纷纷成立，其所需巨额资金多以发行股票、债券来筹集，在此期间信托公司积极参与筹集资金、承销股票和债券的活动，于是有价证券逐渐取代了原来以土地为主的信托财产，美国信托业也逐渐确立了以证券信托为主的模式③。可以说，美国当前有价证券信托的繁荣完全得益于其国内股份制盛行、财产中转化为有价证券的比例很大的经济环境，同时，其发达的资本市场和成熟完善的法制体系也为其证券信托的发展提供了运行空间和制度支持，当然，勇于追求独立创新的民族性格也是其后来居上的必要条件。所有这些要素都汇聚成了信托产品创新的动力，使美国成为当今世界上当之无愧的信托业最为发达的国家。最值得称道的是，美国还向世界贡献了“不动产投资信托”（REITs）这一近年来风靡全球的信托业务品种，通过汇集多个投资者的资金投资于房地产为主的不动产，并以房地产的租金收入作为信托收益的主要来源，大大扩展了信托投资的领域，丰富了信托产品的品种。

日本的信托源自美国，是最早从制度上引进信托的大陆法系国家。尽管具有美国信托制度的一些特征，但又独具特色。日本国民个人的财富总量虽然很大，但日本的信托几乎都是以营业信托的方式发展，而非营业信托至今

① 杨大楷、刘伟：“国外信托业发展研究”，《当代财经》2000年第4期，第43~44页。
② 魏曾勋等：《信托投资总论》，西南财经大学出版社1993年版，第122页。
③ 盖永光：《信托业比较研究》，山东人民出版社2004年版，第108~109页。

在日本仍然不多见。这主要是因为日本引进信托之初，日本经济的发展急需资金，国民并不富裕，引进信托的目的主要是为了利用信托的长期金融职能，而并不偏重作为个人的理财手段①。不过，日本在其信托制度的引进过程中针对国情作了不少创新，最著名的例子是金钱信托这一业务品种。金钱信托在日本之所以发展迅速，首先，因为日本居民的财产多以货币形态为主，而证券及其他资产较少，加之没有以其他财产形式交付他人管理的习惯，所以信托机构经营的对象只能以货币形态为主；其次，因为金钱信托的收益比商业银行的利息要高，对委托者很有吸引力；最后，这种以长期形式存在的金钱信托，又通过贷款信托的方式运用于国家的基础产业项目，也恰恰适应了日本国民经济的发展需要②。

不独是那些引进信托制度的国家，即使是在信托事业的发源地英国，信托业务品种的创新步伐也从来没有停止过。由于历史的延续，在英国以个人为受托人的信托业务一直占很大的比重，而以法人身份受托的业务则占少数，并且法人受托的业务多为有价证券投资信托业务③。但即便如此，无论是在个人受托信托业务领域，还是在法人受托业务领域，英国都有很多别具特色的创新品种，如认可单位信托、开放式投资公司等④。作为信托事业的泰斗，却并未自恃身份，抱残守缺。信托制度永不褪色的创新本质，由此可见一斑。

三、中国信托业发展实践层面的考虑

从我国信托业发展的具体实践来看，在“一法两规”颁布实施之后，中国的信托业才开始真正从事信托业务，而 2003 年之后的信托实践已经证明，虽然受制于多种不利因素，信托业的产品开发创新仍然证明了这个饱受挫折的行业的生命力，同时也证明了信托制度的强大生命力。可以说，信托产品的不断创新将成为信托产业化的基础和信托机构基本的生存手段，也是经济转轨和社会变革对信托业的基本要求。

对我国信托业发展的历史沿革，一种通行的表述方法是将其划分为四个

① 杨大楷、刘伟：“国外信托业发展研究”，《当代财经》2000 年第 4 期，第 44 ~ 45 页。
② 盖永光：《信托业比较研究》，山东人民出版社 2004 年版，第 109 ~ 110 页。
③ 周树立：《中国信托业的选择》，中国金融出版社 1999 年版，第 57 ~ 58 页。
④ 盖永光：《信托业比较研究》，山东人民出版社 2004 年版，第 29 ~ 34 页。

阶段[1]，即1949年前的旧中国时期、1949～1953年新中国成立初期的新民主主义时期、1979～2001年的恢复和发展时期以及从2001年起，在第五次清理整顿基本结束，"一法两规"[2] 相继颁布实施之后的重新起步时期。而在2007年3月信托新政之后，也可以认为信托业就此又开创了一个新的发展阶段。

信托业及研究领域的绝大多数人都会承认，对前三个阶段的中国信托业可以作出这样的评价："尽管随着社会经济环境的变迁，信托业在不同的历史发展阶段呈现出不同的特点，但一直没有脱离发展不稳定和行业特征不明显的怪圈，中国信托业的发展从完全西化到后来的逐渐本土化，'信托业'仅为一种标识性的称呼，虽常被冠以各种不同的时髦含义，但业务范围与传统英、美等国的信托业大相径庭，始终未能树立起鲜明的行业形象。"并且，"从最近25年信托业的发展看，改革开放后的信托业基本上完成了特定历史时期所赋予的使命，信托业发展的问题是历史形成的，是改革开放经验不足的结果"，"但总体上看，随着信托法的颁布和实施，信托业对中国经济发展的创新意义已经获得越来越多的认可，信托业发展的制度环境和社会经济条件较以前有了巨大的改变，再次面临前所未有的机遇"[3]。而最近几年，几乎所有金融机构都纷纷以各种名义介入理财业务。变相开展信托业务的情况也表明，中国的信托市场面临前所未有的发展机遇，国民财富的积累已经为信托制度的大规模商业化运用奠定了基础。

如果我们接受上述对中国信托业发展的历史评价，实际上也就承认了2001年的《中华人民共和国信托法》及其后的"两规"在我国信托业发展史上所具有的里程碑式的意义。因为在此之前，对我国信托业进行专门规范的法规层面的文件只有1986年4月26日中国人民银行颁布的《金融

① 杨林枫等：《中国信托理论研究与制度构建》，西南财经大学出版社2004年版，第3～16页。

② 指2001年4月28日经第九届全国人民代表大会常务委员会第21次会议通过，并于2001年10月1日起实施的《中华人民共和国信托法》，2002年6月5日由中国人民银行发布的《信托投资公司管理办法》，2002年6月26日由中国人民银行颁布，并于2002年7月18日正式实施的《信托投资公司资金信托管理暂行办法》。

③ 中国人民大学信托与基金研究所：《中国信托业发展报告（1979—2003）》，中国经济出版社2004年版，第9页。

信托机构管理暂行规定》（以下简称《规定》），并且该《规定》只专门处理对信托投资机构的监管问题，而根本没有涉及信托作为法律概念在我国整个法律制度中的地位和作用，其中规定的信托公司的主营业务及经营方式实际上均类同于银行的资产负债业务，并可以从事实业投资业务，这便使这一时期我国信托业的行业定位成为一种“高度银行化的混合经营模式”。而在“一法两规”的基本制度框架之下，信托公司第一次是在制度再造的引导下，走上了以真正的信托业务为经营主业的发展道路，开始了向“专业化受托理财金融机构”的转换，这便标志着信托的独特功能和经济价值在中国以法律制度的形式得到了认可，信托制度在中国得到了正式的确立，信托在中国作为一个独立行业而发展的时代已正式拉开了序幕①。

那么，在这样一个新的起点之上，中国的信托业如何面对今后的发展之路呢？或者说，在法律上的认可得到基本确立之后，如何提高信托业的社会认可度和市场接受度从而形成一个行业发展的基础呢？按照前述功能观点和对各国实践经验的简要总结，我们可以得出这样的结论：

1. 只有通过持续不断的产品创新，才能实现信托的功能，因为信托功能的实现只能依靠信托业务的拓展，而信托业务的拓展必须借助于信托产品的开发创新。

2. 只有通过持续不断的产品创新，才能满足经济转轨和社会变革对信托产品的基本需求，因为这一时期社会经济各领域对包括信托产品在内的所有金融产品的需求都越来越体现出多元化的特点和趋势，这种多元化的需求只有通过产品的不断创新才能满足。

3. 只有通过持续不断的产品创新，才能形成信托产业化发展的基础，因为信托产业化就是要形成一批专门从事信托产品研究、开发、设计、销售的信托机构（在条件许可时促使其中部分信托产品品种标准化也是必然的）。持续不断的产品创新是这些信托机构的核心竞争力所在和生存的基础。

① 尽管“一法两规”的意义重大，但这并不意味着其作为信托业基础性的法律指导的功能就已经十分完善。事实上，“一法两规”本身依然存在着一些法理层面和操作层面上的缺陷和不足。详见本篇第五章。

第二节
本篇的基本思路和逻辑结构

如果说对信托产品创新问题的研究具有上述理论意义与实践意义的话，那么随之而来的问题就是：我们为什么要将研究重心置于信托产品创新的“要素解构”和“环境分析”呢？为什么要将这样的研究基于中国信托业的“发展进程”呢？我们又是通过什么样的线索和方式将所研究的两部分内容相联系呢？对这三个问题的回答实际上也就是对本篇的基本思路和逻辑结构的阐释。

一、关于“要素解构”

本篇题目中的“要素解构”，是指对信托产品创新内在的基本要素及其构成要素（以下统称内在要素）的解构。我们认为，这种意义上的解构应该是所有信托产品创新最基本的理论基础，对仍然处于展业初期阶段的中国信托业的发展来说，这方面研究的理论意义更显重要。而在作者所能收集到的现有的信托研究文献中，恰恰是在这一层次上相对欠缺系统性的深入探讨。

怎样的信托产品才称得上“创新”性的信托产品呢？按照经典的定义，创新是“生产函数的变动”，是“生产要素的新组合”①。那么，一项创新性的信托产品应包含怎样的要素呢？从抽象意义上来说，每一项信托产品首先都有两个基本要素，即法律制度要素和金融技术要素（以下分别简称为制度要素和技术要素）②。这两个基本要素以某种方式结合起来就构成一项

① ［美］约瑟夫·熊彼特：《经济发展理论——对于利润、资本、信贷、利息和经济周期的考察》，商务印书馆1990年版。

② 在某些市场营销学的文献中将产品的“文化要素”单列出来。我们主要考虑到在信托制度形成和发展的过程中，已经包含了对文化要素的影响，因此未将其作为一项单独要素列出。当然，也有部分原因来自作者对产品文化要素领悟不深，自感难以驾驭之虞。但关于文化传统中的观念文化因素对信托产品创新的影响，在本篇第六章第二节中会有所涉及。

信托产品[1]。但所有的创新又都是一个动态的过程[2]，在信托产品创新的动态过程中要考虑以下两方面的内容：一方面，如何在既定约束条件下将制度要素和技术要素结合起来以形成创新性的信托产品，去满足特定的市场需求，实现信托产品创新的价值；另一方面，如何通过新产品的开发来引导消费，创造需求，从而形成市场创新，并以市场创新推动制度环境一定程度上的改善，或者通过创新主体的活动直接影响制度环境的改善，从而为下一轮的创新创造条件。上述这两方面的考虑通常包含在信托机构营销管理的活动中，是通过发挥营销管理的职能来实现的。因此，如果从动态过程来看，则信托产品的创新还应该包含一个基本要素——营销管理要素（以下简称管理要素）。由此，制度要素、技术要素和管理要素就构成了信托产品创新的基本要素，每一项基本要素在信托产品创新中都发挥着特定的职能。

再进一步看，在这三个基本要素中，又各自包含有其自身的构成要素，这些各自的构成要素也以某种方式结合起来，从而相应地体现出一宗创新性信托产品的制度特征、技术特征和管理特征。信托产品的创新从理论上说可以由其基本要素的新组合来产生，但现实中更多地是由其基本要素内部构成要素的新组合或新变化而引起的[3]。因此，要了解现实中信托产品的创新是怎样进行的，就必须进一步了解其基本要素内部有哪些主要的构成要素；这些构成要素可以形成哪些基本组合；这些基本组合具有怎样的特征；这些特征对信托产品创新的意义何在；在信托产品创新的过程中应该怎样利用和突出这些特征以形成信托产品的核心价值；等等。所有这些内容的研究都将在本篇“要素解构”部分来完成。

二、关于“环境分析”

本篇题目中的“环境分析”，是指对信托产品创新所处外部环境的深入

---

① 这里的信托产品只是营销学意义上的信托产品的核心部分，完整的信托产品概念只有在引入信托产品创新的管理要素概念后才能提出。详见本篇第三章。

② 阅读本篇的过程中，请注意“创新性的信托产品”和“信托产品创新”两个不同措辞在语义上的差异。前者是指静态意义上的创新产品，而后者强调的是产品创新的动态过程。

③ 在本篇中，当使用“基本要素”这一概念时，特指制度要素、技术要素和管理要素三个基本要素；使用“构成要素”这一概念时，特指各基本要素内部的构成要素；使用“内在要素”这一概念时，则是对“基本要素”和“构成要素”的统称。信托产品创新的“内在要素”概念往往是和其“外部环境”概念对应使用的。

分析。这些外部环境中主要包含了法制体系、监管体系、市场需求、市场竞争等几方面的内容[①]。本篇将法制体系和监管体系两方面的内容统一在制度环境这一概念中进行分析；而将市场需求和市场竞争两方面的内容统一在市场环境这一概念中进行分析[②]。而之所以将包含有这些内容的"外部环境"作为本篇研究的另一重点，主要是出于以下两方面考虑：

1. 从一般意义上来说，信托的制度构造固然精妙，制度功能固然独特，但任何一项创新性的信托产品，要彰显其精妙的制度构造，实现其独特的制度功能，都必须立足于一个特定的外部环境。"信托的运用范围可以和人类的想象力媲美"，这句话中所强调的"运用范围"，也正是信托产品创新所要面对的特定环境。可以说，在相同的制度构造原理和技术手段起点上，各种信托产品创新程度的高低主要是由它与特定环境的契合程度来决定的，是特定的外部环境为特定的信托产品创新提供了展示天赋的舞台。所以，通过分析信托产品创新的外部环境，揭示其基本特征和变化规律，从而为信托产品创新提供一种一般意义上的处理内在要素与外部环境关系的理论指引或参考，是非常必要的。

2. 从现实意义上来说，在"一法两规"的基本框架搭建起来之后，我国的信托业才真正地开始回归本业[③]，并且只是在 2007 年信托新政之后，才真正开始了从代人融资机构到受托管理财产的专业理财机构的转型。而在信托产品创新不断推出的过程中，各种问题接踵而至，各种障碍也逐渐凸显。为什么会出现这样的情况呢？首先是因为我国现行的信托法律、法规体系依然存在着一些制约或阻碍信托产品创新的缺陷与不足。但更为重要的是，法律、法规层面的制度建设并不能必然地改善以往制约信托产品创新的一些深层因素，反而凸显了其制约作用。也就是说，除了投资基金之外，2002 年之前的信托机构并未真正地从事信托本业，也就没有多少真正意义上的信托产品创新可言，所以，那些从理论上来说制约信托产品创新的因素

---

① 外部环境中还包含有中介服务和科学技术等内容，这些内容在信托产品创新的过程中要么是相对来说比较稳定，要么是有其自身相对独特的发展规律。因此，本篇对这两块内容不做单独的详述。

② 这样的安排主要是出于简化理论分析的考虑，同时也顾及到本书结构安排上的需要。更详细的解释在相关各章中还有说明。

③ 这应该是为什么在"一法两规"颁布之后近两年的时间里几乎每一项信托产品都有"首例"概念的主要原因。

真正能够起到的制约作用也就十分有限；而在信托业发展的基本制度框架通过“一法两规”构建起来之后，信托公司开始了真正意义上的信托业务的拓展，那些理论上能影响信托产品创新的诸多因素相应也就有了现实的“用武之地”。因此，必须对这些因素进行重新审视和深入剖析，这样才能针对新的外部环境创造开发出新的高档次、高价值的信托产品。当然，外部环境中的各种因素犬牙交错，纷繁复杂，如何做到既以一种相对简单清晰的思路，又能对其中的主要内容做深层次的分析，这是需要在我们的论述结构设计和具体分析中着力关注的。

三、关于“发展进程”

本篇在副标题中使用了“发展进程”这一概念，其出发点在于：一方面，本篇关注的是信托产品创新的动态过程，使用这一概念能与信托产品创新的动态特征相符；另一方面，与“发展趋势”的基本确定相比，“发展进程”更多地体现出一种不确定性，因此，使用这一概念更能反映未来中国信托业发展可能具有的特点。

上述两方面涵义分别反映在本篇“要素解构”和“环境分析”的两大部分内容之中：

1. 在要素解构部分，信托产品创新的基本要素中有专门反映创新动态特征的要素，即管理要素。除通常意义上金融产品都具有的制度要素和技术要素之外，本篇在信托产品创新的基本要素中引入了管理要素的概念，以反映信托产品的创新作为一个动态过程所具有的基本特点。管理要素的职能就是将信托产品创新内在的制度要素和技术要素有效地组合起来，以适应和满足外部环境的约束和要求，同时也对外部环境的改善形成一种能动的推进，从而形成信托产品创新内在要素与外部环境之间的一种互动。但需要强调的是，由于创新管理过程中的不确定性，也由于外部环境改善进程中的不确定性，这种互动未必总是良性的。

2. 在环境分析的内容中。信托产品创新的外部环境的变迁自然也是一个动态过程，而这一过程更能反映出“趋势”和“进程”的不同特点。根据本篇的分析，外部环境包括了制度环境和市场环境两个主要方面，而从“一法两规”制度框架的主要内容来看，从我国社会经济变化发展对多样化金融产品的需求来看，信托制度和以此为基础的信托产品的积极功能是被基本认可的，从而信托产品创新外部环境变化的趋势也是基本确定的。但由于制度移植过程和行业监管过程中的种种冲突和矛盾，也由于影响信托产品需求的各种因素的复杂性以及各类金融机构之间竞争态势的多变性，信托产品创新外部环境改善的进程又是不确定的。这种外部环境变迁中趋势和进程上的不同特点，在信托机构对其产品创新的战略安排和战术策略运用上都应有不同的体现和反映。

四、本篇的逻辑结构：三层结构关系

在确定了基于中国信托业的发展进程，以信托产品创新的要素解构和环境分析作为研究的两个重点并形成相应的基本概念之后，本篇的逻辑结构就主要考虑通过什么样的方式和线索来将这两部分内容联系起来。

本篇正文包含两大部分内容，即要素解构部分与环境分析部分。这两大部分共分为六章，其中前三章属于要素解构部分，后三章属于环境分析部分。这六章分别是：

第一章：信托产品创新的制度要素；

第二章：信托产品创新的技术要素；

第三章：信托产品创新的管理要素；

第四章：信托产品创新制度环境评析；

第五章：信托产品创新制度环境变迁的趋势与进程；

第六章：信托产品创新的市场环境：需求与竞争。

总的看来，这六章之间在内容上体现出以下三个不同层次上的结构关系：

第一层次的结构关系是在本篇两大部分内容各自内部，分别体现为三个基本要素之间的逻辑关系和外部环境各因素之间的逻辑关系。首先，在要素解构部分，尽管制度要素是基础，技术要素是支撑，但管理要素对制度要素和技术要素却起一个统领和涵盖的作用，即制度要素和技术要素要发挥其特定职能必须借助于管理要素，而管理要素要发挥其职能则需反映制度要素和技术要素的基本特征；其次，在环境分析部分，制度环境和市场环境之间的关系体现为制度环境中的特定内容会以各种方式对市场环境中的因素产生不同程度的影响，而市场环境中的因素也会通过各种渠道作用于制度环境的变迁。

第二层次的结构关系是内在要素与外部环境之间的逻辑关系，体现在本篇两大部分内容之间。一方面，本篇第一部分内容中对信托产品创新基本要素的解构和信托产品功能的分析为本篇第二部分内容中理解信托产品创新外部环境的特征和变迁提供了理论上的准备；另一方面，特定的制度基础和市场条件又是解构信托产品创新基本要素和分析信托产品功能所必需的逻辑上的起点。

第三层次的结构关系是管理主体和管理对象之间的主客体关系，体现在本篇第三章和其他各章之间。第三章引入了信托产品创新的管理要素。如前文所述，信托产品创新过程的动态特征要求信托机构必须考虑信托产品创新的内在要素和外部环境之间的互动关系，这种综合考虑的任务正是由管理要素来承担。因此，从本篇的整体来看，第三章管理要素在内容上不仅要反映前两章中对制度要素和技术要素的解构，而且要呼应后三章中对制度环境和市场环境的分析。

当然，除上述三个层次的结构关系外，在每一章内的分析与论述也有其各自的逻辑结构，这些具体的结构安排在每一章开头的引论部分都会有交待，此处不再赘述。

五、本篇的基本线索：信托产品功能概念体系

在上述这种看起来略显复杂的结构关系中，有一条构建于本篇并贯穿于全书的基本线索，即信托产品功能概念体系。

如前文所述，信托业的发展必须立足于信托产品功能的实现，信托产品的创新就是围绕实现信托产品功能来进行的。因此，清晰、完整、深刻地理解信托的功能就成为信托产品创新最基本的理论起点。为此，本篇在要素解构的三章中分别从不同的角度，以不同的学理基础，构建了包括信托的基本制度功能、金融功能、产品功能等概念在内的概念体系，从而使对信托产品创新基本要素的解构过程以功能概念体系为线索而连为一体，共同刻画信托产品创新的基本特征。同时，因为信托产品功能的实现必须立足于特定的外部环境，因此，信托产品功能概念体系这一线索在本篇环境分析的三章中自然也会时时体现。无论是评析和研判制度环境的形成和发展，还是考察市场环境中的需求因素和竞争因素，信托产品功能概念体系始终是其最基本的理论基础和逻辑线索。最后，在本书下篇关于新政背景下信托产品创新的战略选择中，各类信托产品创新的论述也是对功能概念体系的具体反映。总之，正是因为有了信托产品功能概念体系这样一条线索，才使本书的整体思路和逻辑结构显得清晰而紧密。

第三节
本篇其他方面的有关说明

一、理论工具与研究方法

产品创新问题可能是信托理论研究领域最困难也最具挑战性的课题之一。因为，首先，信托产品创新本身的实务操作特征极强，如何在纷繁复杂的实践中探寻规律性的内涵，并在以此为题的写作中体现理论研究所应具有的深度，确实是一个无法回避的棘手问题；其次，从信托产品创新研究所可能涉及的理论基础来说，大致涵盖了经济学、管理学、法学等学科的相关理论，所有这些都对研究者的理论知识的广度、深度和对研究方法的合理、熟练运用提出了较高的要求。

尽管有很大的难度，但本篇还是在这方面作了尝试，从而使得跨学科的理论工具的综合运用成为本篇研究方法创新的主要特点。具体来看，本篇各章中使用到的理论工具包括：第一章中主要运用了法学基本原理和法功能理论；第二章中主要运用了金融功能理论、金融工程原理、金融创新理论和行为金融理论；第三章中主要运用了管理职能理论、市场定位理论、营销组合理论和产品生命周期理论；第四章中运用了制度变迁理论；第五章中运用了制度变迁理论和法经济学理论；第六章中运用了供求理论和行为金融理论。

研究方法的选择应根据本书的研究内容、整体结构以及所使用的理论工具而定。基于这一考虑，本篇在研究中综合运用了规范研究和实证研究、逻辑演绎和归纳总结、微观分析和宏观分析等方法。

规范研究和实证研究的综合运用。本篇在第一、第二、第三章的要素解构部分主要运用了规范研究方法，即以相关理论为指导，来说明信托产品创新中应该具有怎样的要素，要素之间应该具有怎样的构造，相应的构造有怎样的功能；在第四、第五、第六章的环境分析部分主要使用了实证研究方法，体现为对我国的法制体系、监管体系、市场需求、市场竞争的现实考察①。

逻辑演绎和归纳总结的综合运用。逻辑演绎方法主要运用于要素解构部分，尤其是在构建信托产品功能概念体系时；归纳总结方法主要运用于环境分析部分，尤其是在考察信托产品市场需求、市场竞争总体情况及其特征时。

微观分析和宏观分析的综合运用。微观分析的方法主要运用于要素解构部分，因为对信托产品内在要素的研究要求必须从一个微观视角入手；宏观分析的方法主要运用于环境分析中，如对市场需求环境的总体考察。但环境分析中也有大量微观分析，如对某一环境要素的具体考察与剖析。因此，在微观分析与宏观分析的综合运用中，本篇更多地运用了微观分析方法。

二、本篇的主要创新与有待进一步研究的问题

1. 本篇的主要创新。本篇的创新之处体现在以下几个方面：

（1）选题视角的创新。从整体来看，本篇采用了一种从多重视角下切入所研究问题，最后将焦点集中于所研究问题的某一方面特征的方法。本篇基于中国信托业的发展进程研究信托产品创新问题，并将研究的重心放在信托产品创新的要素解构和环境分析两个方面。通过两个重心的分别研究，最后将问题聚焦于信托产品创新过程中内在要素与外部环境之间的互动关系上。因此，“内在要素”、“外部环境”、“中国信托业发展进程”构成了研究信托产品创新问题的三重视角，三重视角的交叉即问题的焦点则是信托产品创新的动态特征。

（2）本篇结构的创新。一般说来，论文结构上的安排是为内容和选题视角服务的，上述选题视角的创新必然要求本篇结构也要有相应的创新。为此，本篇在六章两大部分内容中构建了三层结构关系：第一层结构关系是在

① 本篇是在本原的意义上使用“规范研究”和“实证研究”的概念，因此，实证研究并非特指基于计量经济学工具或方法的实证研究。在本原意义上，实证经济学研究“是”什么，对经济运行进行描述。规范经济学研究“应该是”什么，对各种行为方式的合意性作出判断，并且，规范经济学要利用实证经济学的研究。参见［美］斯蒂格利茨：《经济学》（上册），中国人民大学出版社 2000 年版，第 20 页。

本篇两大部分内容各自内部，分别是基本要素之间的逻辑关系和环境要素之间的逻辑关系；第二层结构是在本篇两大部分内容之间，即内在要素和外部环境之间的逻辑关系；第三层结构是在本篇的第三章和其他各章之间，表现为管理主体和管理对象之间的主客体关系①。

（3）研究方法的创新。表现在两个方面：一是跨学科的理论工具的综合运用。本篇在要素解构和环境分析两部分内容中都综合运用了经济学、管理学、法学学科中的相关理论工具，使得对信托产品创新内在要素的解构更为全面彻底，对信托产品创新外部环境的分析也更为清晰透彻；二是在信托研究中尝试性地使用了行为金融理论及其相关概念。在信托产品创新市场环境的分析中，运用了行为金融学中新闻媒体对市场的作用机制原理，并使用“晕轮效应”、“证实偏差”等概念对我国信托市场中的具体情况进行解释。本篇第二章中还使用“后悔厌恶”、“隔离效应”等行为金融学概念对信托产品特殊的效用提升方式进行了说明。

（4）理论研究层面的创新。本篇在理论研究层面上的创新表现于以下两处：第一处在第二章第二节中，基于对信托产品金融要素的一般性分析和对信托特殊的法律制度构造的理解，归纳总结了信托产品金融要素的特殊性，即特殊的产品基础、特殊的经济关系和特殊的效用提升方式，并进而分析了这种特殊性如何使信托产品具有不同于其他金融工具的功能和特征；第二处在第三章第一节，基于对信托产品创新动态特征的理解，本篇在信托产品创新的要素解构中引入了管理要素这一概念。这一概念的引入使本篇得以完成理论研究层面上的两点贡献：第一，运用管理要素中“产品”这一核心概念完成了本篇对信托产品功能概念体系的完整构建；第二，运用管理要素中“创新”这一核心概念对信托产品创新的动态特征进行了分析与描述。

（5）实践研究层面的创新。基于上述理论研究层面的创新，本篇对我国信托产品创新实践层面的研究也有所贡献，主要体现在以下三处：一是在本书第五章中，提出了我国信托产品创新制度环境变化趋势的确定性与改善进程的不确定性并对其进行了分析论证②；二是在本篇第六章第一节中，分

① 详见前言第二节中关于本篇逻辑结构的阐述。

② 对前者的分析是基于对信托制度功能的认可和对信托产品创新基本要素的理解；对后者的分析是基于对信托价值取向、信托法制中利益平衡与信托监管政策取向内在矛盾冲突的考察。

析了我国信托产品市场需求对信托产品创新的影响，提出了应以创新档次和创新价值综合衡量创新程度高低的观点；三是在本篇第六章第三节中，基于对我国信托产品目标市场竞争的三个层次的划分，提出了制度主导型的市场竞争环境的观点并对其具体内容进行了分析。

我们认为，学术理论著作的整体价值或许主要并不在于其创新点的多和少，而更在于各创新点之间有无内在的逻辑联系，是否能相互支撑印证；还在于其创新点与整体内容之间是否能很好地契合，是否能为全书的中心思想服务。基于这样一种理念，我们也努力试图使上述几方面方法与观点上的创新在全书整体内容中都有所体现。

2. 有待进一步研究的问题。本篇的后续研究可能会在以下两方面寻求突破：

（1）在市场营销理论与实践中，注重产品创新中的文化要素似乎已成为一种趋势。那么，信托产品创新中是否也可以将文化要素独立出来呢？如果将文化要素独立出来后，如何处理其与制度要素之间的关系呢？文化要素独立出来之后会对基于我国本土文化来研究信托产品创新产生怎样的影响呢？这方面的研究对我国信托产品创新的理论与实践可能会有非常重要的意义。

（2）从理论上讲，如果信托产品创新的内在要素和外部环境之间的关系有较为明显和稳定的特征，那么应该可以基于对这种特征的分析进行具体的信托产品创新模式的构建，甚至是数理模型的构建。但由于我国真正意义上的信托产品创新刚刚开始不长的时间，外部环境尤其是制度环境的变化还比较频繁，产品数量和创新品种相对还比较少，因此，从现有实证数据中还无法拟合出较为合理和稳定的函数关系来，而只能用一些相对较简单的数据和典型事例来对本篇的理论分析结论提供实证支持。随着未来我国信托制度环境的进一步完善和创新性信托产品品种和数量的进一步丰富，构建更为具体的信托产品创新模式甚至数理模型的研究条件可能会逐步具备，则后续理论研究会在这方面做些尝试。

第一章 信托产品创新的制度要素

尽管信托业通常被归为金融业，但无论从历史渊源来看，还是从基本功能来看，信托都应首先作为一个法律概念来理解和接受，这一规范要求在构造和推广创新性的信托产品的过程中必须始终坚持。本章将首先对信托的法律含义及其法律上的构成要素进行梳理，然后通过分析信托的法学理观念来阐述其本质特征，在此基础上引出信托的基本制度功能并对其特征进行详尽的分析阐释。之所以要在信托的基本制度功能上不吝笔墨，是因为信托的基本制度功能及其特征是信托产品核心价值的集中体现，同时也将是贯穿本篇始终的一条红线。本章最后将由信托基本的制度功能引出信托派生的融资功能、投资功能、中介功能等，从而在内容上与下一章以金融学理分析信托产品创新的技术要素进行衔接。

第一节 信托的法律含义及其构成要素

“信托”一词在现实生活中被广泛应用，但其含义却往往模糊不清。从词源上讲，信托具有“相信而托付”和“信任委托”的含义。从社会学角度讲，信托在早期多表现为一种道德行为，因之产生的利益冲突也是以道德规范加以调整。随着信托在社会生活，尤其是经济生活中越来越广泛和频繁地使用，因信托而产生的利益冲突也越来越多，随之产生了以专门法律制度对其调整的必要。随着信托法在各国的产生和发展，“信托”一词也就越来越多地被作为一个规范的法律词汇来使用，信托的功能与特点也就更多地以法律语言来描述。

一、信托的法律含义

作为法律制度的信托本是源自英美法系的，进入20世纪以后，一些大陆法系的国家如日本和韩国也都以立法形式确立了自己的信托制度。或许部分是因为法系的差异性，部分是因为信托实务本身的灵活性，各国对信托概念的法律表述都体现出一些不同。

在英美法系国家，具有代表性的信托定义有：

1.《不列颠百科全书》的定义：“信托是一种法律关系，在此种关系中，一人拥有财产所有权，但同时负有受托人的义务，为另一人的利益而运用此项财产。”

2. 美国法学家协会编纂的《信托法重述》第二条的定义：“信托，除慈善信托、结果信托以及推定信托外，是指以明示意思表示而设定的，发生在当事人之间的一种财产信任关系，在这种关系中，一方享有财产上的所有权，并负有为另一方在衡平法上的利益处分和管理财产的义务。”

3. Edward · C · Halbach 的定义：“信托是关于特定财产的一种信任关系。受托人为了他人利益而享有该特定财产的法律上的所有权，该他人作为受益人则享有该特定财产的衡平法上的所有权。”①

从上述定义中可以反映出英、美法学者对信托概念较一致的观点是，受托人享有普通法上的所有权，而受益人享有衡平法上的所有权，两种物权权利是同时存在于信托财产之上的。

在大陆法系国家中，上述概念表述不可能被全然接受，因为大陆法系奉行“一物一权”，同一物上不可能存在两个内容不相容的物权。于是在大陆法系国家的信托立法中，信托的概念又体现出不同的侧重点。

日本在其1922年4月颁布的《信托法》第一条中规定：“本法所称信

① 徐孟洲：《信托法学》，中国金融出版社2003年版，第4页。

托，是指将财产权转移或为其他处分，使他人依照一定目的管理或处分财产。”这样的概念是从委托人和受托人关系的视角定义信托，强调在信托的成立中必须存在财产权的转移或为其他处分，同时也明确了受托人的基本义务是依委托人所定目的管理和处分信托财产，但此定义忽视了受益人的法律地位。

韩国1961年12月30日颁布的《信托法》第一条中规定：“本法所称信托，是指以信托指定者（以下称信托人）与信托接受者（以下称受托人）间特别信任的关系为基础，信托人将特定财产转移给受托人，或经过其他手续，请受托人为指定者（以下称受益人）的利益或特定的目的，管理或处分其财产的法律关系。”这一定义吸收了日本法从信托关系角度定义的长处，并且明确了受益人的法律地位，使信托概念更加完整[①]。

为解决不同国家在信托事务交往中发生的信托法冲突问题，1984年10月，在荷兰海牙召开的国际私法大会第15次会议（有包括中国在内的36个国家参加）通过了《关于信托的法律适用及其承认公约》（Convention on the Law Applicable to Trust and on Their Recognition，以下简称《海牙信托公约》）。该公约第二条第一款将信托定义为：“当财产为受益人的利益或为了特定目的而置于受托人的控制之下时，信托是指委托人设定的在其生前或死后发生效力的法律关系。”第二条第二款则明确了信托的具体特征：“a. 信托财产构成一项独立的财产，不属于受托人的固有的财产；b. 信托财产以受托人或代表受托人的第三人的名义持有；c. 受托人服从信托条款以及法律所加于他的特别义务，享有并承担管理、使用、处分信托财产的权限、义务及责任。委托人保留某些权利和义务以及受托人本身享有作为受益人的权利这一事实，并不一定与信托的存在相矛盾。”显然，《海牙信托公约》的这一信托定义包容性较广，既反映了英、美、法信托制度的基本构造，也包含了大陆法系信托概念的主要内涵[②]。

相较之下，我国的《中华人民共和国信托法》更倾向于从法律行为的角度来定义信托。《中华人民共和国信托法》第二条规定：“本法所称信托，是指委托人基于对受托人的信任，将其财产委托给受托人，由受托人按委托

① 徐孟洲：《信托法学》，中国金融出版社2003年版，第4~5页。

② 同上，第5~6页。

人的意愿以自己的名义，为受益人的利益或者特定目的，进行管理或处分的行为。”尽管法学界很多人士认为这一定义依然存在一些令人费解和含糊不清的地方①，并且呼吁通过进一步的司法解释或实施细则等形式对其进行必要的廓清和完善②，但这似乎并不影响我们基于该定义从整体上对信托概念的把握。也就是说，结合上述各个国家及《海牙信托公约》的信托定义表述，我们依然可以提炼出信托在法律上的基本构成要素，这些构成要素在任何形式的信托产品中都应得到体现。

二、信托的法律构成要素

尽管信托产品的品种非常丰富，但任何一个信托产品在法律构造上都必须包括四个要素：信托设定的依据、信托财产、信托当事人和信托目的。通过对这四个要素进行透彻分析，可以帮助我们从法学理的角度理解信托产品为什么会具有如此的灵活多样性。

（一）信托设定的依据

在英、美法上，信托设定的依据包括明示信托（Express Trust）、法定信托（Statutory Trust）和默示信托（Implied Trust）③。明示信托是指依据委托人的意思表示而设立的信托，是信托设立的最为主要的依据，也是民法中的意思自治原则在信托法中的基本要求和具体体现。委托人表示其意思可以通过契约、遗嘱或者信托宣言等方式。法定信托是依法律的直接规定而设立的信托。默示信托是指依据法院的推定和拟制而设立的信托，又包括回归信托（Resulting Trust）和拟制信托（Constructive Trust）。前者是指当委托人的意思表示不明确时，法院依据对委托人的意思推定而成立的信托，即法院推定信托财产为委托人利益而存在，受托人应将财产返还给委托人或在委托人死亡时归属于委托人的遗产。后者又称强制信托，是英、美法院依衡平法上的公平正义原则，以判决的方式强制设立的一种信托。其设立与委托人的意思没有任何关系，实质上是法院为实现公平正义，援用信托法理所创设的

① 张天民：《失去衡平法的信托——信托观念的扩张与中国〈信托法〉的机遇与挑战》，中信出版社 2004 年版，第 335 ~ 350 页。

② 详见本篇第五章。

③ 钟瑞栋、陈向聪：《信托法》，厦门大学出版社 2004 年版，第 2 页。

一种纠正不公正财产关系的救济手段。

上述英、美法上信托设定依据的多元性，从一个侧面说明了信托本质上的灵活性。在我国，现行法律只承认明示信托和法定信托，而不存在默示信托的创新空间。根据《中华人民共和国信托法》第八条的规定，设立信托的意思表示必须采用书面形式，包括信托合同、遗嘱或者法律、行政法规规定的其他书面文件。根据《中华人民共和国信托法》第七十二条的规定，公益信托终止时，如果没有信托财产权利归属人或者信托财产权利归属人是不特定的社会公众，经公益事业管理机构批准，受托人应当将信托财产用于与原公益目的相近似的目的，或者将信托财产转移给具有近似目的的公益组织或其他公益信托。这种信托显然属于法定信托，因为其信托关系的成立并非基于当事人的意思表示，而是依据法律的直接规定。

（二）信托财产

信托作为一项财产管理制度，信托财产的存在自然是信托得以设立和存续的前提和基础。信托财产处于信托关系的核心地位，没有独立且可辨识的信托财产，就没有信托[①]。从信托的成立条件来看，如果委托人不将信托财产转移给受托人，信托就无由成立；从信托的管理及其目的来看，如果没有信托财产，受托人的活动和受益人的权利就都失去了依托，因为受托人的管理处分活动必须围绕信托财产来展开；从信托的存续来看，如果信托财产已不再存在，信托关系也就自动归于消灭。

根据《中华人民共和国信托法》第十四条的规定，信托财产是指受托人因承诺信托而取得的财产以及受托人因信托财产的管理、处分或者其他情形而取得的财产。原则上，凡是可以以金钱计算的财产，包括动产、不动产、股票、公司债、有价证券、银行存单、现金、专利权、著作权和商标权等，都可以成为信托财产。但通常所说的人身权如姓名权、名誉权、身份权等，因其不具有法律意义上的财产价值，因此不能作为信托财产。

在构造信托产品的过程中尤其要注意利用和突出信托财产这一基本要素所具有的特殊法律性质，即信托财产的所有权并不是完整的，尽管名义上属于受托人，但要受到受益权的限制，即信托财产所生的利益只能由受益人享

① 周小明：《信托制度比较法研究》，法律出版社 1996 年版，第 6～7 页。

有。信托财产上权利所具有的这种所有权与受益权二元并存的性质，在信托财产的法律地位上便表现为信托财产具有独立性，在具体运作中必须独立加以管理，不但要与委托人、受托人、受益人三方的自有财产相分离，并且不受委托人、受托人和受益人三方债权人的追及。

（三）信托当事人

一般说来，信托关系是一种三方法律关系，信托当事人包括委托人、受托人和受益人。但在很多情况下，委托人以自己财产委托受托人管理或处分，以自己为受益人，则信托关系仅由两方当事人构成。按照2006年修订后的信托业新法规，集合资金信托产品中的委托人都同时是受益人，信托关系在集合资金信托业务中都是由两方当事人组成的，而证券投资基金中的信托法律关系也都是由两方当事人组成的。但无论如何，一方当事人不能同时作为委托人、受托人和受益人，否则就不成为信托关系[①]。

1. 委托人。委托人是基于受益人（委托人本人或他人）的利益或出于其他目的，将其合法财产委托给受托人管理、运用或处分的人。委托人必须是具有完全民事行为能力的自然人、法人或依法成立的其他组织。

根据《中华人民共和国信托法》的规定，委托人享有的权利主要有：信托执行知情权、信托财产管理方法调整请求权、救济权（包括撤销权、返还财产请求权、恢复原状请求权、赔偿损失请求权）、解任权（包括自行解任和申请解任）、受托人辞任的同意权、新受托人的选任权、对信托事务处理报告的认可权、特定情形下解除信托权。大陆法系国家的信托法还赋予委托人就信托财产的强制执行向法院主张异议的权利。而英美法系国家信托法对委托人的权利虽持否定态度，但允许委托人在有关的信托行为中为自己保留一定的权利[②]。在信托关系中，委托人承担的义务主要是依照约定向受托人转移信托财产和给付报酬。

2. 受托人。受托人的活动是信托实施必不可少的条件。在一项信托中，受托人受让信托财产并允诺代为管理处分，因此其必须具有权利能力和行为

① 王长庚："信托生成发展的学理分析——对重建我国信托业的研究"，《西南财经大学博士学位论文》2000年，第61~64页。

② 徐孟洲：《信托法学》，中国金融出版社2003年版，第136~144页。

能力。在法律上对受托人应是一人还是数人，是自然人还是法人，通常并无限制。但如果作为营业受托人，则必须以营业组织形式存在，并且是经核准设立的有资格经营信托业务的营业组织。

由于信托财产上的权利具有“二元性”，受托人的义务相应也就具有了“二元性”。一方面，受托人对信托财产具有“对物的义务（in rem）”，即有尽责管理和合理处分信托财产的义务，这是由信托财产所有权的本质决定的；另一方面，受托人对受益人又负有“对人的义务（in personam）”，即必须忠实地为受益人利益管理处分信托财产并将信托利益支付给受益人，这是由受益权的本质决定的[①]。

根据《中华人民共和国信托法》的规定，受托人享有以下权利[②]：委托他人代为处理的权利、取得报酬的权利、费用和损失补偿请求权、辞任权。当然，基于信托的本质，在信托关系存续期间，受托人理应还享有管理、支配、运用和处分信托财产和处理信托事务的权利。

相较之下，《信托法》对受托人义务的规定无论从条文数目还是具体内容上都要更加详尽，这是为了有效保护受益人的利益，约束受托人的行为。具体说来，受托人的义务包括[③]：诚实、信用、谨慎和有效管理义务、忠实义务、分别管理义务、亲自管理义务、保存记录义务、定期报告义务、依法保密的义务、向受益人支付信托利益的义务。

3. 受益人。作为一种财产管理制度，信托是为受益人的利益而设计的，因此没有受益人的信托是无效的。在英、美法上，作为一个有效信托还必须是受益人可提请强制执行的信托[④]。

在信托设计下，由于不需要受益人负任何管理之责，因此，只要具有权利能力的人都可以作为受益人，而不需要行为能力。在人数上，受益人可以是一人，也可以是数人；在属性上，可以是自然人，可以是法人，也可以是非法人团体；在范围上，可以是委托人自己，也可以是委托人之外的第三

① 周小明：《信托制度比较法研究》，法律出版社 1996 年版，第 8 页。

② 徐孟洲：《信托法学》，中国金融出版社 2003 年版，第 151 ~ 156 页。

③ 同上，第 156 ~ 164 页。

④ 但信托法也例外地承认两类不需要受益人的信托。一类是公益信托，其目的是公益事业，受益人实质上是不特定的社会大众；另一类是目的信托（purpose trust），其信托财产被指定用于一些非公益的特殊目的，往往是非人类的生命形态。参见周小明：《信托制度比较法研究》，法律出版社 1996 年版，第 10 ~ 11 页。

人。受托人本人也可以成为多个受益人之一，但不能是信托的惟一受益人（否则，此时信托财产上的所有权和利益合二为一，则违背信托构造的本质，应视为无效）。当然受益人必须是事先能够予以确定的，而至于设立信托时受益人是否实际存在，则无关紧要。这些都反映了信托构造本身的灵活性和对社会经济生活的适应性。

根据《中华人民共和国信托法》第四十三条中的定义，受益人是在信托中享有信托受益权的人。对信托受益权的理解可有狭义和广义之分。狭义的受益权即受益人所享有的对信托财产的收益权。广义的受益权除包括收益权外，还包括附随着收益权以保护受益人利益的其他权利，如信托执行知情权、信托财产管理方法调整请求权、救济权等等。这些权利属于法定权利，其内容与前述委托人的权利内容完全一致。但受益人在行使这些权利时，却可能与委托人的意见不一致，这时可申请法院做出裁定。关于受益人的义务，从其他国家的信托法来看，一般包括两条，一是对受托人在执行信托过程中垫付的有关费用进行补偿的义务；二是按照法律或信托文件的规定向受托人支付报酬的义务。我国的《中华人民共和国信托法》中只规定了受托人对信托财产的优先受偿权以及受托人依法行使请求给付报酬、从信托财产中获得补偿的权利时，可以留置信托财产或对信托财产的权利归属人提出请求，但对受益人是否相应承担上述义务，却并未做出明文规定。在个案中似应依信托文件的约定而定①。

（四）信托目的

信托目的是信托的基本构成要素，是受托人在管理和处分信托财产时必须依循的行为标准。如果受托人违背信托目的而管理和处分信托财产，则必须赔偿因此给委托人和受益人造成的损失。

确立信托目的必须遵循两个基本原则：一是意思自治；二是合法性。在意思自治原则之下，委托人确立信托的目的便拥有一个广阔的空间，而这个空间的边界却由合法性原则来界定。也就是说，尽管信托的目的各式各样、无法穷尽，但必须以不违反法律的强制性规定和公序良俗原则为前提。衡平法上有句格言——违反法律的人，不能请求法律保护——正是信托目的合法

① 徐孟洲：《信托法学》，中国金融出版社 2003 年版，第 168～172 页。

性原则的具体写照，这一基本要求在所有国家的信托法中都已得到体现。

虽然我们不能一一列举信托目的，但还是可以从信托的受益对象来对其目的作一个大致的划分：一是为委托人的利益（自益信托）；二是为委托人以外特定人的利益（他益信托）；三是为公共利益（公益信托）。需要说明的是，无论信托目的具体为何，其至少必须是确定或可以确定的，即受益人及受益权的内容必须是确定或可以确定，以符合法律行为内容的确定性要求。不仅如此，在法理上，信托目的确定性、信托财产确定性和受益人的确定性被认为是信托的三大确定性，是信托行为有效成立的三大要件，缺一不可[①]。

第二节
信托法学理的基本观念

按照制度经济学的观点，制度的主要作用是建立起一个能提供激励与约束的由人们相互作用而形成的稳定结构，以减少因人的行为及环境复杂性引起的不确定性，降低交易成本。尽管如新制度经济学的代表人物诺斯所言："制度的稳定性丝毫也没有否定它们是处于变迁之中这一事实。"[②] 但所有源远流长的制度一定都会有一个相对稳定的基本结构却是一个不争的事实。信托作为一项财产转移和财产管理的法律制度，最初是在英国衡平法的背景下形成的。后在美国和大陆法系的日本和韩国移植传播的过程中，尽管都结合了各自的实际情况并得到创造性的发展，但无不以继承信托的基本法理为前提。概括而言，这些基本法理有四个，即：所有权与利益相分离、信托财产独立性、有限责任和信托管理的连续性[③]。作为信托法学理的基本观念，它们是信托法律制度所具有的独特的经济功能和社会功能的基础。

---

① 钟瑞栋、陈向聪：《信托法》，厦门大学出版社 2004 年版，第 4 页。

② ［美］D. C. 诺斯：《制度、制度变迁与经济绩效》，上海三联书店 1994 年版，第 7 页。

③ 周小明：《信托制度比较法研究》，法律出版社 1996 年版，第 12～18 页；王长庚："信托生成发展的学理分析——对重建我国信托业的研究"，《西南财经大学博士学位论文》2000 年，第 66～72 页。

一、所有权与利益相分离

信托有效设立后，委托人转移给受托人的财产就成为信托财产。如前所述，信托财产的所有权具有与利益相分离的特殊性。一方面，受托人可以像享有真正的所有权一样，管理和处分信托财产，与其从事各种交易行为的第三人也都以受托人作为信托财产的权利主体和法律行为的当事人；另一方面，受托人的这种所有权又不同于大陆法系民法上的所有权观念，即受托人使用信托财产不能是出于自己的利益，不能将管理处分信托财产所生的利益归于自己，在其所能行使的处分权中也不包括从物质上毁坏信托财产的自由。受托人必须按信托合约为受益人的利益妥善管理和处分信托财产。信托财产上的这种权利主体与利益主体的分离，是信托区别于其他类似财产管理制度的根本特质。

英、美法上将受托人对信托财产的权利称为“普通法上的所有权（legal title）”，将受益人的权利称为“衡平法上的所有权（equitable title）”。这种信托财产上的“双重所有权”观念，源于英、美国家普通法（Common Law）与衡平法（Equity）长久对峙的独特历史，也反映了信托法发轫于衡平法的精心培育和积极催生的事实。大陆法系国家不存在“普通法”和“衡平法”的对抗，因而受益人的权利便被称为“受益权”，其所享受的利益则被称为“信托利益”，并由民法特别法中的“信托法”予以专门规范。这是由大陆法系所固有的法律传统决定的。但无论两大法系在权利称谓上存在怎样的差异，毕竟不能改变“所有权与利益相分离”这一信托法学理的基本观念。

二、信托财产独立性

尽管在英、美法和大陆法系中，信托法都没有赋予信托财产以独立的法律人格，但在实际运作中，信托财产却表现出强烈的人格化倾向，这是由信托财产的独立性特征决定的。信托一旦有效设立，信托财产便与委托人、受托人及受益人的自有财产分离开来，仅为信托目的而独立存在。有学者形象地称这一特性为信托的“闭锁效应”，即“信托一旦设立信托即自行封闭与外界隔绝”①。

① 方嘉麟：《信托法之理论与实务》，（台湾）月旦出版社股份有限公司 1994 年版，第 20 页。

信托财产的独立性在信托法上会产生极为重要的法律后果。首先，受托人在对信托财产的管理过程中，必须将其与自身的固有财产加以区别。这是信托财产管理最基本的要求，各国信托法为此都设计了极为严密的监控体系；其次，委托人、受托人及受益人三者任何一方的债权人都无权主张以信托财产偿债。从委托人来说，其既已将所有权让与受托人，其债权人自然就不能对不属于委托人的财产主张权利。从受托人来说，他承受的只是名义上的所有权而非实质的或真正的所有权，因此，其债权人也不可能对信托财产主张权利。从受益人来说，他的权利只限于依信托规定享受信托利益，因此其债权人至多只能行使代位受益权，请求受托人交出受益人依信托规定所享受的信托利益，而无权对信托财产本身提出任何主张；再其次，受托人在处理信托事务中所产生的利益，除依照信托规定必须支付给受益人的以外，其余应归属于信托财产；所造成的损失，如果不能归咎于受托人的失职或未尽受托义务，则也应由信托财产本身来承担。正因为信托财产独立性具有上述法律后果，日本信托法学界才提出了一种“法主体性”学说①，认为信托的本质在于信托财产具有独立的法律人格。

我国的《中华人民共和国信托法》中有专门规定信托财产独立性的条款，包括第十五条中的信托财产与委托人未设立信托的其他财产相区别，第十六条、第十七条、第十八条中的信托财产与受托人的固有财产相区别（具体内容包括信托财产的非继承性、受托人破产时不列入清算财产、非例外情形下强制执行的禁止、抵消的禁止）②。

三、有限责任

信托的有限责任特征根源于信托财产的独立性，在信托的内部关系和外部关系中都有体现。

从信托的内部关系来看，信托设立后，委托人通常就退出信托关系，除非在信托文件中还保留有委托人的相应权限。这样，信托的内部关系就只表现为受托人和受益人之间的权利义务关系。受托人的义务是依信托文件规定为受益人利益管理处分信托财产，而受益人的相应权利则是请求受托人忠实

① 周小明：《信托制度比较法研究》，法律出版社 1996 年版，第 31～32 页。

② 徐孟洲：《信托法学》，中国金融出版社 2003 年版，第 107～113 页。

执行信托事务并支付应得信托利益。但受托人因信托关系而对受益人所负的支付信托收益的债务，原则上只能是以信托财产为限度所负的有限清偿责任。也就是说，只要受托人在管理信托事务的过程中没有违反信托并已尽到了职守，即使未能取得信托利益或造成了信托财产的损失，受托人也不应以自有财产负任何责任。当然，如果是由于受托人违反信托或失职造成了信托利益的未能取得或信托财产的损失，那么受托人必须以自有财产承担赔偿责任。在我国的《中华人民共和国信托法》第二十六条、第二十七条、第二十八条中，分别规定了信托违反责任的三种情形，即：受托人利用信托财产为自己谋取利益的责任；受托人将信托财产转为其固有财产的责任；受托人将其固有财产与信托财产进行交易或者将不同委托人的信托财产进行相互交易的责任①。

从信托的外部关系来看，狭义上的信托外部关系指在信托事务处理过程中委托人、受托人和受益人分别与第三人（含交易相对人）的关系，相应的信托外部关系的有限责任是指三方信托当事人对因信托事务处理所发生的债务都只以信托财产为限负有限清偿责任。因为信托财产名义上的所有权人是受托人，出面处理信托事务的也是受托人，因此，因管理信托而签订的契约以及由所产生侵权行为而发生的对第三人责任，其承担人只能是受托人，受到损害的第三人无权要求委托人和受益人负责。这是各国信托法的一项基本原则。至于受托人对第三人的责任，在英美法中形式上是一种无限责任，但实际上可通过两种途径将此无限责任变为只以信托财产为限：一是可以与第三人事前约定；二是信托法允许受托人可将处理信托事务中所发生的损失和费用从信托财产中获得补偿。显然，法律上所做出的这种针对受托人的安排，是为了使其不会因履行职责而受到无谓损害，从而更好地发挥信托的社会机能。当然，如果受托人对第三人的责任是因其违反信托而引致，则其责任就不能得以排除，这样的安排同样是为促使受托人更好地尽其职责。

广义上的信托外部关系包括了委托人、受托人和受益人分别与其债权人（含交易相对人）或其他第三人的关系。我国的《中华人民共和国信托法》为防止委托人以设立信托的方式恶意逃避债务，保护其债权人的利

① 钟瑞栋、陈向聪：《信托法》，厦门大学出版社 2004 年版，第 118 ~ 119 页。

益，专门就委托人的债权人对损害其利益的信托的撤销权做出了具体规定[①]，即委托人设立信托损害其债权人利益的，债权人有权申请人民法院撤销该信托，但人民法院撤销信托时不能影响善意受益人已经取得的信托利益。

四、信托管理的连续性

作为一种财产管理制度，信托具有长期性和稳定性的特征，而这又根源于信托管理的连续性特征。在英美法中，信托管理的连续性有三方面的表现：一是信托成立不因受托人的欠缺而受影响[②]；二是受托人的更迭不能影响已成立的信托的存续；三是公益信托除具有上述两方面的连续性外，还特设有"类似原则（the Cy - pres doctrine)"，即当公益信托所确立的目的不能实现或实现已无意义时，只要委托人在信托文件中有将全部信托财产运用于公益事业的一般性意思，则公益信托就不会终止，法院将寻找一些与初始信托尽可能类似的公益目的来运用信托财产，从而使公益信托得以继续存在。

在大陆法系的日、韩信托法中，虽然对信托管理连续性的适用范围有所限制，但原则上也肯定和确认信托管理连续性。比如，受托人的欠缺不影响遗嘱信托的成立[③]；受托人的更迭不影响已成立的信托的存续[④]；公益信托终止时无信托财产权利归属人的，主管机关可将信托财产运用于类似目的而使信托继续下去[⑤]。这些都是为了保持信托作为财产管理制度所具有的长期性和稳定性不受改变。我国的《中华人民共和国信托法》第十三条关于设立遗嘱信托的规定，第五十二条关于信托不得终止的规定以及第七十二条中对公益信托终止时信托财产权利归属人的规定，也都是上述原则的具体体现。

---

① 徐孟洲：《信托法学》，中国金融出版社2003年版，第81～86页。

② 在英、美法中，信托的设立只需要两个要件：委托人的意思表示和财产权的有效转移，而与受托人的意思表示无关。这在《美国信托法重述》（第2版）第35条中有明确规定："信托的成立不以通知受托人为要件，也无需受托人的承诺。"关于形成此规则的原因，参见周小明：《信托制度比较法研究》，法律出版社1996年版，第三章第一部分。

③ 日本《信托法》第49条第二款；韩国《信托法》第17条第二款。

④ 日本《信托法》第49条第一款；韩国《信托法》第17条第二款。

⑤ 日本《信托法》第73条；韩国《信托法》第72条。

第三节
信托的制度功能

在法学中使用“功能”一词，是指基于法的属性、内部诸要素及其机构所决定的某些潜在的能力。这种潜在的能力可能并没有直接作用于社会关系，但却是客观存在的，并且是法具有生命力的内在依据。之所以要明确法的功能，其意义主要在于强调法的地位并科学立法，自觉地运用法这一工具①。在前两节中我们阐述了信托的法律含义、构成要素，以及信托法学理上的基本观念，本节我们将基于此来剖析信托的制度功能，其目的自然是要在构造创新性的信托产品中充分地体现信托的制度功能特点。

一、信托基本制度功能的嬗变

关于信托的基本制度功能，在学界已基本形成了共识，即信托实质上是一项财产转移和财产管理的法律设计，其基本的制度功能也就是转移财产和管理财产。前者在他益信托场合得到更多体现，而后者更充分体现在自益信托场合。人们经常用“受人之托，代人理财”来概括信托制度的本质，前半句即可理解为指信托的财产转移功能，后半句自然指信托的财产管理功能。从信托的财产转移角度来看，受人之托是信托得以设立的必要条件，如果委托人和受托人之间没有完成通过转移信托财产来体现的交付行为，那么信托的存在是难以想象的。从信托的财产管理角度来看，代人理财是一项信托完成使命的核心内容。这个“理”字充分体现了信托的财产管理功能。管理信托财产是受托人必须完成的任务，其管理信托财产的直接目的是实现信托财产的增值，当信托财产实现了最大增值的时候，信托的制度功能也就得到了最大的发挥②。

① 卢云：《法学基础理论》，中国政法大学出版社1994年版，第50页。

② 吴弘：《信托法论——中国信托市场发育发展的法律调整》，立信会计出版社2003年版，第17～18页。

尽管从现时来看，对信托制度转移财产和管理财产的基本功能作上述理解不存在什么问题，但从历史的角度观察，信托制度的功能却经历过一个曲折的演变过程。信托观念的萌芽、产生固然有多方面的原因，但当其最初在英国中世纪出现之时，却主要是为规避当时封建法律对财产转移所加的种种限制，被作为一种消极的财产转移设计来使用。之所以说它消极，是因为受托人这一现代信托的重要角色在当时多数的信托设计中，仅仅是作为一个承受信托财产法律上所有权的“人头”，是一个财产转移过程中的“媒介”或“驿站”，对信托财产没有任何积极的管理处分义务，而受益人不仅享有信托财产的利益，也拥有实际上的管理处分权[①]。简言之，信托设计的最基本、最原始的目的就是为了绕开法律的限制以实现财产的自由移转。

从 19 世纪初叶开始，信托事业在欧美各国相继兴起，从而扩大了信托制度的利用范围，信托的制度功能也从以实现财产转移为目的转变为以转移财产和管理财产为双重目的，并且将管理财产作为信托设计所追求的首要目的。直至今日，不论在英美法系还是大陆法系国家，信托制度都已成为一项重要的财产管理制度[②]。为什么会出现这样的转变呢？这主要是因为随着封建制度的彻底崩溃和资本主义市场经济以及法治原则的确立，原先加诸于财产转移上的种种不合理的限制，已为弘扬个人主义和自由主义的资本主义市场经济法制所取代，市场社会的法治原则也不允许信托被主要用作一种规避法律的制度，因此，信托作为一种单纯的、消极的、以规避法律限制为目的的财产转移设计，已经失去了用武之地。另一方面，随着商品生产和交换的日益频繁、复杂，商品交换的目的也已从主要为满足自身生活的需要，转变为通过商品交换实现利润的最大化，商品交换行为本身的性质也逐渐从单纯的民事行为转变为商事行为。在这种背景下，社会分工日益细密，财产的管理方法也渐趋复杂，从而要求财产的管理者也必须具备专门的财产管理知识和经验。适应新的社会发展，信托于是摇身一变成为一个提供专业财产管理的管道，受托人不仅担当起财产转移“中转站”的角色，更重要的是以其专门化的管理知识和经验为委托人或者受益人管理财产，以实现财产增值的

① 周小明：《信托制度比较法研究》，法律出版社 1996 年版，第 37 ~ 38 页。
② 赖源河、王子诚：《现代信托法论》，中国政法大学出版社 2002 年版，第 7 页。

目的[①]。

上述这一过程说明，信托的财产转移功能与财产管理功能已紧密结合，并日益突出了财产管理功能，这代表着现代信托的一种发展趋势。尽管信托早期的产生背景已经全然改变，但信托却并未因此而失去存在的意义，信托因其功能转换而得以延续，它已不再是为持有世袭土地的一种转让设计，而成为持有金融性财产的管理设计，现代信托即管理型信托是对家庭不动产作为财富绝对重要形式的根本转变的回应。信托的功能嬗变的这一过程同时也充分说明了信托适应社会环境的制度优势，信托的转让和管理功能一起提供了长期的、多层次的、连续的利益传承和管理体制[②]，并在商业领域中得到了广泛的应用。

二、信托基本制度功能的特点

以有效的制度设计进行财产转移和财产管理，始终是人类社会活动的一个极重要的层面。在大陆法系国家的原有制度框架内，有两种主要的财产转移设计就是赠与和遗嘱，而代理和公司则是两种最常见的财产管理设计，那么为什么还要引入英、美、法传统下的信托制度来履行财产转移和财产管理功能呢？事实上，人类制度创新历史中的主旋律始终是追求效率，信托制度这种跨法系的移植也隐含着其能实现效率最大化的命题。也就是说，信托是靠着它在财产转移和管理方面独特的制度优越性在既有制度框架内生长起来的。这种优越性表现在三个方面，即：长期规划，弹性空间和更好地保障受益人权益[③]。

（一）长期规划

与赠与、代理等制度相比，信托因设计有受托人这一中介职能，同时具有管理连续性的特征，因而更适合于有长期规划要求的财产转移与财产管理。

就财产转移来说，赠与是一种传统的财产转移的法律设计，但如果赠与

① 钟瑞栋、陈向聪：《信托法》，厦门大学出版社 2004 年版，第 28 页。

② 张天民："论信托财产上权利义务的冲突和衡平——信托的合同基础与中国继受信托法"，载于《民商法论丛》第 9 卷，法律出版社 1998 年版，第 607、第 655 页。

③ 周小明：《信托制度比较法研究》，法律出版社 1996 年版，第 38～47 页。

人想要在赠与中加入一些长期规划的意图，比如不想立即转移财产给受赠人，而是希望在未来再实施转移，则存在很多制度上的障碍。而信托可以在使赠与资产脱离赠与人资产范围而不为其债权人追及的同时，利用受托人这一中介来实现对赠与资产的管理，再在未来由受托人对受赠人（受益人）实施赠与资产的转移，这样便兼具了现时赠与与长期规划受益的双重优点①。

就财产管理来说，委托代理通常被用于为他人利益而管理财产，但由于委托代理原则上于当事人一方死亡或丧失民事行为能力时即归于消灭，而且被代理人可以随时取消委托，代理人也可随时辞去委托②，因而其关系极不稳定，非常脆弱，只比较适合于短期的财产管理。相较之下，利用信托设计来管理财产，信托一旦设定，由于其管理连续性的特征，在信托目的达成之前，信托就像一个"封闭的圆圈"，外力因素难以介入，信托财产因此能得到长久持续的管理。正因为如此，信托在英、美国家才成为累积家族资产并代代相传的最佳设计③。

从法理上分析，长期规划的优越性源于信托制度的本质特征，即信托财产所有权的转移。正因为设定一项信托的时候必然伴随着信托财产所有权的转移，对委托人来说也就意味着放弃财产所有权，所以委托人必然会慎重考虑并作长期规划。如果他仅需要在较短的时期内转移财产或管理财产，一般地，他会选择在保护财产所有权方面更为安全的代理等其他不必放弃所有权的法律关系。而在对某一事项进行长远考虑时，委托人更倾向于设立信托法律关系。因为在长期中，外界的不确定性因素增加，委托人必须赋予受托人足够的权利以应付可能出现的各种情况。时至今日，信托制度与长期规划间的这种紧密联系在人们的心目中已形成了定型化的思路，即当人们试图设计一项长期的财产转移和财产管理关系时，往往会首先考虑利用信托的可能性④。

① 方嘉麟：《信托法之理论与实务》，（台湾）月旦出版社股份有限公司 1994 年版，第 47 页。

② 《中华人民共和国民法通则》第 69 条。

③ 周小明：《信托制度比较法研究》，法律出版社 1996 年版，第 48 页。

④ 吴弘：《信托法论——中国信托市场发育发展的法律调整》，立信会计出版社 2003 年版，第 19 页。

（二）弹性空间

信托在履行其基本的制度功能时，具有巨大的弹性空间，能充分满足当事人的各种意愿，这是其他类似的法律设计所没有的。正是弹性空间这一特征，使得信托制度在跨国和跨法系的移植中减少了由制度差异造成的摩擦，使其更迅速地成为世界性的法律制度。具体说来，信托的灵活性主要表现在设立方式多样化、信托财产多元化、信托目的自由化和实务领域宽泛化等方面。下面将通过与一些类似法律制度设计的比较进行说明。

1. 设立方式多样化。从成立的方式来看，赠与，作为一种财产转移设计，其成立只能由签订赠与契约来实现；委托代理，作为一种财产管理设计，则更多地由委任契约来产生；作为现代企业制度主要存在形式的股份公司，本质上也是一种将资金或财产交他人管理处分以谋取自身利益的设计，但其设立必须严格依照公司法规定的程序来进行。相较之下，信托不仅可以通过合同设立，还可以通过遗嘱或者法律的直接规定而设立，在国外，还有宣言信托、回归信托、拟制信托等特殊的信托设立情形。这些都说明了信托在设立方式上具有很大的弹性。

2. 信托财产多元化。就同时实现长期内的财产转移和财产管理功能来说，可与信托相比较的主要是股份公司制度。但股份公司对投资所交付的财产却有形式上的限制，主要限于货币、实物、工业产权、非专利技术以及土地使用权等，至于债权、著作权、有价证券等就不能作为对股份公司的投资①。而就信托来说，凡是具有金钱价值的东西，无论是动产还是不动产，物权还是债权，有形的还是无形的，都可以作为信托财产设立信托。信托财产上的这种多元化显然也极大地拓展了信托的适用空间。

3. 信托目的自由化。信托目的的自由化，是信托弹性空间最集中的体现。正如美国信托法权威 Scott 教授所言：信托目的，与人类的想象力一样没有限制。只要不违反法律、行政法规的强制性规定和公序良俗原则，委托人可以为各种各样的目的而设立信托，包括短期的和长期的、特定的和不特定的、营利性的和非营利性的，等等。进一步来看，信托目的的自由化又可以具体化为信托利益多样化、受益人的弹性规划和委托人的权利保留等内容。信

① 《中华人民共和国公司法》第二十七条。

托利益多样化是指信托可以通过本金和收益分离的方法，将同一笔财产转移给不同的人。受益人的弹性规划是指在信托设计中，受益人只需能加以确定即可，而不必顾及在信托设立时其是否现实存在，受益人也可以是不确定的社会大众（公益信托），甚至可以是非人类的生命形态（目的信托）。委托人的权利保留是指在信托中，委托人可在信托条款中对信托财产的运用为自己保留一定的控制权，大陆法系国家的信托法也为委托人规定了许多法定的对受托人和信托财产的监控权，通过行使这些权利，委托人可以实现间接影响和控制信托财产的管理和处分的目的。这些弹性化设计在赠与等类似制度中是无法实现的。

4. 实务领域宽泛化。从实务上来看，信托的具体种类极其繁多，运用领域极其宽泛。在英美国家，信托设计频繁运用于民事、商事、社会公益等领域，甚至是在政治系统领域中也可看到信托设计的身影。因此也就有了这么一种流行的说法："信托（trust）一词在英美法律生活中的用处，同茶在英国人日常生活中的用处一样大"[①]。从上述信托制度功能的特点和学者们已经收集到的例证来看，这显然并非夸大之辞[②]。本篇下面关于"信托制度功能的扩展与延伸"对这一论题将更有详述。此处暂不赘言。

（三）更好地保障受益人权益

与赠与设计中的受赠人、遗嘱设计中的继承人、代理设计中的被代理人和公司设计中的股东相比，信托设计中的受益人的权益可得到更好的保障。具体体现在以下几方面：

1. 受益人的享利与免责。在信托设计中，受托人承受着信托财产名义上的所有权，这便产生了两方面的后果：一方面，受托人承担了由所有权而产生的管理责任与风险负担[③]；另一方面，受益人则纯粹享有由所有权而产生的利益。这也就是说，在信托设计中，受益人处于一种只享有权益而不承担责任的优越地位。这里的"不承担责任"包括两层含义：一是受益人不

① ［法］勒内·罗迪埃尔著，陈春龙译：《比较法概论》，法律出版社 1987 年版，第 32 页。

② 周小明：《信托制度比较法研究》，法律出版社 1996 年版，第 47～61 页。

③ 这里的风险负担特指在管理信托过程中所发生的对第三人的财产责任，而非指金融学意义上的预期收益上的不确定性。关于在信托关系中受益人所承担的金融学意义上的风险，详见本篇第二章。

承担管理信托财产的责任，而由受托人代为从事诸如信托财产的买卖、投资、经营以及诉讼等事务；二是受益人不承担信托财产管理中所产生风险负担的财产责任。因为信托财产的名义所有人是受托人，负责信托事务处理的也是受托人，因此，受托人也就相应承担了就管理信托所缔结契约或所为侵权行为而发生的对第三人的一切财产责任，受益人在原则上不应以个人财产负任何责任，该第三人最多只能追及信托财产本身而不能对受益人未交付信托的个人财产主张任何权利。

受益人的这种优越地位在其他法律关系中是无法体现的。赠与设计中的受赠人和遗嘱设计中的继承人不仅对亲自管理处分受赠物和继承物负有责任，而且还要以其个人全部财产（不只限于受赠物和继承物）对因管理不当而造成的第三人损失负责。在代理设计中，通常规定代理人在代理活动中所产生的一切法律后果都直接归属于被代理人本人①，因此被代理人虽然能通过代理人的中介免去部分管理财产的责任，但却必须承担因代理活动而产生的对第三人的个人财产责任。至于现代公司制度的设计，其在责任与利益分离方面倒是可以与信托相媲美。在公司设计中，股东不仅不需承担管理公司财产的责任，而且连公司活动中对第三人产生的个人财产责任也一并免去，并且实质上只以其对公司的出资额为限负有限责任。尽管如此，但公司设计中的股东在下述其他方面却不如信托设计中的受益人。

2. 信托受益权的优先性。受益权的优先性是指受益人对信托财产享有优先于委托人或受托人的债权人的权利②。这种优先性得自于信托财产的独立性，因为独立的信托财产不受委托人或受托人的债权人的追索。这一特性可使受益人享受到比遗嘱设计中的继承人、代理设计中的被代理人和公司设计中的股东更大的权益保障。

例如，某甲以“本金与收益分离”的形式设立一项金额 50 万元的信托。信托规定由其本人生前享有收益，在其死后则由其子女享有本金。这样即便甲死亡时已是负债累累，其债权人对 50 万元的信托本金也不能主张任何权利，依信托契约及信托财产独立性，信托本金应归其子女所有。而如果

① 《中华人民共和国民法通则》第六十三条第二款。

② 一般情况下，即使是受益人的债权人也不得对信托财产本身主张任何权利，但受益人享受信托利益的权利作为一种财产权，则可为其债权人追及。吴弘：《信托法论——中国信托市场发育发展的法律调整》，立信会计出版社 2003 年版，第 21 页。

甲当初是以遗嘱形式来处分这50万元，则在甲负债超过50万元的情况下，其子女将一无所获。因为甲的子女除继受其权利外，还必须继受其所有的债务①。

再看一则信托与代理相比的例子。某甲以某乙为受托人设立50万元的信托，乙将该50万元投资于股票并将股票据为己有。后适逢乙破产，则依信托契约和信托财产的独立性，该股票应由甲优先取回使之归于信托财产，而乙的债权人无法对该股票主张权利。但如果乙仅仅是甲的代理人，则在上述情况下，该股票便构成乙的破产财产的一部分，甲就没有优先取回股票的权利，只能要求乙赔偿相应的金钱损失，并与其他债权人一起就乙的全部破产财产受清偿。

同样，在公司设计下，股东对公司财产也没有优于公司债权人的权利，并且在分配次序上恰恰是位于一般债权人之后。即在公司解散或破产时，公司财产首先应用来清偿公司的所有债务，只有在有剩余时股东才能请求分配。因此，仅从受益权的优先性方面来看，公司设计下的股东是远不及信托设计下的受益人的。

3. 信托受益权的追及性。信托受益权的追及性是指受益人在受托人违反信托宗旨处分信托财产而使信托财产旁落他人之手时，有权向转得人请求返还该财产②。这是由信托受益权同时具有债权和物权的双重特性所决定的。在法律上，通常只有所有权人在其所有物被无权处分之人转让给第三人时，才有权从该第三人处追索该物。因此，信托受益权的这一特性使得受益人在法律上的地位几乎可与所有权人相提并论。这一点在其他类似法律设计中也是无法达到的。

4. 信托利益的超越性。如前所述，对于受益人来说，信托财产独立性

① 《中华人民共和国继承法》第三十三条。

② 关于受益权的追及性的法律规定，可参见日本《信托法》第31条，韩国《信托法》第52条。我国《中华人民共和国信托法》的相应规定是在第四十九条和第二十二条中体现出来。依第四十九条规定，受益人可以行使本法第二十条至第二十三条规定的委托人享有的权利。第二十二条规定："受托人违反信托目的处分信托财产或者因违背管理职责、处理信托事务不当致使信托财产受到损失的，委托人有权申请人民法院撤销该处分行为，并有权要求受托人恢复信托财产的原状或者予以赔偿；该信托财产的受让人明知是违反信托目的而接受该财产的，应当予以返还或者予以赔偿。"由此看来，我国在受托人违反信托的救济模式上是采用大陆法系的撤销权模式，而对受益权的追及性并未刻意体现。

使得信托财产与其自有财产必须分离，从而即便是其债权人也无法对信托财产本身主张任何权利。但是，作为一项基本的法律原则，受益人享受信托利益的权利本身则是一种财产权，这种财产权是可以受其债权人追及的。但在英美法下即使这样的原则也有例外，即某些特殊形态的信托设计，可使受益人享受信托利益的权利也超越于其债权人的追及范围之外，有学者将此称为“信托利益的超越性”①。这主要是指“自由裁量信托”和“保护信托”两种情形。

在一项自由裁量信托（discretionary trust）中，受益人能够享受的信托利益并不由信托文件本身确定，而是由信托文件授权受托人根据实际情况进行分配。在分配决定做出之前，受益人是否能获得信托利益以及能获得多少信托利益都是不确定的。也就是说，在受托人做出分配决定之前，受益人对信托财产是没有任何固有权利的，从而受益人的债权人也就无法追及到此时尚不存在的信托利益，因为法律上禁止债权人取得较债务人本身所能享有的更大权利。自由裁量信托的功用主要在于能保障受益人不受本人挥霍无度或不当决定的影响，从而与其他类似设计相比，能使受益人受到更好的保障。

保护信托（protective trust）的特征在于设有“没收条款（forfeiture provision）”，并且通常是与自由裁量信托配合使用。没收条款规定有信托自动转换为自由裁量信托的条件，即当受益人企图转让信托利益或债权人企图追及信托利益时，受益人于信托下的信托利益即告终止，信托受益权由受托人自由裁量。此时，除信托原受益人外，通常还会将委托人的配偶子女兄弟等作为共同受益人。这样的联合设计不仅能通过禁止转让信托利益而保证信托利益不会旁落他人之手，而且能通过自由裁量信托的转换有效切断债权人对信托利益的追及，从而使受益人的权益得到远比其他法律设计更大的保障。

当然，尽管受益人始终是信托制度的直接得利者，但从根本上说，法律对受益人利益的切实保障，实际上是对委托人意志的充分尊重。换句话说，信托法完成尊重委托人意志与实现受益人利益这两方面的任务，其实是存在

① 方嘉麟，《信托法之理论与实务》，（台湾）月旦出版社股份有限公司 1994 年版，第 21 页、第 91～92 页。

于同一个过程之中。充分尊重委托人的意志，显然是为了在法律上更多地鼓励人们设立信托关系，因为在决定是否使用信托的起始阶段，委托人的选择具有决定性的意义。因此，这一法律特征在信托产品设计和信托展业营销中会产生非常深远的含义。

三、信托制度功能的扩展与延伸

信托制度功能的扩展与延伸，是指信托在履行财产转移和财产管理功能时所产生的社会效果或社会作用，是信托基本制度功能所派生的社会功能。如前所述，在构造每一个信托产品的过程中，充分体现信托基本制度功能的特点十分必要，这是创新性的信托产品的核心竞争力所在，也是信托业的核心竞争力所在。但就信托业所提供信托产品的整体来说，就必须全面考虑信托制度所派生出的全部社会功能，这决定了信托业是否能具有持续的竞争力。在各国特定的政治、经济制度和社会习俗的背景下，在不同的市场演进和金融深化阶段中，这样的考虑更是至关重要，它决定了在这些特定背景和阶段中信托产品创新的方向和信托展业的领域。具体说来，派生性的信托功能包括以下几个方面。

（一）融通资金的功能

信托融通资金的功能是指受托人在接受信托财产后，通过对信托财产的管理运用，引起了资金的流动，从而起到了融通资金的作用。这一功能的发挥，受到社会融资体制和金融市场发展程度的制约，视各国对信托业务的认识和利用程度高低而定。但一般说来，这一功能的实现会有几个特点[①]：首先，它完全依赖于信托的财产管理功能，是在信托财产的管理和运用过程中产生的。因此，信托首先是一种财产管理制度，这也是信托业务区别于纯粹的银行业务和其他金融业务的标志，只有明确这一点，才能找准信托产品创新和信托业发展的方向，确立信托在社会信用体系中的地位；其次，信托融资具有长期性。对委托人来说，只有需要在长期内进行管理和运用的财产才有必要采用信托的方式，由于委托人的目的是较长期的，受托人也就可以对信托财产做长期性的运用。因此，信托产品是基于长期融资需求而设计的，

① 赵奎、朱崇利：《金融信托理论与实务》，经济科学出版社 2003 年版，第 67～69 页。

信托机构借助这样的产品一般能够为社会提供长期资金，相应也就成为提供长期信用的金融机构。从世界其他国家的信托产品的情况看，以投资方式运用信托资金的占据绝对优势地位，但是从中国的情况看，却是以贷款运用方式占据优势，长期融资的功能不彰，这与中国的信托业发展的特殊历程和信托业的制度设计都存在一定的关系，这也是信托新政出台纠偏的原因之一；最后，信托融资的发挥多数情况下都可以使受益人的收益高于银行的存款利息。这既是由信托资金长期融资的使用方式决定的，也是由信托资金特定的运用方向和投资领域决定的①。

（二）中介服务的功能

中介服务功能是指信托能够沟通和协调各经济主体之间的经济关系，并为其提供信息和咨询的功能。信托业务具有多边经济关系，受托人作为委托人和受益人的中介，是天然的横向经济联系的桥梁和纽带。通过信托业务的办理，特别是通过代理和咨询业务，受托人以代理人、见证人、担保人、介绍人、咨询人、监督人等身份为经营各方建立相互信任关系，为经营者提供可靠经济信息，为委托人的财产寻找投资场所等，从而加强了横向经济联系和沟通，促进了地区之间的物资和资金交流，也推进了跨国经济技术协作②。

（三）投资开发的功能

投资开发功能是指受托人按照信托契约将货币形式的信托财产运用于投资领域，参与社会投资行为所产生的功能。这一功能是在19世纪初英国工业化过程中发展起来的，后逐渐为各国认识与推广。当时，由于对外投资的高利诱惑和投资安全的需要，投资基金应运而生，人们集中资金，委托专家进行投资管理，受托人将基金运用于金融市场中各种金融产品甚至非金融领域，并将投资收益返还投资人，自己获得约定报酬。特别是战后，投资信托业务日益向基础产业及房地产业开发中拓展，其投资开发功能明显扩大③。

① 关于信托产品的期限、收益等要素，在本篇第二章中还有较为详细的阐述。

② 王淑敏、陆世敏：《金融信托与租赁》，中国金融出版社2002年版，第19页。

③ 吴弘：《信托法论——中国信托市场发育发展的法律调整》，立信会计出版社2003年版，第9页。

我国自恢复信托业务以来，就开办了投资业务，投资业务已成为信托机构的主要业务之一，以致我国大多数信托机构都命名为“信托投资公司”[①]。只是传统信托业的投资资金的来源谈不上是受托资金，而是所谓信托存款和自有资金。而信托业的投资开发功能在信托新政之后已经明显地得到彰显，最终投资类的信托产品无疑将占据主流。

（四）社会福利与公益功能

这是指信托可通过以年金信托为中心的雇员利益信托业务，促进社会福利事业的发展；可以通过公益信托业务，促进教育、文化、科技、艺术、慈善等各种社会公益事业的发展[②]。

（五）促进培育社会信用基础的功能

从社会学意义上来说，信托是建立在当事人之间信任关系基础之上的，虽然信用并不是信托的全部内容，但信托制度的发达却有利于培养社会公众的信用意识。这是因为，首先，信托关系的建立和个人信用的生成具有相似或相近的物质基础。信托财产是设立信托关系的基本要素，而个人信用的生成与个人掌握的财产数量之间也存在着密切的相关性。因为，“财产是人格的舞台”，“人无恒产则无恒心”，在社会财富主要掌控在国家手中，个人基本上不掌握什么财产的情况下，失去个人财产的人其人格本身在某种程度上就有所缺失，则与人格密切相关的个人信用也便无从谈起[③]。其次，信用与信托之间是存在着一种必然因果关系的，因为只有受托人有信用，才能得到委托人信任，并在信任前提下，将其财产交付受托人管理。同时各国的实践也可为此提供佐证：一方面，信托制度是信托产业化的基础，而信托的产业化又推动了现代信托制度的建立，而随之确立的信托的财产转移功能、财产管理功能和融资功能都充分体现了信用基础的充实和完善；另一方面，通过信托制度的不断运用，与之相伴的财产转移制度、财产管理制度和投融资体

① 王淑敏、陆世敏：《金融信托与租赁》，中国金融出版社 2002 年版，第 20 页。

② 周小明：“中国信托业：何去何从——分业政策下信托业的定位和未来发展”，《经济导刊》1997 年第 2 期。

③ 王长庚：“信托生成发展的学理分析——对重建我国信托业的研究”，《西南财经大学博士学位论文》2000 年，第 106 页。

制的健全和实施都能够从理念上实现对社会信用体系的构筑①。因此，发展信托有利于发展社会的信用基础。

从上述分析来看，信托基本的制度功能在于财产转移和财产管理，并由此派生出融通资金、中介服务、投资开发以及促进社会福利和公益事业的发展等诸多社会功能。同时由于信托本身具有十分独特的制度构造，因此其在履行上述功能时，相比于代理和公司等其他财产管理制度，具有自己独特的“长期规划”、“弹性空间”和对“受益人切实保障”等制度优势。这样的制度功能和制度优势与中国当代社会对于财产管理及长期融资方面的需求之间是存在一定的契合基础的。如何寻求有效的财产管理制度是处于转型期国家必然要面对的问题，而对于当前我国社会经济生活中已经出现的严重的投融资障碍来说，这一需求便显得尤为迫切。在当前我国社会经济生活中，一方面，长期资金的短缺已经成为制约国有企业改制、民营企业发展，以及能源、交通、原材料等基础产业的建设乃至卫生教育、社会保障和公共福利等事业发展的关键因素；另一方面，民间所积累的巨额财富却大都以储蓄存款的形式沉淀在商业银行而无法加以充分利用。这种尴尬且困难局面的出现，除了银行体制以及证券市场等方面的制度缺陷以外，一个非常重要的原因就在于目前我国投融资渠道极为缺乏，代人理财的制度形态过于单一，既不能充分适应民间多种层次的投资理财倾向，也远远无法满足各个产业和部门对长期融资的要求②。但从另一角度来看，这种困难的现实恰能为信托产品的创新及信托制度功能的发挥提供极其广阔的生存和发展空间。

① 中国人民大学信托与基金研究所：《中国信托业发展报告（1979—2003）》，中国经济出版社 2004 年版，第 95 页。

② 盛学军：“中国信托立法缺陷及其对信托功能的消解”，《现代法学》2003 年第 12 期，第 139 页。

第二章

信托产品创新的技术要素

在上一章中，我们从法学理的角度对信托产品创新中所涉及到的法律含义、构成要素、基本观念等内容进行了阐释，由此引出信托的基本制度功能——财产转移和财产管理，并详尽阐释了信托履行基本制度功能时所具有的特征。其总体上的逻辑思路是从信托的法律含义、要素、观念来引述信托基本的制度功能及其扩展与延伸。本章将从金融学理的角度对信托产品创新中所涉及的金融技术要素进行分析，其总体上的逻辑思路则是要从信托的制度功能及其所派生的金融功能来推论信托产品应具有的金融技术要素与技术结构，然后以金融产品设计的一般思路来对信托产品构造中的各个环节进行分析，并在分析中着力体现信托产品与其他金融产品不同的技术特征。遵循这样的逻辑思路是出于两个方面的考虑：第一，信托产品创新不仅在制度设计上要接受基本的法学理的规范，同时在技术原理上也要符合金融产品构造的基本要求，这是因为信托的制度功能与现代金融体系的功能在内容上是相容的，因此信托产品与所有的金融产品在技术原理上也就是相通的；第二，作为金融产品的信托产品不仅要有金融产品的一般性，还要有作为信托产品自身的特殊性，这种特殊性是由信托制度构造上的特殊性赋予的，但需要借助相关的金融技术表现出来。

第一节
信托的金融功能：信托产品的技术目标与展业空间

一、基于“功能”概念体系演绎的缘由

信托业是一国金融体系的一部分，履行着一些特定的金融功能，这是业界和学术界的通行观点。对这一观点的论证可以使用两种方法：一是从各国信托业和整体金融体系实际运行的情况来归纳。现有文献中很多对信托业在金融体系中地位的论述都是依这种方法进行的①；二是基于一套概念体系来进行演绎。即从信托的基本制度功能和金融体系所具有的功能二者中共同或交叉的部分来推论信托业是否具有金融功能和具有怎样的金融功能。这第二种论证方法的好处有两个：首先，因为它是使用了前后一致的概念范畴，将不同视角不同学理的分析联系起来了，因此在论证信托业金融功能的同时，还能突出信托业所履行金融功能的特殊性；其次，从理论上说，信托业金融功能的内涵是信托产品中所使用的金融技术的目标，也就是设计信托产品时的逻辑起点；信托业金融功能的外延是信托产品金融功能所能发挥作用的范围，也就是信托产品创新的展业空间。要对信托产品创新进行金融技术方面的规范分析，对信托产品创新的展业空间进行研判预测，就必须对信托业所履行的金融功能的内涵和外延有一个比较清晰的把握，并使用规范一致的概念范畴对之进行描述和分析。显然，逻辑演绎的方法能够很好地满足这方面的要求。

长期以来，我国业界和学术界之所以很少使用演绎的方法来论证信托业的金融功能，可能是出于两方面的原因：一是在我国恢复信托业后的很长一段时间里，信托业最基本的行业定位问题一直未得到根本解决，一直

① 本篇第一章第三节结尾部分关于信托基本制度功能的扩展和延伸的内容主要是使用归纳法的结论。

处于一种附属于银行业的地位，本源业务不突出或基本不存在，以产品创新为核心的展业要求也不是很迫切，因此也就没有必要对信托产品的制度特征和技术特征进行深入探讨，理论研究中基于概念体系进行逻辑演绎的重要性和迫切性因而也不突出；二是能使用这种演绎方法的前提是要有对金融体系功能比较深刻和全面的概括，尤其需要有从微观角度对金融机制功能较精确的理解和阐释，但在相当长时间里，这方面的理论准备还不是很充足。

我们在前言中曾有所述及，要推动我国信托业的发展必须以信托产品的创新为龙头，而构造创新性的信托产品必须始终围绕实现信托的功能来进行。基于这样的研究背景和研究目标，我们在论述信托业的金融功能问题时主要使用演绎方法，并围绕“功能”这一范畴来构造概念体系，使这一概念体系成为贯穿全书始终的一条红线。在第一章中我们基于法学理的分析已经形成了信托的基本制度功能、财产转移功能、财产管理功能以及信托基本制度功能的扩展和延伸等概念，在本节中将基于金融学理的分析，围绕信托业的金融功能形成一些基本概念。这些基于金融学理所形成的信托功能的概念和上一章中基于法学理所形成的信托功能的概念殊途同归，相互印证，将使我们对信托功能的理解更为全面和深刻。另外，单就本章信托产品金融技术要素分析的目标来说，对信托业金融功能全面和深刻的理解，可以使我们在使用相关金融技术构造创新性的信托产品过程中，始终围绕金融功能这条主线，综合考虑信托产品金融技术要素的一般性和特殊性。这样构造出来的信托产品才能既符合基本制度原理和技术原理的规范，又能因地制宜，因时制宜，以更有效和更全面地发挥信托的制度功能的全部内容。

至于构造“功能”概念体系的理论准备，除上一章中引用和参考的信托制度功能方面的有关研究外，近年来金融理论界兴起的“金融功能观”以及由此引发的很多很有价值的研究，都为本篇构造这样的概念体系提供了很好的理论基础和启示[①]。下面将首先对现代金融体系功能的经典概括进行理论上的分类分析，形成本篇信托业金融功能概念的内涵和外延，并阐述其与信托产品创新的技术目标与展业空间的关系。

① 最终信托产品功能概念体系的完成还要借助于管理学中的相关概念与理论。详见本篇第三章第一节。

二、信托金融功能的内涵：信托产品的技术目标

（一）金融体系的功能和信托金融功能的内涵

在现代经济生活中，金融体系是一个极其庞大的复杂系统。由于在理论和实践中对金融范畴及其涵盖领域的理解存在着一些分歧[①]，因此对金融体系及其功能的理解也就有了分别。一般认为，广义的金融体系包括了五个要素，即货币流通、金融机构、金融市场、金融工具以及监督和调控机制。这一口径的金融体系首先强调由货币制度所规范的货币流通，因为货币流通可以说是金融体系赖以展开的基座和平台。有的分析没有把这一要素列入金融体系之内，或许是把它视为金融体系借以存在而无须论证的前提。这一口径的金融体系也将监督和调控机制列入其中，是因为金融的特殊性决定了国家对金融运行的管理和在金融领域进行政策性调节的必要性，因此金融体系的每一个要素都要受到法律和政府规章制度的调整和规范[②]。狭义上的金融体系一般被理解为是由金融市场、金融中介以及与二者相连的金融工具共同构成的[③]。我们在此仅使用狭义金融体系的概念。

传统理论对狭义金融体系的研究分为两个基本的方面，一是分析金融市场上各经济行为主体之间的关系；二是分析金融中介如银行、保险公司等机构的活动[④]。而在20世纪90年代初，由罗伯特·莫顿（R. Merton）和兹维·博迪（Z. Bodie）系统地提出了一种新的分析框架，即金融功能框架[⑤]（perspective of financial function）。

金融功能观认为，各国的金融机构大不相同，在不同的时期也不一样，甚至即使名称相同，执行的职能也迥然不同。这其中的原因有很多，如规模、复杂性、技术水平以及政治、文化和历史背景的差异。而分析这种金融

① 黄达：《金融学（精编版）》，中国人民大学出版社2004年版，第58～61页。

② 同上，第242～243页。

③ 但如果考虑到货币流通要素对其他要素的基础或平台作用，再考虑到监督调控机制要素内含于其他要素中的特点，则金融体系概念实际并无范围上的差异，只有观察视角和分析层次上的不同。

④ 黄达：《金融学（精编版）》，中国人民大学出版社2004年版，第243页。

⑤ ［美］兹维·博迪、罗伯特·莫顿：《金融学》（中译本），中国人民大学出版社2000年版，第23～30页。

机构的不同所采用的概念框架，其主线应是功能而不是机构。原因有二：一是金融功能比金融机构更为稳定，也就是说，在不同时期、不同国家，金融功能的变化较小；二是机构的形式随功能而变化，也就是说，机构之间的创新和竞争最终会导致金融系统执行各项功能的效率的提高。

从进行高效资源配置这一最基本的功能出发，金融体系的核心功能可归纳为六项：一是转移资源的功能，即金融体系在不同的时间和空间上提供了资源转移的途径；二是管理风险的功能，即金融体系能够为风险的转移、分散和管理提供方法与途径，将风险合理地配置到有能力且愿意承担的部门和经济行为主体；三是清算结算功能，即金融体系提供清算和结算支付的途径以使交易便捷、安全、快速、节省地完成，润滑了经济运行，节省了经济发展的社会成本；四是集中资本和股份分割的功能，即金融体系为储备资源和在不同的企业中分割所有权提供有关机制；五是提供价格信息功能，即金融体系能提供形成各种金融价格信息的机制，帮助协调不同经济部门的决策；六是提供解决激励问题的方法，即金融体系可以为解决由于信息不对称而产生的道德风险、逆向选择以及委托—代理问题提供方法与途径。在这六项功能中，从上一章信托的基本法律构造和制度功能来看，信托业除不具有清算与结算的功能外，其他功能都可不同程度地履行。因此，信托金融功能的内涵可依此概括为：转移资源的功能、管理风险的功能、集中资本和权益分割的功能、提供价格信息的功能以及提供解决激励问题的方法的功能。

下面，我们将对上述概括的理由和意义进行阐释。

（二）信托金融功能内涵的意义

显然，对狭义金融体系的功能的概括是从微观分析的视角进行的。那么，为什么需要并且能够将这一视角下的金融体系功能概括为信托金融功能的内涵，并将其视为信托产品金融技术规范的最终目标和信托产品设计技术的逻辑起点呢？

最简要的回答是，从微观角度对金融体系功能的概括，是从机制原理的层次上反映了金融体系最本质的规定性，是对金融技术要解决的本质问题所作的最全面和深刻的概括。金融技术是要解决金融问题的，要使技术合理有效，首先要使问题清晰明确。对金融体系功能的概括，实际上就是明确了金融技术要解决的问题。信托业所能体现的金融功能，必然是与上述金融体系的全部功能或部分功能相吻合；信托产品要实现金融功能，就必然要使其技术设计符合所有金融产品技术设计的基本规范。因此，上述从微观视角对金融体系功能的概括，就成为信托产品金融技术规范的最终目标和逻辑起点。

现代微观金融学告诉我们，金融学是研究人们在不确定的环境中如何进行资源时间配置的学科。金融决策的成本和效益是在时间上分布的，而且决策者和其他任何人无法预先明确知道。这是金融决策区别于其他资源配置决策的两个特点[①]。在金融体系中，无论什么样的金融工具，无论它依托于或服务于什么样的金融市场和什么样的金融机构，它之所以可以被称为金融工具，就是因为它能够履行一项或几项金融体系的核心功能，而它之所以能够履行金融体系的核心功能，又是因为它在技术构造上符合金融机制的基本原理。正因为如此，现代微观金融学中的几乎所有内容都是围绕金融机制的原理和技术来讨论，并使用一系列概念和定量模型来完成。概念帮助人们思考如何在时间上配置资源；定量模型用于估价替代方案、制定决策和执行决策。并且，所有层次上的决策，只要它是金融问题，必然都采用同样的基本概念和定量模型。

对于我们所讨论的信托产品的创新来说，诚如本篇开篇所言，要创新首先要规范，这种规范有两个层次的意义：一是在基本功能层次上的规范。上一章中信托的基本制度功能概念，本章中信托的金融功能概念以及下一章中将要形成的完整的信托产品功能概念，都是在这个意义上的规范；二是在机制原理层次上的规范。机制就是为实现特殊功能而形成的特殊结构。上一章中信托产品的法律构造原理，本章中信托产品的金融技术原理以及下一章中将运用的信托产品的营销管理原理，都是在这个意义上的规范。对单个的产品来说，特定的机制原理层次上的规范都是为特定的功能服务的。所以如上一章所述，信托特定的法律构造决定了其特定的制度功能可以实现。也如下一章所述，信托要实现其特定的产品功能也就决定了其特定的营销战略和策略。同理，本章中信托的金融功能也要求信托产品的构造必须符合金融机制中的技术原理。因此，一宗信托产品，既是制度性的产品，又是技术性的产品，更是市场性的产品。而在本章中，我们暂聚焦于一点，那就是信托产品

① ［美］兹维·博迪、罗伯特·莫顿：《金融学》（中译本），中国人民大学出版社 2000 年版，第 4 页。

在金融技术方面的特征，其理论上的逻辑起点和服务目标，正是信托金融功能的内涵。

三、信托金融功能的外延：信托产品的展业空间

“外延”，在逻辑学上是指一个概念所确指的对象的范围。因此，如果说信托金融功能的内涵指的是信托金融功能的内容，是信托金融功能的本质属性的总和，那么其外延就是信托金融功能可能发挥作用的领域，这自然也就是未来信托产品创新的展业空间。

对信托金融功能外延的考察，可以从有关金融作用于社会经济的方式和领域的研究中得到很好的启示[①]。

从金融作用于社会经济的方式来说，集中体现在市场上金融交易的过程中，如：人们持有和买卖金融资产能强化利益机制，约束经济主体的行为；能克服投资的局限性，增强投资的能力；能优化资源的分配；能调节经济增长，保持国民经济运行的平稳和协调发展；能弥补意外损失，增进社会福利保障；等等。

从金融作用于社会经济的领域来说，除传统的金融经济领域，当代金融的功能范围已经开始延伸到关乎社会进步和发展的很多方面，如：通过金融运作（如推行独生子女保险）控制人口增长，优生优育；通过金融运作（如推行人身保险）增进社会福利，老有所养，老有所乐；通过金融运作，支持教育、科技发展，促进精神文明建设；通过防范化解金融风险，减轻社会负担；通过提高效率，降低社会成本[②]；等等。

由此看来，金融对社会经济的作用可以体现在社会经济生活的各个层次、各个方面，并且是一个动态的、不断变化和发展的过程。相应地，信托的金融功能也会作用到社会经济生活的各个层次和各个方面，并随社会经济的进步和发展不断地扩展和延伸。这正如上一章所述的信托制度功能的嬗变、扩展和延伸一样。信托金融功能外延上的这种扩展和延伸就为信托产品

① 曾康霖：《金融经济学》，西南财经大学出版社2002年版，第18～20页。

② 尽管从概念的逻辑关系上来说，金融体系所能发挥的功能是信托业可发挥金融功能的边界。但若从历史演进来看，在特定的国家和特定的时期，却是信托业的产生和发展通过提高金融体系的效率而完善了金融体系的功能。当然，这后一点从系统论的理论逻辑也可得到论证，因为系统分工越精细，效率越高，功能也就越完善。

的创新提供了无尽的可能空间。

有了上述结论，下面我们将转为以微观分析的视角考察信托产品的金融要素、金融结构和一般的设计流程。对于金融产品的设计来说，其一般的研究路线是，首先要在分析和归纳影响金融资产风险收益特征的要素（以下我们将影响信托产品风险收益特征的要素简称为信托产品的“金融要素”）基础上，建立起金融产品的现金流模型，从而将产品设计转化为现金流设计；然后通过分析金融产品的结构特征，总结出金融产品结构分解为基本结构的一般方法，并以此将金融产品复杂结构设计问题转化为简单的基本结构设计问题；最后寻找可能的结构设计方法和结构的参数设计，并给出设计的一般流程①。这一研究路线对信托产品的设计来说同样适用，因为信托产品的基本设计思路和金融技术方法与其他金融产品的设计并无二致。但信托产品的特殊性在于其特殊的制度构造基础，这种制度构造基础使得信托产品的金融要素和金融结构与其他金融产品有所不同。因此，我们将重点探讨信托产品的金融要素和金融结构，并在此基础上对信托产品的设计流程做出简单的归纳。

第二节
信托产品的金融要素：一般性与特殊性

金融体系中的金融工具尽管千差万别，但都有着基本的构成要素，通常我们将这些要素抽象为“三性”，即盈利性、安全性和流动性。但从构造金融工具或设计金融产品的技术要求来看，仅仅有这“三性”概念显然过于笼统，无法基于此来理解各种金融产品风险收益特征上的微妙差别②。因此

① 许祥秦：《金融产品设计研究》，中国社会科学出版社 2002 年版，第 12 页。

② 但需要说明的是，上述“三性”特征是从理论上理解金融产品创新概念时很好的工具。一般认为，购买者购买金融产品期望获得的三个基本特性正是预期的收益、安全性和流动性。每一种金融产品都是这三个特性的不同组合，都表现为三维空间中的一个点。因此，金融产品的创新就是三维特性空间的一个新点。股权信用产品、债权信用产品和权力信用产品中信用关系的变化是金融产品创新的标志。李宏宇：“中国衍生金融产品创新机制研究”，《西南财经大学博士学位论文》2004 年，第 15 页。

在金融产品的设计中，通常要对“三性”要素进行分解，或者说进一步找出影响“三性”要素的要素来。将这些要素以某种方式组合，从而可以形成各种风险收益特征不同的金融工具或金融产品。下面我们将分析，作为金融产品的信托产品，其基本构成要素既具有所有金融产品的一般性特征，又具有基于其特殊制度构造的特殊性。

一、信托产品金融要素的一般性考察

从一般的意义来说，信托产品的金融要素应该包括有：发行者、投资者、期限、现金流序列、流动性、选择权、可分性和发行单位、复合性、币种、税收状况、仲裁机制等等①。这些金融要素都能在不同程度上决定、影响或反映信托产品的风险收益特征，从而成为市场上各种风险收益偏好不同的信托产品购买者关注的焦点。当然，这其中有些要素是产品设计者或产品提供者可以直接决定的，但有些要素要受外在环境尤其是制度环境的影响或完全由制度环境决定。在产品设计中，首先要考虑制度要素和制度环境的基本要求，这是包括信托产品在内的所有金融产品设计的一个突出特点。

发行者。在任一种经济中，金融市场都有某种准入权设置，什么人可以发行什么样的金融工具往往受制于特定的制度安排或法律规定。所以，对发行人来说，特定金融工具的发行资格是首要的。同时，发行人的信用等级对所发行金融工具的风险特征有关键性的决定作用。因此，只有明确了金融工具的发行者资格和信用等级，才能确定其风险特征。在金融资产定价理论中，人们感兴趣的是按发行者的信用等级对金融资产进行分类，这种分类有助于确定资产的风险特征及其收益补偿。信托产品的发行者资格也是由法律制度赋予的，并且在信用等级决定其收益补偿这层意义上，和所有金融工具的发行者是一致的。在发行者本身信用等级不高或信用不被公众认可的情况下，寻找外部的信用增强方式就非常必要。这一点对处于展业之初阶段的中国信托业来说尤其重要。

投资者。信托产品的投资者就是信托产品的购买者。一般来说，法律或

① 许祥秦：《金融产品设计研究》，中国社会科学出版社 2002 年版，第 13 ~ 16 页；［美］弗兰克·J. 法博齐、弗朗哥·莫迪利亚尼著，唐旭等译：《资本市场：机构与工具》，经济科学出版社 1998 年版，第 6 ~ 9 页。

者法规对信托产品投资者的资格或数量会有一定程度上的限定。例如信托新政的所谓合格投资人的概念，就使得信托产品的自然人投资者被限制在非常高端的富有者范围之内。另外，很多信托产品的设计本身针对性也很强，其投资者可能只是市场上的某类个人、某类组织或机构，甚至只是某个组织或机构。法律上的限定和信托产品本身的针对性设计都会影响到投资者的数量，投资者的数量会直接影响到信托产品的流动性、可变现性或返程成本（found - trip cost）①。只有投资者众多，市场才有厚度（thickness of the market），返程成本才少。从这个角度说，在机构投资者没有发展起来之前，理财市场虽然规模巨大，但是信托公司所能够参与和面对的市场却很小。这使得理财市场的蛋糕的大头必然为银行和其他金融分割，对于信托业的发展显然是不利的。

期限。信托产品的期限是指信托合约中规定的合约生效日到信托清算日的日期之前的时间长度。不同的信托产品的签约日期、生效日期和最终清算日期之间的关系会因法律规定或合约规定而不同。由于不同投资者对期限的偏好不同，所以信托产品的期限设计会影响到投资者的数目、多样性和市场厚度，进而影响到流动性。同时，由于信托产品的期限一般较长，因此风险也会较大，相应地必然要求较高的风险补偿收益。

现金流序列。现金流序列的特点是下面讨论信托产品结构设计时的主要依据。这一概念的提出是基于信托产品的收益在可转化为现金流的条件下，可表示为对未来现金流的要求权，可用每一个时点上产生的现金流量来描述。现金流发生的时间、数额、可预测性或实现的可能性是信托产品价格最主要的决定因素，因此也是其收益最主要的决定因素。这其中，现金流的可预测性尤其需要关注。在主流金融理论中，假设投资者是风险厌恶者，则一项资产的风险就等于其现金流或收益的不可预测性。同时需要说明的是，信托产品的现金流特点在很大程度上受其资金使用方向和使用对象的现金流特点影响。因此，在信托产品的现金流设计中，要考虑不同领域的实业投资和不同种类的证券投资的现金流特点。

① 返程成本又被称为可逆性（reversibility），是指投资于一项金融资产然后退回投资并换回现金的成本。本篇不拟对这一概念专门讨论，而是将其对信托产品风险收益特征的影响并入流动性概念中来理解。

流动性。流动性的定义一般使用托宾的提法：相对于一种既耗时成本又高的寻找活动而言，如果投资者希望马上出售金融资产，投资者可能承受多大的损失。在信托设计中，由于对信托财产的特殊规定，在信托存续期间不能满足可逆性，因此提供其他方式的流动性就显得特别重要。从其他国家的信托市场的情况看，标准化信托产品（投资信托或者称为信托基金）可以直接通过证券市场进行交易，或者设计为开放型的信托，通过在开放日赎回的方式，可以完全解决流动性问题。但是，私募型的非标准的信托产品，因为其非标准性，也因为一般信托产品所含金额较大，所以往往缺少流动性。中国的特殊情况在于，金融是分业经营的，因此证券市场也似乎只能被证券业的机构所利用，信托公司的信托产品难以借助证券市场实现流通，并且目前的制度设计，也使得信托产品基本上被定位为私募高端，增加了其流通转让的困难。有鉴于此，业界人士多寄希望主管机关能够构建专门的二级交易平台，或采用做市商制度来增加信托产品的流动性。在前者，产品标准化和市场厚薄是影响流动性的重要因素；在后者，主要是买卖价差、佣金以及交割资产所需的时间和成本等因素。

选择权（option）。选择权实际上是交易的一方让渡给另一方在若干种候选的现金流中选一种或几种的权利而非义务，这种选择权在未来的一定时期中有效，获得这种权利的一方可以通过在一定范围内进行选择来增加自己的效用。这种选择权具有价值，是影响价格和收益的一个重要因素。许多金融工具都内含选择权，如金融期权、可转换债券、带有可赎回条款的金融债券等。附加选择权，是未来信托产品创新一个很有发展前景的方向①。

可分性和发行单位（divisibility and denomination）。可分性与金融资产可被清算或换成货币的最小单位有关，单位越小，金融资产越可分。而可分性又是由金融资产的发行单位决定的。后者是指到期时每单位资产将支付的货币数目。一般地，可分性也是投资者需要的属性。集合资金信托产品就是考虑这一要求而设计的。而信托新政的新法规关于“信托单位”的有关规定，对于集合资金信托产品和受益权转让类信托产品，将受益权分割为标准的发行单位，大大增加了信托产品的可分性，也为信托产品未来的公募和流通奠定了制度基础。

① 详见本章第三节。

复合性（complexity）。很多金融资产尤其是衍生金融工具都是由两个或多个简单资产复合的。复合出的产品比之于基础性的金融产品又具有了新的风险收益特征。信托产品在资金运用方式上具有综合性的特征，这种特征如何和金融复合技术结合起来，以使信托产品更好地发挥其功能，这将是未来信托产品创新理论和实践中的一个重要课题。

其他一些因素还包括：币种，主要影响信托产品的汇率风险；税收，会影响信托产品现金流的大小；仲裁机制，会影响信托产品现金流的最终支付和成本。

上述对信托产品金融要素的一般性分析是基于所有金融产品要实现特定的金融功能所必然具有的金融技术要素，因此信托产品金融要素的一般性是与信托产品应具有的一般性的金融功能相联系的。下面我们将讨论信托产品金融要素的特殊性，这一特殊性是在上述一般性的基础上，由信托特殊的法律制度构造赋予的。但需要说明的是，信托独特的法律制度构造并不会产生出新的金融要素，而只是使一般的金融要素以一种新的形式和关系表现出来。这种金融要素的新的外在形式和结构关系就赋予了信托产品有别于其他金融工具的一些功能和特征。本篇将这种特殊性归纳为三个方面，即：特殊的产品基础，特殊的经济关系，特殊的效用提升方式。

二、信托财产：特殊的产品基础

信托财产是信托法律关系的核心要素之一。由于法律上对信托财产的特殊性的规定，使得作为金融工具的信托产品具有了特殊的产品基础。这种特殊规定有两个，一是信托财产的独立性；二是信托财产的多元化。

信托财产的独立性是指信托一旦有效设立，信托财产便从委托人、受托人及受益人的自有财产中分离出来，仅为信托目的而独立存在。这种规定会产生非常重要的法律后果①，既是信托制度能够重构权利、隔离风险的前提，也是从根本上决定信托产品风险收益特征的制度基础。因此，信托产品的提供者在构造信托产品的过程中尤其要注意利用和突出信托财产的独立性特征。实际上，目前的信托法律、法规都非常强调信托财产独立性，法律、法规要求受托人不得将信托财产与其自有资产相混同，也不得与其

① 详见本篇第一章第二节。

他信托财产相混同。为了确保信托财产的独立性及防止受托人挪用、侵占信托财产，还设计了保管人制度。从实践上来看，在解决许多金融问题，尤其是跨期较长、关系复杂的金融问题时，更是需要利用信托财产的独立性特征。

信托财产的多元化是信托制度功能优越性的具体表现之一，它赋予了信托制度巨大的弹性空间①。就信托来说，凡具有金钱价值的东西，无论是动产还是不动产，物权还是债权，有形的还是无形的，都可以作为信托财产交付信托。非金钱的信托设立后，还可以通过受益权的分割和转让达到融资的目的。相比之下，同为金融工具的其他类产品，作为其产品基础的财产形式就显得比较单一。如，银行信贷类产品只能以货币资金为基础；券商类产品只能以有价证券的发行和流通为基础；保险类产品的基础虽然看似包含了人身和财产，但就其所派生的金融功能来看，也只是对以货币资金为形式的保险费的投资运用。唯有信托产品的财产形式是不拘一格的，只要与一国政策、法令不相抵触，同时又有实际需求，大凡动产、不动产、有价证券、银行存单、现金、专利权、著作权、商标权等等，都可作为信托财产并服务于特定的信托目的。这种经营对象范围的广泛性和多样性，就决定了信托经营方式的多样、灵活和较强的适应性，也就意味着信托产品的价值形式中可能要包含一些非货币化形式和服务性因素。

如果我们将信托财产的多元化特征和信托管理长期规划的特征综合考虑，就会发现这其中还蕴藏着更为深刻的金融理论涵义。因为从更抽象的意义上说，微观金融学的概念和原理并不仅仅是针对货币资金而言，而是适用于所有涉及到在不确定性情形下的资源跨期配置问题。从这个意义上说，信托产品是更能全面体现微观金融学原理的金融工具。

三、权利重构：特殊的经济关系

对于除信托产品以外的其他金融工具来说，按照金融工具中所含信用关系的性质可分为债权信用工具和股权信用工具②。债权信用工具中所反映的经济关系相对来说比较简单，只包含着一对利益主体，即债权人和债务人，

① 详见本篇第一章第三节。

② 此处仅指基础性的金融工具，暂不考虑衍生金融产品。

法律上的权利义务非常清晰；股权信用工具中所反映的经济关系相对比较复杂，包含了三个利益主体，即公司法人、公司股东和公司管理者，但法律上对其各自的权利义务关系规定的也非常明确。而对信托来说，因为法律赋予了其权利重构的制度功能，这就使得信托产品可以反映一种特殊的经济关系，并且这种经济关系中的权利义务的具体内容很大程度上是由信托合约来约定，而非由法律来规定。

1. 这种特殊的经济关系表现为信托财产的虚拟主体特征。在实务操作中，信托财产会表现出一种强烈的人格化倾向。这种人格化倾向是由信托财产的独立性特征赋予的。信托财产在法律关系上，归属于受托人，名义上也为受托人所有，但信托财产最终应受信托目的约束，并为信托目的独立存在。信托财产具有与各信托当事人相独立的法律地位，与委托人未设立信托的其他财产以及属于受托人所有的财产要区别开来。这种虚拟主体构成了信托产品经济关系中一个非常独特的要素。

2. 这种经济关系的特殊性还表现为受托人的双重义务特征。一般说来，信托关系是一种三方法律关系，信托当事人包括委托人、受托人和受益人。由于信托财产上的权利具有“所有权和受益权二元并存”的特性，受托人的义务相应也就有了双重性。一方面，受托人对信托财产具有“对物的义务”，即有管理和处分信托财产的义务，这是由信托财产所有权的本质决定的；另一方面，受托人对受益人又负有“对人的义务”，即有忠实地为受益人利益管理处分信托财产并将信托利益支付给受益人的义务，这是由受益权的本质决定的。

一般来说，经济关系越简单明确的金融工具，其构成要素的组合方式也就越少，所能反映的风险收益组合的种类也就越少，满足多元化、多样性金融需求的能力也就越弱。当代社会经济生活中金融需求的多元化和多样性趋势早已被大量的事实所证明，也正在被基础性的金融理论研究所证实①。在这样的金融需求背景下，仅有传统的债权信用工具和股权信用工具越来越显得力不从心。尽管传统的金融工具在产品种类上也适时创新，但终归无法突

① 近年来倍受关注的行为金融理论研究正是因为突破了主流金融理论中关于行为人同质和风险态度一致的假设，而使其理论具有了很好的解释能力。从行为金融学的理论假设、研究思路和基本结论来看，倒是很符合信托产品设计中所要求的务实、灵活、多样的理念特征。因此，信托产品创新中金融技术问题的提出可能会从现有的行为金融理论中得到很多有益的启示。

破其基本的制度构造特征的约束。相比之下，信托类金融工具由于具有经权利重构后的特殊的经济关系，其构成要素的组合方式可依合约而定，以满足各种各样的风险收益需求。实际上，信托产品的种类是如此之多，不同种类的信托产品的性质的差异是如此之大，以至于对于信托产品的性质和特征做一个简单的基本的描述都非常困难。尽管从理论上我们还不能一概而论，将信托产品与债权信用工具和股权信用工具的风险收益进行统一的比较，但却大致可以这样说，对传统的债权信用工具和股权信用工具无法满足的金融需求所形成的巨大市场空间，信托产品可以很好地予以填补。

需要说明的是，在上述分析中我们没有考虑基于传统金融工具的衍生金融产品。但事实上，传统的信用工具借助于衍生金融产品的创新在一定程度上已经解决了其无法满足个性化、多样化金融需求的问题。那么，我们应该如何看待衍生金融产品和信托产品的关系呢?

对于衍生金融产品和信托产品的关系，我们认为有两点值得注意：第一，衍生金融产品设计的基本思想一是“量体裁衣”，二是“分解组合”，从这一意义上来说，信托产品倒是颇具衍生金融产品的特色，只不过信托产品依赖的是法律制度上的独特构造，而衍生金融产品依赖的是金融工程学的思想和技术；第二，衍生金融产品是通过风险收益重构来实现产品功能，而信托产品是通过权利义务重构来实现产品功能。风险收益重构和权利义务重构尽管分属于不同的语言系统[①]，但其本质上是一致的，都要服务于产品使用者效用的提高。有了这种一致的基础，则信托产品的制度性理念和衍生金融产品的工程化技术就可以有一个非常宽泛的结合空间，从而可以为市场上提供更多的信托产品或衍生金融产品的创新品种[②]。

四、风险隔离：特殊的效用提升方式

信托的风险隔离功能依然根源于信托财产的独立性特征[③]。这种风险隔

① 一个是金融学术语，一个是法学术语。

② 事实上，衍生金融产品中大量存在的期权产品已经打破了传统金融工具中权利和义务必须对等的思维定式，从而实现了风险和收益或权利和义务的重构。

③ 此处只讨论由信托财产独立性带来的风险削减功能。事实上，信托特殊的风险削减方式还包括信托产品在现阶段所具有的横跨货币市场、资本市场和实物市场的综合性制度优势。关于这一点在第六章中结合信托产品创新的实际市场环境再行说明。

离功能表现在两个方面：一是受托人的责任有限度；二是受益人的权益有保障。

从受托人的有限责任来看，信托设立后，受托人负有依信托文件规定为受益人利益管理处分信托财产的义务，但受托人因信托关系而对受益人所负的债务（即支付信托利益），仅以信托财产为限度负有限清偿责任。也就是说，只要受托人在信托事务处理过程中没有违反信托并已尽了职守，即使未能取得信托利益或造成了信托财产的损失，受托人也不应以自有财产负个人责任。当然，如果信托利益的未能取得或信托财产的损失，是由受托人的失职或违反信托而造成，那么受托人必须以自有财产承担责任。

从受益人的权益保障来看，表现为几方面：一是责任和利益的分离，一方面，伴随所有权所产生的管理责任与风险负担都归属于受托人；另一方面，伴随所有权而生的利益则纯由受益人享有；二是受益权的优先性，即受益人对信托财产享有优先于委托人或受托人的债权人的权利；三是受益权的追及性，即当受托人违反信托宗旨处分信托财产而使信托财产旁落他人之手时，受益人有权向转得人请求返还该财产；四是信托利益的超越性，即在某些特殊形态的信托设计下，受益人享受信托利益的权利也可超越于其债权人所能追及的范围[①]。

信托的风险隔离功能对信托产品的风险因素具有非常独特的削减作用，其总体上的效果是降低了不确定性，增加了受托人信托财产管理决策过程中的理性成分，提高了委托人和受益人在信托产品上所获得的效用感受[②]。显然，要理解这一论断需要回答以下两个问题。

1. 为什么风险隔离功能可以增加信托财产管理决策中的理性成分呢？要回答这个问题需要考虑在风险状态下人们的判断和决策过程。我们知道，金融学中的风险概念其基础是不确定性。在不确定性条件下，人们是如何进行判断和决策的呢？主流的金融学理论中，一般把人们对不确定条件下各种未知变量的认知假定为了解其概率分布；而具体到决

① 详见本篇第一章第三节。

② 投资性的金融信托产品大多是自益信托，委托人和受益人合而为一。因此，提高受益人的效用也就是提高委托人的效用。

策过程，则认为个体所遵循的基本法则是贝叶斯规则，即人们根据新的信息从先验概率（prior probability）得到后验概率（posterior probability）的方法[①]。这就意味着，在无风险状态和风险状态下，或在确定性条件和不确定条件下，人们判断和决策的过程没有本质的区别，都是理性的。但行为金融学基于认知心理学的基本原理和实验经济学提供的大量可靠的心理实验，对此提出了异议，认为面对不确定条件，人们的决策过程存在系统性的偏差，表现为非理性或有限理性[②]。基于行为金融学的这一结论我们可以有这样的推断：如果不确定状态能得到某种程度的改善，那么决策过程中的非理性成分就会相应减少。信托正是以合约的方式隔离风险，降低不确定性，从而增加了受托人财产管理决策中的理性成分，提高了财产管理的效率。没有规范和完善的信托合约，信托产品就不能充分发挥其风险隔离功能，也就无法通过受托人理性决策来提高信托财产的管理效率[③]。这一结论再次说明信托产品的制度基础是其实现金融功能的依据，这对实践中信托制度基础的完善和信托产品的创新都具有重要的理论指导意义。

2. 为什么风险隔离功能可以提高委托人和受益人在信托产品上所获得的效用感受呢？总的来说，信托的风险隔离功能可以通过以下几个方面来提

① 贝叶斯规则（Bayes' theorem）是计算事件概率的一种方法。认为事件完成之后某个假设是正确的概率依赖于：（1）事件出现之前，该假设是正确的概率；（2）如该假设是正确的，事件可望出现的概率；（3）如其他任何假设是正确的，事件可望出现的概率。贝叶斯规则对于决策理论十分重要，因为它假定了个体理性在不确定条件下的动态特征，即持续调整与学习过程，该思想在预期效用理论中是被充分强调的。因此，预期效用的最大化有时也被称为贝叶斯理性。

② 行为金融学论证不确定条件下人们决策偏差的思路是：把金融投资过程看成一个心理过程，包括对市场的认知过程、情绪过程和意志过程。认知过程往往会产生系统性的认知偏差；情绪过程可能会导致系统性的或非系统性的情绪偏差；意志过程则既可能受到认知偏差的影响，又可能受到情绪偏差的影响，这些个体偏差加上金融市场上可能的群体偏差或羊群效应，可能导致投资或投资组合中的决策偏差。在这之后是基于上述偏差的资产定价偏差对上述偏差的反馈机制和放大效应。饶育蕾、刘达锋：《行为金融学》，上海财经大学出版社2003年版，第6页。

③ 此处的分析是就受托人的理性决策来说。事实上，不确定状态改善可以提高决策理性的原理对委托人的决策过程同样适用，包括选择受托人的决策和对信托合约具体内容的决策。因此，信托制度法律基础建设的一个重要方面就是如何改善作为信托产品投资者的委托人决策环境的不确定性，从而增加其在选择委托人和确定信托合约具体内容时的理性程度。

高委托人和受益人的效用感受：首先，由于风险隔离功能可以通过增加决策理性而提高信托财产管理效率，使受益人的货币收益增多①；其次，信托产品高收益的一个原因是其较长的期限，而风险隔离功能是信托财产能够进行长期管理的前提；再次，信托产品高收益的另一个原因是其通常较特殊的投资领域，这些特殊的投资领域一般都存在较为复杂的经济关系，需要借助于信托独特的风险隔离功能来进行梳理或在一定时间内闭锁风险，从而为其高增值赢取必要的时间和空间；最后，风险隔离功能还会给委托人（受益人）带来一些非货币性的效用感受。下面我们借用行为金融理论中的几个概念来简单说明这种非货币性的效用感受。

首先是后悔厌恶（regret aversion），这是指当人们做出错误的决策时，会对自己的行为感到痛苦。这种认为自己没有做出正确决定的情绪就是后悔。后悔比受到损失更加痛苦，因为这种痛苦让人觉得要为损失承担责任。因此，追求效用最大化的倾向往往导致人们转而追求后悔最小化（regret minimization）。但在金融市场上，为追求后悔最小化往往又会产生一些不理性的行为方式，如隔离效应（disjunction effect）所描述的那样，投资者趋向于等待一定的信息到来后，才做出决策，即便是这些信息对决策来讲并不重要，没有它们也能做出决策。而信托产品中的风险隔离功能恰能为投资者提供一种寻求后悔最小化的有效途径。因为责任和利益相分离的机制，使伴随所有权所产生的管理责任与风险负担都归属于受托人，而伴随所有权而生的利益则完全由受益人享有。在这种情况下，投资者脱离了决策的责任，也就避免了可能的决策后悔，从而增加了非货币性的效用感受②。

最后需要说明的是，信托产品给投资者所带来的非货币性的效用感受尽管不易衡量，但它却往往是信托产品是否能够吸引投资者的关键因素。因此在信托产品创新和信托展业营销中不仅不能忽视，反而需要通过特殊的要素构造及产品附加来增加其在这方面的吸引力。

① 此处分析信托制度功能对其金融要素的影响，暂不考虑受托人的专业水平对信托财产管理效率的影响。

② 当然，后悔厌恶等概念对受托人也同样适用，受托人也可能基于追求后悔最小化而产生不理性行为。这依然需要通过信托合约的完善来解决。

第三节
信托产品的基本金融结构

我们所称信托产品的金融结构，特指每宗信托产品内部决定其风险收益特征的各金融要素的组合结构。信托产品的金融结构设计是信托产品设计流程中的关键环节。从理论上说，可以将任一种金融产品的结构分解为一些基本结构。本节将对几个有代表性的信托产品的基本金融结构进行探讨①。

一、信托产品的现金流序列与基本金融结构

像所有的金融资产一样，每一宗信托产品都代表着某种未来收益的合法要求权。这种未来收益可以是现金流、权益要求权（equity claim）或控制权、选择权，或是某种未来的服务流，当然也可以是这些内容全部或部分的综合或者组合。信托产品的这些要求权是通过信托合约中一系列具有法律效力的条款和约定来规定的，这些条款和约定的不同设计就会形成花样翻新的各种信托合约或信托产品。但无论这些条款和约定如何变化，只要能形成收益，那么这些收益就都能适当地用等价的现金流表示出来。因此，信托产品就可以等同于现金流序列。但需要强调的是，由于信托产品是以其他金融产品或实业项目作为投资对象的，因此其现金流序列的设计在很大程度上要受其投资对象现金流序列的影响。

所有的金融产品都可以等同于现金流，因此所有的金融产品都可以用现金流的结构来表示其金融结构。从数学角度看，现金流就是一个随机数列或随机函数，有极其丰富的结构。但从金融产品设计的目标出发，只有那些具有金融意义的结构特征才有研究价值。这些基本结构应满足三方面的条件：首先，由这些基本结构可以组合出所有有意义的复杂的金融产品结构；其

① 许祥秦：《金融产品设计研究》，中国社会科学出版社 2002 年版，第 21～29 页；［美］安东尼·M. 桑托莫罗、戴维·F. 巴贝尔著，郭斌译：《金融市场、工具与机构》，东北财经大学出版社 2000 年版，第 105～122 页。

次，利用这些基本结构可以较好地刻画出市场主体对金融产品的风险收益偏好；最后，具有可设计性，即可以通过改变金融产品的基本要素来改变这些特征。基于这三个条件，可以提出现金流的五种基本结构，即：时间结构、分布结构、风险形成结构、或有要求权结构和标准化结构。对于信托产品的设计来说，前四种基本结构具有特别重要的意义①。下面依次分析信托产品的四种基本金融结构。

二、时间结构：到期日、频率与估值

信托产品的现金流时间结构刻画的是其在什么时点上发生现金流以及发生的频率、到期日、到期期限等时间特征。时间结构是决定信托产品估值的基础性因素，其他因素对估值发挥作用必然是在特定的时间结构基础上。现金流发生的时间集指的是可能发生现金流的时点集合，记为 T。在理论上，T 可以是连续的、离散的、等间隔的或任意时间长度的，但对信托产品的现金流时间结构来说，常用的是连续时间集和等间隔的离散时间集。

连续时间集可用一个时间区间来表示：$T=[t1, t2]$。这里现金流发生的初始时间是 $t1$，之后直到 $t2$ 以前的任何时点都可能发生现金流，$t2$ 可以是有限，也可以是无限；可以是确定的，也可以是不确定的；可能发生现金流，也可能不发生现金流。离散时间集是由一些离散时点组成的集合，可记为：$T=\{t0, t1, t2, \cdots, tN\}$。如果任何相邻两个时点之间的间隔恒定，就是等间隔离散时间集。由于信托投资对象具有跨越性和综合性，因此，信托产品的时间结构要考虑金融产品中各种可能的现金流时间集，如住房抵押贷款由于有提前偿付的可能，其时间集对应的 $t2$ 是不确定的；普通股票代表对股利和公司清算时的剩余索取权，理论上现金流几乎可以在任一时点发生，时间集就可近似地理解为是从现时（时点0）以后的所有连续时间；美式期权在到期前的任何时刻都可能执行，其对应的时间集应是从现时至到期日的时间区间；带息长期国债一般是每隔半年或一年支付一次利息，其时间流序列的时间集就是等间隔离散时间集；等等。

时间集结构中影响现金流估值的两个关键要素是到期日和频率。到期日是时间集中的最后时间。到期日与估值的关系可概括为：对两个具有相同现

① 信托产品标准化结构的内容在本章第四节信托产品设计流程中会有说明。

值、没有违约风险的现金流序列，短期利率预期升高，则到期日近的信托产品较到期日远的信托产品有较大的将来值；反之，若短期利率预期降低，则结论相反。频率是对于等间隔时间集而言的，指一年内现金流发生的次数。频率与估值的关系是：对于具有相同现值和相同到期期限、没有违约风险的现金流序列，按照短期利率预期是升高、保持不变或是下降的不同状态，频率高的将来值会相应地大于、等于或小于频率低的现金流的将来值[①]。

根据上述分析，在设计信托产品的现金流时间结构时要关注两个方面。首先是现金流的基本时间结构设计，包括信托合约的签约时间、信托资金的交割时间或信托财产的交付时间、信托合约的到期期限的设计。因为从实务上来看，信托成立和信托生效各自有着不同的法律后果，直接关系到信托产品是否合法有效，而时间安排是影响成立要件和生效要件的重要因素，所以根据信托资金和信托财产的特点合理设计信托产品现金流基本时间结构非常重要；其次是设计信托产品现金流发生的时间或频率，这里要综合考虑信托产品投资者的偏好、受托人的管理要求和投资对象的特点。对那些可能在连续时间集上发生现金流的投资对象，要考虑使用特别的信托条款来约束。

三、分布结构：聚集性、概率分布与风险

信托产品现金流的分布结构刻画信托产品每个时点上现金流的量值和不确定性。现金流序列的分布直接决定信托产品的风险大小。现金流分布结构主要有两种情形，其中影响风险大小的分别是聚集性和概率分布两个因素。下面我们分别考察。

首先考虑时间集相同，没有违约风险，但具有不同分布的确定性现金流序列的两种信托产品。这种情形下，时间集不可能是连续的[②]，因此只需考虑离散时间集 T：

$$T = \{t0,\ t1,\ \cdots,\ tN\} \tag{1}$$

对应的现金流序列为：

$$c(t0),\ c(t1),\ \cdots,\ c(tN) \tag{2}$$

① 此处关于到期日和频率对现金流估值的影响只对无违约风险的情况适合。当存在违约风险时，此结论未必成立。离到期日越远，违约风险越大。

② 因为若在连续时间上每个时点都发生非零现金流，其数目将和实数同样多。其现金流的现值加总结果将为无穷大或不确定，没有实际意义。

设 C 是在时间集 T 上均匀分布的常值现金流序列，即在每个时点上都发生等值的现金流。再设前述现金流序列（2）与 C 具有相同的时间集 T 和现值，但不是在 T 上均匀分布。这种不均匀性可用其聚集性来描述。现金流序列聚集于 T 的时间子集 $T1$，指 T 中时间子集 $T1$ 对应的时点上的现金流值较大，在不属于 $T1$ 的其他时点上现金流相对较小。C 被视为不聚集于任何时间集。则，一般地，相对于 C 而言，现金流序列越是聚集于近期的时点，再投资风险越大；现金流序列越是聚集于邻近到期日的时点，其价格受利率风险的影响越大。

再考虑现金流序列是随机变量的情形，此时时间离散和时间连续两种情形都有意义。时间离散情形下的现金流序列（2）变为一个随机序列，$c(ti)$ 则是随机变量，可用树图来近似描述。时间连续时的现金流则要用连续随机过程来描述。一般地，定义在连续时间区间 T 上的随机现金流可以用在 T 上连续分布的随机过程来描述：

$$C = Cf(t) \qquad t \in T \tag{3}$$

这里 $f(t)$ 表示 C 在 T 上发生现金流的概率分布密度。如果用 $r(t)$ 表示 C 在 t 时刻的风险调节收益率。则根据连续时间资本资产定价模型，若 $f(t)$ 和 $Cf(t)$ 的分布导致现金流的波动性越大，其风险调节的收益率 $r(t)$ 也越大，其现值就越小①。

信托产品现金流的时间结构和分布结构是决定产品估值和风险大小的决定性因素。不同的市场主体的资产负债结构、时间风险偏好和禀赋，决定着对时间结构和现金流分布的不同选择。如机构投资者中的保险公司由于有长期稳定的现金流入，同时要定期支付保费，对到期日较远且与保费支付匹配的时间结构有明显偏好。而决定个人投资者对时间结构和分布偏好的主要是生命周期和收入预期等因素。信托产品发行成功与否的决定因素之一就是看其时间结构和现金流分布是否能满足特定购买者的需求。因此，在信托产品的设计开发中，要充分利用其制度构造的特征来对一般意义上金融产品的时间结构和分布结构进行改善或重构，以吸引特定需求的投资者。

① 该结论的证明要使用此连续现金流序列在0时刻的现值公式。本篇此处将公式略去。参见许祥秦：《金融产品设计研究》，中国社会科学出版社2002年版，第25页。

四、现金流的形成机理与风险形成结构：动态风险特性的决定

信托产品现金流的风险形成结构是指其风险的形成因素和方式，本质上等同于现金流的形成机理，只是关注的角度略有差异。信托产品现金流的形成机理指其现金流赖以确定的因素和方式，它受信托投资领域和投资对象的影响尤其明显。如，投资于浮动利率债券的信托产品的现金流受其参考利率市场上的供求状况的影响就很明显；投资于股票的信托产品的现金流受公司的市盈率或盈利和净资产的影响；投资于衍生证券的信托产品的现金流则受其基础证券价格的约束，其方式可能是线性的也可能是非线性的。

现金流不同的形成机理会导致现金流不同的动态特性。比如说，不同的因素和方式确定的在某时点的现金流分布完全可能是相同的，其现值也是相同的。但如果因素的变化不同步，则该时点之后的现金流分布就可能是不同的。根据这一特点，其他结构相同的信托产品完全可以基于不同的因素形成不同的产品品种，在节约产品开发成本的同时有效地延长产品线。

现金流形成机理设计在风险管理中的作用非常突出。风险管理要解决的主要问题是针对给定资产组合的风险头寸，构造出具有相反风险特性的新的金融工具组合，以对冲既有的风险暴露，使原资产组合与新的金融工具形成的新的资产组合不受某种风险因素的影响。为此，新的金融工具的现金流的风险因素的适当选择是最关键的。简单情况下，可以利用原资产组合风险因素来构造新工具的现金流，但这并不总是可行的。不同风险因素的选择将导致套期保值的基点差和剩余风险。信托产品的现金流形成机理本身就具有合成的性质，即在一宗信托产品内可以包含或对冲不同的风险因素，所以对解决上述问题可能会有所帮助。

五、或有要求权：与信托制度特征的融合

内含或有要求权的信托产品的现金流序列是指其某些现金流是通过一定的选择机制确定的，这种机制就是在一种以上的现金流（广义上应包括服务流）中的一种选择规则。

在金融产品结构的所有创新中，使金融产品内含选择权是最具革命性的创新，同时也是和信托基本制度功能的特点最相符合的创新之一。如前所述，信托的基本制度功能之一就是保障受益人利益，为此创造出了责任与利

益相分离、受益权的优先性、受益权的追及性和信托利益的超越性等制度设计[①]。而使金融产品内含选择权的创新也正是迎合了这一理念。我们知道，传统的债券、股票以及外汇工具的基本特征是，任何因素的不确定变化既可能使现金流量减少，也可能使现金流量增加，致使投资者在获得未来正收益的可能性的同时，必须承担决策损失的风险。而内含选择权的金融工具则不同。通过或有期权等方式的适当设计可使持有者享有某因素变化可能带来的收益，但又不承担其带来的任何损失。这一特性大大增强了传统金融工具的功能，并且与信托构造中受益人“只享权益不担责任”的制度效果如出一辙，实有异曲同工之妙。不仅如此，内含选择权的功能还体现在可以改变负债结构，降低融资成本和提高资产收益率等多个方面，这些都是信托产品可以加以整合利用的功能。因此，附加选择权可能会是未来信托产品创新一个很有发展前景的方向。

从理论上来说，选择权的内容可以是相当宽泛的，每一种与金融活动有关的可选择事件，只要其出现的概率是独立于交易各方的，都可以设立一种或有要求权。但在信托产品中是否设立某种或有要求权或选择权，要取决于信托当事人是否有这样的需求以及选择权能否合理定价。当然，如果要在信托产品中设立或有要求权，还要对相关细节进行设计，如要确定要求权发生的时间区间，在哪几种现金流或权益中选择，选择权发生和作废的条件是什么，等等。

从本质上来说，选择权是一种权利而非义务，因此它的作用几乎可以影响到交易的各个方面。下面我们将实务中信托产品创新中可能包含的选择权的主要种类做一个简要的归纳。

1. 不同现金流序列之间的选择权。典型例子是期权代表的现金流，标的资产 Q 在 T 时刻的价格为 $Q(T)$，执行价为 $Q0$，到期日为 T 的期权在 T 时刻的现金流 $C(T)$ 实际上就是在现金流 $Q(T)-Q0$ 和 0 之间选择其最大者形成的。可简单表示为：

$$C(T)=\max[Q(T)-Q0,0]$$

2. 债权和股权之间的选择权。可转换为股权的公司债券中内嵌的就是这种选择权。

3. 可撤销权。典型例子是可撤销的互换（cancellable swap）。在这样的

① 详见本篇第一章第三节。

互换合约中，设有条款赋予互换的一方撤销互换的权利而非义务。信托法律中有关于撤销条款的规定，在信托产品的设计中可以有意识地运用。

4. 合约生效的选择权。这样的选择权赋予交易的一方在未来某个时间内决定某个合约是否生效的权利，该合约的条款往往是当前时刻签订的。

5. 选择权的选择权。这是指行使或放弃某种权利的选择权。典型例子是期权的期权中的选择权。

6. 交割的选择权。国债期货中交割品种选择权，住房、抵押贷款中借款者有权决定是否提前偿清贷款的权利。与之相关的信托品种都可以考虑使用这种选择权。

另外，如与信托产品相关的对仲裁机构的选择权，对合约某条款的修改权，对现金流序列的时间集的选择权，等等，只要其出现的概率是独立于各信托当事人的，都可以设立为一种或有要求权。

第四节 信托产品设计的一般流程

在解决了信托产品金融技术特征上的一些关键环节之后，我们就可以在此基础上来归纳信托产品设计的一般流程。在现有的信托研究文献和信托实务报告中，也有关于信托产品设计流程的内容，但基本上都是基于信托机构的营销管理来归纳，并且大都是针对某一类信托产品。在这里，我们是基于微观金融学原理对信托产品设计的一般流程进行归纳，突出了信托产品设计中的技术特征和技术难点，和现有文献内容结合使用，对信托实务中产品设计开发将会有更大的指导或参考价值。另外，本节归纳信托产品设计流程的过程，也是从整体上关注信托产品设计中的各个技术环节①。

一、确定设计目标

设计目标的确认是信托产品设计的起始和基础，设计目标的科学设定决

① 许祥秦：《金融产品设计研究》，中国社会科学出版社 2002 年版，第 46～47 页。

定着其可实现性和成本的高低。初看起来这一环节似乎很简单，但实际上要圆满地完成这一阶段的任务，需要设计者有以下几方面的综合能力。

1. 需要设计者对信托产品的制度特征和技术特征有深刻的理解，并能在二者之间找到一种高效的联系方式，即如何以制度特征实现金融功能，以金融技术突出制度优势。对产品设计中的基本技术和方法能熟练地运用。

2. 需要设计者对客户的实际的金融需求有确切的理解。由于一般客户都不是很专业，不具备相关知识，往往只能模糊地表示其需求，因此，要做到这一点并不容易。

3. 设计者要将其所理解的客户需求“翻译”成产品结构特征。比如需要什么样的期限结构或时间结构；可以内含哪种选择权；是固定现金流还是浮动现金流；应排除哪些因素的影响；选择哪种交割模式，等等。这些问题的回答需要对相关客户的金融财务状况、个人偏好等信息进行分析，以确定预算约束和成本约束。将原本相对较模糊的需求提炼成具体的、可操作的结构设计目标。比如明确利率在什么范围内变化时会产生价格风险；信用风险和价格风险哪个更突出；套期保值的具体范围；等等。

当然，由于信托产品本身的综合性和灵活性，在信托产品设计目标的确定过程中，设计者本身的经验和偏好将起着重要的作用，有时甚至是关键的作用。正因为如此，在信托业发展和信托产品创新的战略安排中，专业人才的培养和储备是至关重要的一环。

二、结构设计

设计目标一旦确定，就要在既定的制度约束、市场约束、技术约束下，用金融理论作指导，选择出成本最低的产品结构设计方案。结构设计是实现设计目标的基础环节，设计目标的核心内容要在结构设计中体现。

结构设计中最基础的决策是如何处理既有金融工具和所设计的信托产品之间的关系。是通过复合，还是通过分解？还是使用一种全新的结构？这种决策直接决定了信托产品的新颖程度和实用价值。由于信托业务本身具有综合性和市场跨越性，实务中一般的思路都是选择复合方法来构造信托产品。那么，选择哪些产品作为复合对象？这就要对既有工具的收益风险特性有全面、深入的了解，比较各种可能的组合模式，看哪些能较好地满足要求，并比较相关的性能。同时，信托制度的特征也给构造全新结构的信托产品提供了可能，这时的关键就是比较市场的潜在需求量和结构设计的成本。一般而言，产品结构越简单，交易双方的信息越对称，所构造的信托产品就越容易被市场接受。

关于结构设计的方法，上一节中在考察信托产品各基本金融结构时已有所涉及。这里要强调的是在信托产品结构设计中要注意衍生工具设计方法的使用。因为衍生工具的设计不是从基本结构出发，而是利用既有的金融产品作为基本模块通过组合和分解技术来构造新的产品，这一思路和信托产品的特征非常符合。如在目前信托实务中探讨的资产证券化产品，其构造过程从技术上讲就是对担保证券组合进行捆绑和松绑，将捆绑的证券组合的现金流适当分解成具有不同风险、收益和期限特征的现金流，以吸引不同偏好的投资者，是分解组合技术的综合运用。证券化产品也是未来信托产品创新的一种很有潜力的模式。

当然，虽然有这些结构设计的方法可供使用，但在具体的产品设计中，由于信托目的和信托财产的多样化，以及委托人的特定需求，信托财产运用领域的广泛性等因素的影响，可变参数很多，自由度很大，因此还没有一种适应每一种具体情况的一般方法。在这种情况下，设计者的经验、直觉往往起着不可忽视的作用。

三、产品定价

产品定价在所有的金融产品设计中都是最关键的环节。因为不能公平定价的产品就不可能在自愿原则下交易。对于那些与已知价格产品具有一定可比性的产品定价，可以应用比较原理、一价定律。因此一般的信托产品的定价可以参照其他一些金融产品的定价。但是对于不可比的创新性产品的定价，往往就需要定价方法的创新。创新性的信托产品的定价方法中最重要的是把握复杂性和简单性之间的“度”，复杂性决定了信托产品定价的可信度和理论价值，而简单性决定了信托产品定价的市场接受程度。

一般而言，金融产品定价的复杂性来自于两个方面①。

1. 使用原理的复杂性。不同的原理应用于定价时，所需的信息和考虑的因素是不一样的。相关因素越多，信息越复杂，定价所需的计算量也就越

① 许祥秦：《金融产品设计研究》，中国社会科学出版社 2002 年版，第 198～199 页。

大，但可信度也就越强。从各种原理使用信息量看，一般瓦尔拉斯均衡最多，金融市场均衡次之，市场无套利均衡再次之，局部无套利原理最少。因此，相对而言，一般瓦尔拉斯均衡的价格是综合了所有市场的交易信息，是一种本来意义下的最可信的价格；而局部无套利原理定价是用某种基础产品的价格来表示欲定价产品的价格，这种价格可能因基础产品的错误定价而导致定价错误，且无法用这种方法本身来识别；其他两种原理所定价格的可信度介于前述两种原理之间。

2. 金融产品定价的复杂性还与具体的定价模型的复杂性有关，而这又根源于金融产品的结构复杂性。在上一节我们已分析过信托产品的金融结构可由基本的金融产品结构来构建，因此，在实践中可参照与特定信托产品相关的金融产品的定价模型。但价格的最终确定往往要用到大量的数值计算，虽然有现成的软件可供使用，但这种复杂性依然是存在的。

另一方面，一种产品的定价方法越是简单透明，就越容易被市场接受，对于处于展业初期的信托业来说更是如此。有些产品定价最终无法找到简单透明的方法，交易中对一般的投资者会产生价格信息的不对称性，这就需要一个信誉良好的机构来“认证”、“推销”和“担保”这种价格。比如衍生金融工具中的期权定价机理就只有受到一定数学训练的投资者才能理解，因此若没有高信用等级金融机构对期权价格的认证，期权市场的发展是难以想象的。创新性的信托产品在其市场形成阶段，必须借助外在的信用增强，这一点对处于展业初期的我国信托业尤其重要。

四、与市场推广相关的几个技术环节

设计目标、结构设计、产品定价是信托产品设计的基础环节和关键环节。在这之后的一些环节涉及到一些细节部分，这些技术环节对信托产品的市场推广有不可忽视的影响。

1. 对产品风险收益特性的分析。信托产品定价之后，还必须明确其风险收益特性，这是产品能够在市场上推广使用的基础。我们已经就金融要素结构分析过信托产品的风险特征，在这里还要强调在实务中信托产品的法律风险和政策风险也是非常突出的问题。信托产品风险特性的获取方法可参照一般金融产品风险的分析方法，如情景分析、VAR 方法、模拟方法等。

2. 产品结构的参数设计。信托产品的金融结构一旦确定，往往有一些

可调整参数，参数设计就是要确定这些参数的具体取值，使信托产品具有既定的价格或收益率特性。所以参数设计实际上是产品定价的逆问题，但又往往是比定价本身更难更微妙的问题，因为它直接关系到产品的市场接受程度。

3. 产品的标准化结构设计。标准化是任何金融产品市场化的基本要求。尽管目前私募型信托产品的基本特征是非标准化，但不排除对一些相对成熟的信托产品进行标准化以节约产品开发成本。并且，很多情况下标准化的信托产品也适合投资者的需求和社会效率提高的需求，例如基础设施投资信托，如果按照目前的私募定位尤其是50个自然人合格投资者的制度设计，根本就不能有效募集符合组合投资原则的信托资金，难以以投资方式运作，这类产品对于促进中国的基础设施投资又具有非常重大的意义，因此需要标准化的设计，相应地必须降低投资门槛。否则，除非借助与银行理财产品对接，基础设施投资信托根本就难以在中国发展。

标准化设计实际是对设计出的信托产品进行再设计，以适应大量交易的要求。其中要考虑的因素有：交易单位、计价单位、信息披露、交割方式、期限、仲裁机制等。对这些方面的设计应是以便利交易为导向，但同时还要考虑法律、税收方面的限制，以及社会习惯等因素的影响。

上述流程的设计是以信托产品中所蕴涵的金融学原理为基础来设计的，但从流程的后面几个环节中我们已经看到，信托产品中金融技术的运用必须实现和市场需求的对接才有意义。那么，由特定的制度要素和技术要素组合而成的信托产品通过什么渠道或借助什么方式来满足市场的需求呢？这将是本篇下一章关于信托产品创新的管理要素要考虑的主要内容。

第三章 信托产品创新的管理要素

本篇前两章中分别解构了信托产品创新的两个基本要素，即制度要素和技术要素。本章将引入信托产品创新的第三个基本要素：管理要素。如本篇前言中所述，管理要素的引入是基于信托产品创新的动态特征，其基本的职能在于在信托产品创新过程中对其内在要素与外部环境进行协调和沟通，从而形成内在要素与外部环境的良性互动。因此，管理要素在信托产品创新中有不可替代的重要作用。如本篇后三章将要分析的那样，对于正处于展业初期的中国信托业来说，信托产品创新的外部环境并非十分理想，对信托产品创新中制度要素和技术要素职能的充分发挥起到了一定的制约作用。因此，如何在中国信托业发展进程中充分发挥信托产品创新管理要素的作用，以改善信托产品创新中这种内外失协的状况，就更成了一个很有现实意义的研究课题。我们引入管理要素这一概念也正是出于这一考虑。本章将首先介绍管理要素的涵义，并运用其中的核心概念来完成信托产品功能概念体系的构建，阐释信托产品创新的特征；然后分别考察管理要素中战略和策略两方面的关键环节，即信托产品的市场定位和信托产品策略的选择与实施。

第一节
管理要素的涵义及其核心概念的运用

如本篇前言中所述，管理要素是基于信托产品创新的动态特征而引入的，在信托产品创新过程中有其独特的职能，并且在本篇的基本思路和整体结构上有着突出的地位。因此，我们有必要对其涵义进行详细的解析，并运用其中所涉及的核心概念来完成信托产品功能概念体系的构建以及对信托产品创新的特征进行阐释。

一、管理要素涵义的廓清

我们知道，通常意义上的“管理”是一个非常宽泛的概念，以之为研究对象的“管理学”学科也涵盖了众多的二级学科。因此，对本篇中所使用的信托产品创新的管理要素的涵义必须予以明确或具体化，才能避免引起歧义或太过宽泛的理解。概括地说，信托产品创新管理要素的涵义，是通过对营销管理、管理的创新职能、创新职能的内容等一系列概念的解析而逐步廓清的。

（一）营销管理

现代金融机构的管理体系一般由四个系统组成，即：组织目标系统、外部环境分析系统、机构发展与控制系统和机构内部职能管理系统。就单个的金融机构来说，内部职能管理系统是其最基本的运作系统，发挥着日常管理职能。机构内部职能管理系统通常又包括五个子系统，分别是：战略管理、财务管理、开发和运作管理、人力资源管理和营销管理。

营销管理系统是将不可控制的外部环境因素与金融机构的目标、战略紧密联系在一起的部门，既担负着研究市场动向、分析外部环境变化的职能，又担负着金融机构战略的具体实施及机构目标的最终实现的重任①。

① 万后芬：《金融营销学》，中国金融出版社2003年版，第11页。

由此看来，营销管理系统的突出特点就是以外部环境为导向来协调机构内部的各职能部门。本篇之所以在信托产品创新中引入管理要素概念，正是考虑到营销管理系统在信托产品创新过程中对内在要素与外部环境进行沟通和协调的基本职能。因此，本篇所使用的管理要素概念，首先是营销管理意义上的管理。

（二）管理的创新职能

管理活动具有哪些最基本的职能？关于这一点有很多提法，我们接受这一提法，即决策、组织、领导、控制、创新是一切管理活动最基本的职能。每一项管理工作一般都是从决策开始经过组织、领导，到控制结束。各职能之间同时相互交叉渗透，控制的结果可能又导致新的决策，开始又一轮新的管理循环。如此循环不息，把管理对象的活动推向前进。创新在这个管理循环之中处于轴心的地位，成为推动管理循环的原动力①。

创新是一切管理活动的基本职能之一，当然也是营销管理活动的基本职能之一。本书是以信托产品创新为研究对象，因此在考察信托产品创新的营销管理活动时，主要考虑它的创新职能。因此本篇所使用的信托产品创新的管理要素的概念，既是营销管理意义上的，又是创新管理意义上的。

（三）创新职能的具体内容

系统在运行中的创新涉及多个方面，不同方面的创新其具体思路和关键环节是不同的。就一个盈利性的组织来说，其创新的基本内容通常涉及到目标创新、产品创新、技术创新（其中包括要素创新及要素组合方法的创新）、制度创新（包括产权制度、经营制度和管理制度）、组织机构和结构的创新、环境创新（其主要内容是市场创新）等方面②。那么，本篇中信托产品创新的管理要素主要强调这其中的哪些内容呢？根据本篇的选题、内容和结构，显然更倾向于产品创新、技术创新和环境创新这三方面的内容及其之间的关系。因为，我们研究信托产品创新问题，并且关注的焦点是信托产

① 周三多、陈传明等：《管理学——原理与方法》，复旦大学出版社 1999 年版，第 16 页。
② 同上，第 507～513 页。

品创新的要素解构和环境分析两大部分内容，而上述创新职能中的产品创新、技术创新和环境创新这三方面内容及其之间的关系恰好可以从管理学理的角度为我们的研究提供一个理论支撑。

综上所述，我们使用的信托产品创新的管理要素，是指营销管理意义上的创新管理职能，并且主要强调创新职能中的产品创新、技术创新和环境创新内容。

从上述廓清管理要素涵义的过程中我们可以看到，管理要素中所涉及到的核心概念和重要概念有很多。但对于构建信托产品功能概念体系和理解信托产品创新特征这两个目标来说，我们只重点关注其中两个核心概念——产品和创新。下面我们将运用管理要素中的这两个核心概念来完成对信托产品功能概念体系的构建，并阐释信托产品创新的特征。

二、信托产品功能概念体系构建的完成

市场营销意义上的产品（product）是指“能够提供给市场以满足需要和欲望的任何东西”，其“在市场上包括实体商品（physical goods）、服务（service）、经验（experiences）、事件（events）、人（persons）、地点（places）、财产（properties）、组织（organizations）、信息（information）和创意（ideas）”[①]。金融产品可定义为：金融机构为开展业务的需要，针对特定市场上顾客的金融需求而设计和推广的产品，其基本形式为独立的或附着于金融工具的金融服务[②]。相应地，信托产品可定义为：信托公司为开展业务需要，针对特定市场上顾客的信托财产管理和增值服务需求而设计和推广的产品，其基本形式为以信托合约确定的或与之相关的信托服务。

提供给市场上的产品是通过满足顾客的某种需要和欲望以增加顾客的价值感受来实现产品功能的，产品所能满足的顾客需要正是顾客的核心利益（core benefit）所在，是顾客真正要购买的基本服务或利益。但在现实的市场中，大多数产品提供给顾客的价值并不仅仅止于核心利益。按照科特勒对

① ［美］菲利普·科特勒：《营销管理（新千年版·第十版）》（中文版），中国人民大学出版社、Prentice Hall 出版公司 2001 年，第 474 页。

② 翟立宏：“个人金融产品的特性：不同角度的考察及启示”，《经济问题》2005 年第 1 期，第 73 页。

产品层次的划分①，产品的提供者首先要了解顾客的核心利益即未被满足的需要；其次要将核心利益转化为基础产品（basic product），即产品的基本形式；再次要使基础产品具有顾客希望和默认的一组属性和条件，即成为期望产品（expected product），同时为竞争的需要，在期望产品之外还可能要有附加产品（augmented product），即一些增加的服务和利益；最后要考虑的是潜在产品（potential product），即该产品最终可能会实现的全部附加部分和将来会转换的部分。由于金融业务中的顾客需要本身具有多层次性，因此，科学地划分和合理地利用产品层次的概念对金融机构金融产品的营销管理具有重要的现实意义。

对于一宗信托产品来说，我们也可以划分其不同的产品层次。并且，从理论上说，信托产品整体功能的实现也是通过各层次产品累积增加客户的价值感受来完成的。

1. 信托产品最基本的层次是其核心部分，这是客户希望得到的最适合其需要的利益和好处。其基本内容可以由本篇第一、第二章中形成的信托基本制度功能和信托金融功能等一系列概念来反映。信托产品与其他金融产品相比最大的特点在于其产品核心部分利用了信托机理，内涵丰富、层次多样、弹性灵活。这一点反过来也说明了制度要素和技术要素在信托产品创新构成要素中占有绝对重要的地位。

2. 第二层次的信托产品是其有形部分，这是一宗信托产品中可让顾客看得见、摸得着的内容，如品牌、信托文件等。这一层次的信托产品对形成客户非货币化的效用感受很有意义②。

3. 第三层次的信托产品是其附加部分，包括服务附加、知识附加、方便附加、省时附加等各种附加内容。这一层次的信托产品主要通过降低客户使用产品过程中的各种成本来增加客户的价值感受。

① ［美］菲利普·科特勒：《营销管理（新千年版·第十版）》（中文版），中国人民大学出版社、Prentice Hall出版公司2001年，第474～476页。

② 信托产品本质上属于一种服务产品。所有服务产品的一个基本特征是其产品的无形性，即其一般并不具备某些鲜明的物理或物质特性。这种特征的营销含义有两个方面，一方面由于其具有较强的抽象性可能会造成营销上的困难；另一方面也使得产品在扩展方面可以有比较广泛的想象空间。因此，信托产品营销中的有形展示，即如何通过某些有形的形式与特点设计，使信托产品具有更大的吸引力，是其产品设计开发中的关键因素。信托产品的有形部分因此也就有了特定的含义与价值。

至此，我们已经基于不同角度的学理分析，构建了完整的信托产品功能概念体系，它们分别是信托的制度功能、金融功能和产品功能。信托的基本制度功能派生出了信托的金融功能，而信托的产品功能又涵盖了前两者，将信托基本制度功能和信托金融功能归入其产品的核心价值之中。可以说，信托产品创新的整个过程，都是围绕如何实现上述各种涵义、各个层次上的信托产品功能来进行的。

三、信托产品创新动态过程的分析与描述

创新概念最早是由熊彼特在 1912 年出版的《经济发展理论》中提出的[①]。他认为，创新就是建立一种新的生产函数，即将一种从来没有过的生产要素和生产条件进行新组合并引入生产体系。熊彼特在提出创新概念的同时，还列举了创新的五种存在形式：（1）引入一种新产品或提供一种产品的新质量；（2）采用新技术新生产方法；（3）开辟新的市场；（4）获得原材料或半成品的新供应源；（5）实行新的企业组织形式。熊彼特的创新概念及其五种形式形成了后人研究创新特征及其具体内容的基本框架。

如前文所述，市场营销学上的产品是一个多层次的完整概念，因此，基于此意义上的产品创新就是组织根据外部环境的变化和科学技术上的进步，从完整产品概念的诸方面构成要素来改造原有产品或创造新产品。信托产品同样也包含了前述三个层次的产品部分，因此，信托产品创新也就是信托公司根据外部环境的变化和相关技术的进步，从完整的信托产品概念的诸方面构成要素来改造原有产品或创造新产品。任何形式和实质上的改造都构成创新点。

从创新的特征来看，所有的创新活动都具有创造性、相对性、动态性、风险性和效益性等几个本质特征[②]。信托产品创新自然也具有这几个特征。并且，基于我们的研究重心和结构，我们还要特别强调信托产品创新的动态特征。那么，信托产品创新的动态特征具有怎样的具体含义呢？我们认为，信托产品创新的动态特征主要表现在信托产品创新过程中其内在要素与外部

① ［美］约瑟夫·熊彼特：《经济发展理论——对于利润、资本、信贷、利息和经济周期的考察》，商务印书馆 1990 年版。

② 王德中：《管理学》，西南财经大学出版社 2001 年版，第 398～400 页。

环境的互动上。而要理解这一点，就要从管理学中产品创新、技术创新和环境创新三方面内容之间的关系入手。

1. 关于产品创新和技术创新之间的关系。如前所述，产品创新是从完整产品概念的诸方面构成要素来改造原有产品或创造新产品；技术创新主要是指要素创新和要素组合方法的创新。产品创新和技术创新的关系表现为：产品创新是技术创新的目标，技术创新是产品创新的手段；产品创新既受制于技术创新，又影响技术创新效果的发挥。

2. 关于产品创新和环境创新之间的关系。企业组织的外部环境包括有市场环境、制度环境、技术环境等内容。环境创新是指企业组织通过其积极的创新活动去改造环境，引导环境朝着有利于企业组织经营的方向变化。一般来说，环境创新的首要内容是指市场创新。市场创新主要是通过企业组织的活动去引导消费，创造需求。新产品的开发往往被认为是企业组织创造市场需求的主要途径。其实，市场创新的更多内容是通过企业的营销活动来进行的，即在产品的技术、结构、性能不变的前提下，或通过市场的地理转移，或通过揭示产品新的价值所在，来寻找新用户，再或通过广告宣传等促销工作，来赋予产品以一定的心理价值，影响人们对某种消费行为的社会评价，从而诱发或强化消费者的购买动机，增加产品的销售量①。

对于信托产品这样的制度性产品来说，制度环境更显得尤其重要。一般认为，制度环境的创新是由制度供给者来考虑的。企业组织对制度环境创新的能动作用只能间接地反映，如企业通过市场创新活动来创造的需求可以产生诱致性制度变迁的动因②。那么，企业组织对其制度环境的创新是否可以有更为直接的作为呢？现代营销管理理论的发展为我们提供了肯定的答案。

传统的营销战术理论是由麦卡锡在 20 世纪 50 年代末提出的，其含义是：如果一个营销组合中包括合适的产品（product），合适的价格（price），合适的分销渠道（place），合适的促销策略（promotion），就是一个成功的营销组合。这就是著名的 4P 营销理论。1986 年，科特勒提出了大市场营销（mega marketing）的概念。他认为，在国际国内市场竞争日趋激烈，各种形式的政府干预和贸易保护主义再度兴起的新形势下，企业的首要任务是进入

① 周三多、陈传明等：《管理学——原理与方法》，复旦大学出版社 1999 年版，第 513 页。

② 详见本篇第四章有关制度变迁理论和信托产品创新制度环境变迁过程的论述。

市场并在那里从事业务经营，因此必须运用政治的、经济的、心理的、公共关系的手段，取得各方面的理解和支持，以实现预期目标。于是，在原4P理论的基础上，科特勒又加入了两个P，即权力（power）和公共关系（public relations），从而形成了大市场营销概念的营销组合。大市场营销概念显然是针对当时全球贸易壁垒盛行的情况下，企业如何将营销扩展到国际市场而提出的，但这一概念对企业在国内的市场营销也不无启发。那就是，企业在其制度环境改善和创新方面可以有一些更积极或更直接的营销举措。如通过行业协会或某种政治力量对制度供给者的决策施加影响；通过企业的公关活动，影响社区政府政策的制定；等等。

3. 关于技术创新和环境创新之间的关系。这种关系也表现在两方面：一方面，通过技术创新可以对环境创新产生一定的影响，如通过企业的技术创新，可以影响社会技术进步的方向；另一方面，环境创新也会对技术创新起到一定的推动作用，如市场创新引起的需求增加，制度创新引起的成本降低，都可能引发企业技术创新的动力。

通过上述分析可以看出，在产品创新、技术创新和环境创新之间确实存在着比较密切的联系。这种联系就成为我们理解信托产品创新过程中内在要素和外部环境互动关系的基础。首先，我们是把信托产品的创新看作是其内在要素和外部环境共同作用的产物，因此信托产品创新一开始都是要考虑如何在约束条件下将现有的制度要素和技术要素结合起来形成创新性的信托产品，以满足外部特定的市场需求；其次，要考虑如何通过新产品的开发来引导消费，创造需求，从而形成市场创新，并以市场创新推动制度环境一定程度上的改善，同时还要考虑如何运用适当的营销举措对制度环境施加一些直接的影响；再其次，以市场创新形成的新需求作为产品创新的推动力，以制度环境的改善来优化信托产品创新的制度要素以形成技术创新，从而为下一轮的信托产品创新提供条件。

因此，我们的一个基本观点就是，信托产品的创新过程实际上就是其内在要素和外部环境的互动过程；任何一宗创新性的信托产品都是这一过程中相对静止的一个点，是其内在要素和外部环境互动作用的结果。正是出于这一考虑，我们才引入了信托产品创新的管理要素概念，并力求探讨如何充分发挥管理要素在信托产品创新过程中的作用，以形成更多更好的创新性信托产品；也正是出于这一考虑，在引入管理要素这一概念之后，才要特别关注管理要素中产品创新、技术创新与环境创新之间的关系原理，因为这一原理可以成为理解信托产品创新动态特征的一个理论支撑。

下面我们将开始考察信托产品创新管理要素中的第一个关键环节，即信托产品的市场定位问题。

第二节
信托产品市场定位的理念与方法

一、信托产品的市场定位及其意义

（一）定位理论与信托产品的市场定位

定位的概念源于1972年里斯和特劳特发表在商业刊物《广告时代》上标题为“定位的时代”的一系列文章。他们提出定位是对现有产品的创造性实践。尽管定位起始于一宗产品，但定位并非是对产品本身做什么行动，而是要针对潜在顾客的心理采取行动，即要将产品在潜在顾客的心目中定一个适当的位置。

定位概念提出以后，人们很快发现定位其实可以在几个层次上进行，如对一类金融行业来说，一般就有四个层次：首先是行业定位，如银行、证券、保险、信托等各自的行业定位；其次是机构定位，即把一类金融行业中的单个机构作为一个整体在该行业中的定位；再其次是产品大类的定位，如银行中资产、负债、中间业务各类产品的定位，信托公司固有资产业务、信托业务、投行业务的定位以及信托业务中主动管理型业务和管道型业务的定位、不同信托产品和业务类别的定位等；最后是个别产品的定位。当然，这四个层次的定位在实践中是无法严格区分的，尤其是上一层次的定位对其下各层次的定位有很大的制约和影响。

定位理论对西方金融企业营销产生了巨大影响。自20世纪50年代西方金融业界第一次公开提出应树立市场营销观念后，先后经历了广告与促销阶段、友好服务阶段和金融创新阶段，到20世纪80年代金融营销开始进入服务定位阶段。当时，所有的金融企业都在注重广告、微笑服务和产品创新，但由于金融产品同质性强，在法律方面又缺乏专利权的有效保护，产品周期相对较短，因此，所有的金融企业逐渐都成为同一层次水平上的竞争者。这样，金融企业逐渐开始意识到：不会有哪家银行能成为所有顾客心目中的最佳银行并向顾客提供其所需的全部金融服务；也不会有哪个投资基金公司或者信托公司能适合所有类型的投资者并满足所有不同投资者的需求。因此，每家金融企业应该有所选择，在本行业中寻到自己的位置，把自己和其他竞争企业区别开来①。这就是许多有眼光的金融企业推行特色服务和差别服务的开端，实现从产品开发到产品区别的转变。由此金融企业的竞争进入了战略竞争阶段。

从上述定位理论的基本内涵和西方金融企业服务定位的具体实践来看，信托产品的市场定位就是指信托公司根据客户的需要以及客户对于信托产品某种属性的重视程度，设计出有别于竞争对手的具有鲜明个性的信托产品，从而使信托产品能在客户的心目中找到一个适当的位置。信托产品定位的目的应在于帮助顾客了解相互竞争的各个信托公司所提供的信托产品之间的差异，赋予产品以特有的形象或个性，保证顾客在特殊机构的特殊产品上得到特殊的价值感受并以此保持产品与顾客的忠诚关系，以确保企业在信托产品市场上的市场份额和竞争优势。而在这个方面，信托业总体上做得非常不够，产品同质化严重，只是少数公司例如联华信托的地产开发融资信托产品通过系列化和品牌化以及不断的创新，凸显了信托产品的特色和竞争优势。而2006年之后，已经有越来越多的信托公司高度重视信托产品的定位问题。

当然，除信托产品的市场定位外，信托行业的市场定位、信托公司的市场定位等也是需要的，尤其对处于信托业恢复发展初期的我国来说更是如此，其相应的概念可参照信托产品市场定位的概念而定。在本篇中除专门说明外，市场定位都是指信托产品的市场定位。

（二）信托产品市场定位问题对本书研究主题的意义

我们之所以选择市场定位问题作为信托产品创新管理要素中的第一个关键环节来考察，主要是出于以下两方面考虑：

① 沈蕾、邓丽梅：《金融服务营销》，上海财经大学出版社2003年版，第69～70页。

1. 市场定位是企业营销战略中的关键环节，也是我国信托业长期以来久拖未决的薄弱环节。

从总体上来看，企业组织的营销战略包括了探查（probing）、分割（partitioning）、优先（prioritizing）和定位（positioning）四个环节，这被称为营销战略的4P。探查是指市场的调研和预测，深刻了解客户、服务区域和特定市场、竞争状态、经营环境，把握住市场发展状态和趋势；分割是指按照不同的标准，区分不同类型、不同需要和偏好的客户，即细分市场；优先是指在细分市场的基础上，综合考虑本企业经营实力和特点，选定对本企业最具价值的客户群，即选择目标市场；定位如前文所述是指在细分市场选择目标市场后，根据营销需要，在目标客户心目中为本企业的产品和服务塑造某一特定的形象，以提高客户的忠诚度①。

由4P营销战略的内容来看，市场定位实际上是整个营销战略的关键环节。一方面，营销战略过程中的前几个环节最终都是为市场定位这一环节提供依据和参考的；另一方面，企业最终所设计出的营销策略组合是由市场定位来统率的，是为市场定位所确定的营销目标服务的，从而营销策略组合是否具有科学性、合理性、有效性也是由市场定位是否具有这些特性决定的。

对于我国信托业发展的实践来说，长期以来，信托业行业定位不清的问题一直是阻碍我国信托业发展和信托功能实现的关键所在。由于信托业本身的行业定位不清，便直接导致其下各层次的信托公司定位、信托产品定位出现严重偏差或根本就谈不上是在真正信托意义上的定位。而在“一法两规”的基本制度框架下，尽管信托业的行业定位在法律上已经得到了基本确认，但由于法制体系进一步的完善进程、监管的政策取向以及社会公众的认可程度都存在不确定性②，因此，信托业的行业定位问题并未彻底解决，而多数信托公司本身明确的战略定位更是尚付阙如。在这种情况下，未来我国信托业发展进程中信托产品的市场定位问题就极需要理论上的系统指引和实践中的不断摸索。

2. 市场定位是营销战略中联系内部要素和外部环境的关键环节，这与本书的研究主题和结构正相符合。

① 赵辉等：《商业银行市场营销策略》，中国金融出版社2003年版，第13页。

② 相关内容在本篇第四、第五、第六章中将有详述。

从上述营销战略的四个环节来看，探查是对企业外部的市场进行调研和预测，其过程是倾向于外部环境的；分割是对客户进行市场细分，其过程也是倾向于外部环境的；优先是基于细分市场的基础和对本企业经营实力和特点的综合考虑来进行目标市场的选定，其过程倾向于对内在因素的考虑；定位是起始于由内在因素决定的产品，同时又是要针对外部潜在顾客的心理采取行动，将产品在潜在顾客的心目中定一个适当的位置，这个过程其实质是在内在要素和外部环境之间的一个传递和沟通，这和本篇研究内容的两大重心以及本书的整体结构恰好相符。因此，有关市场定位的理论和方法对本篇研究信托产品创新内在要素和外部环境之间的关系及其互动过程应该具有很好的指导和借鉴意义。

二、信托产品市场定位的步骤与方法

上述营销战略的4P理论已经为我们提供了一个简单清晰的信托产品市场定位的步骤，即：调研预测、细分市场、目标市场选择及最终的市场定位。其中调研预测主要涉及对信托公司外部营销环境、行业竞争状况及客户需求的分析预测，其相关内容在本篇环境分析部分中将有详述。下面将考察其他三个步骤中的具体内容与方法。

（一）细分市场

市场细分概念是美国营销学者温德尔·斯密于1956年提出的，是指根据消费者不同的需求特点而将市场划分成不同消费人群的过程。每个需求类似的消费人群就是一个细分市场。市场细分的前提是客户需求的差异性和客户需求的相似性。客户需求有差异才有细分的必要；客户需求有相似才能形成一定的市场。20世纪60年代以后，市场细分理论被金融业界普遍接受，从而出现了金融市场细分。

信托产品的市场细分，是指信托公司把整个信托产品市场的客户按一种或若干种因素加以区分，使区分后的客户需求在一个或若干个方面具有相同或相近的特征，以便信托公司采取相应的营销战略来满足这些客户群的需要，以期顺利完成信托公司的经营目标。

与其他金融产品相比，信托产品的市场细分对于信托公司的意义更为重大，这是因为，与其他金融产品相比，信托产品所包括的品种更多，结构更为复杂，不同的信托产品，风险收益特征具有极大的差异，因而可能适合的客户群体完全不同。如与传统的风险较低、收益率也不高的银行产品相比，信托产品中既有像 PE 信托产品这样的高风险高收益率的产品，也有投资于国债、货币市场基金和优先级银行信贷资产证券等的风险很小的产品。其内部的差异很大，如果不进行相应的市场细分是不行的。

进行市场细分，首先要找到构成市场差异的细分变量，然后根据这些变量来划分细分市场的不同类型。细分标准的选择应满足可衡量、可区分、可进入、可盈利的原则。通常金融企业都首先根据不同类型客户的需求差异对市场进行细分。一般可区分为个人客户和公司客户。个人客户的细分标准主要有人口因素、地理因素、心理因素、利益因素、行为因素等。公司客户的细分标准主要有公司规模、所处行业、企业性质及信用等级等。在信托产品市场细分中，有两点需特别注意。

1. 要更多地使用多重标准来细分市场，这是由信托产品本身较强的非标准化特征决定的。产品的非标准化特征越强，意味着产品的针对性越强；产品针对性越强，意味着其所要进入的市场在概念上的约束条件越多。由于不同的细分标准之间相互交叉渗透，因此使用单一标准往往很难确定信托产品的市场范围。因此应更多地使用多重标准来细分市场，以最大限度地避免市场空隙的存在。

2. 要关注信托公司客户中的一类特殊客户——政府，即各级地方政府和各类政府部门（当然在现实中，政府经常是以其控股的资本运作平台公司、下属事业单位、政府控制的基金等名目出现的）。在各类金融机构中，信托公司客户群中的政府客户占比是非常高的，其对信托产品的使用又具有标的额大、周期长、稳定性好等特点，完全有理由视为信托公司的黄金客户。对于地方性的信托公司来说，由于政府客户数量相对较少，并且其与信托公司的关系较为稳定，因此，对其进行细分的意义不大。但对于有跨区业务或国际业务的信托公司来说，对政府客户也需进行适当的细分以为其特殊的营销策略提供依据，细分标准可考虑政府的行政级别、部门类别、区位因素、所辖区域的经济总量等。

（二）选择目标市场

在市场细分的基础上，信托公司需要确定其将要进入并重点开展营销活动的若干细分市场，也就是信托产品所要满足其需求的特定市场。这一过程就是对目标市场的选择。对信托公司来说，所面临的市场机会有很多，但并非所有的市场机会对其都具有同等的吸引力或者说市场价值；从资源利用的角度来看，也并不是每个子市场都是其愿意进入或能够进入的。因此，在目标市场选择的过程中，信托公司应综合考虑其公司实力、产品特点以及竞争对手的状况等因素。具体来看，在这一过程中要注意两方面问题：一是对目标市场的评价；二是采用怎样的目标市场营销战略。

1. 如何对目标市场进行评价。首先考虑一些定量评价的方法。通常可供信托公司采用的定量评价方法有：

（1）市场机会指数法。这是指某种产品在某一细分市场的标的额占该产品全部市场标的额的百分比，与某信托公司某种产品在该细分市场的标的额占该公司全部标的额百分比的比值。市场机会指数表明信托公司开发细分市场的可能程度。一般来说，该指数大于1，代表有较大的发展可能性；指数小于1，则发展可能性较小。

（2）市场选择指数法。市场选择指数是指对影响目标市场选择的各项因素（如市场现实需求、潜在需求、竞争状况、市场技术稳定性、公司自身生产能力）赋予权数（如上述各因素分别赋权0.3、0.15、0.25、0.1、0.2）进行评分考核得出的综合数值。根据该数值大小可进行目标市场的选择。

（3）后悔值决策法。其主要步骤是：首先将每种市场需求状态下的最大收益值减去各方案的收益值，构成由后悔值组成的矩阵；然后在后悔矩阵中找出每个方案的最大后悔值；最后从上述数值中选择后悔值最小的方案为最优方案即目标市场。

除定量分析外，信托公司在选择目标市场时还要注意一些问题，如：目标市场应该与公司目的和形象保持一致，或至少与之相协调；目标市场应该与公司的资源相一致；应该寻求竞争者少且规模不大的目标市场以避免出现“多数谬误”的后果；等等①。

2. 考虑采用怎样的目标市场营销战略。信托公司可采用的目标市场营销战略有：

① 沈蕾、邓丽梅：《金融服务营销》，上海财经大学出版社2003年版，第73~74页。

（1）无差异目标市场营销战略。即以一种产品、一种市场营销组合策略满足市场上所有顾客的需求。这一战略着眼于市场需求中的共性而忽视其差异性。其优点是：产品单一、批量大，有利于信托公司创名牌和节约营销费用；缺点是适应性差，无法满足客户日益增加的多样化需求。在信托业发展初期，对信托公司来说可考虑这种战略。对一些标准化的信托产品，也可以采取这种战略。

（2）差异性目标市场营销战略。即选择若干细分市场作为目标市场，针对每个细分市场，分别设计和制定不同的营销组合策略，以适应各个细分市场的需要。其优点是可以增强信托公司产品的竞争力，扩大其影响面，提高其声誉，从而扩大信托公司产品的市场占有率；其缺点是增加信托公司组织管理工作的难度，经营成本费用较高。

（3）集中性目标市场营销战略。即在众多的细分市场中，选择一个或少数几个细分市场作为其目标市场。其优点是营销对象相对集中，有利于信托公司详尽了解目标市场，在特定细分市场上获得绝对优势的市场占有率；其缺点是集中度高可能导致风险较大，尤其是在经济不景气或政策环境不稳定的情况下[①]。

（三）市场定位策略与方法

市场定位是信托公司根据所选定的目标市场的竞争状况和自身内部条件，确定自身在目标市场上的竞争地位，从而也确定自己产品如何接近顾客的营销活动。信托公司在确定其自身的市场位置的同时，很大程度上也就确定了其产品的市场位置。作为信托公司营销战略最后的关键环节，市场定位的合理与否很大程度上是由其前期各环节的工作基础是否扎实来决定的。但在市场定位这一环节本身，依然有两方面问题需要考虑：一是定位策略；二是定位方法。

1. 关于定位策略问题。与一般金融产品的市场定位相同，信托公司为自身产品的定位有三种策略：

（1）正向定位。这是根据客户的需求和偏好为信托产品培养相应的特色，并采取各种方式努力向客户传递这些特色的一种定位策略，通常发生在

① 万后芬：《金融营销学》，中国金融出版社2003年版，第204页。

信托公司推出新产品的时候。

（2）反向定位。这是指信托公司根据竞争对手的产品特色决定自己的产品特色，并运用各种方法努力传递这些特色的定位策略。其中又有两种不同形式：一是避强定位，即避开强有力的竞争对手，选择新的产品和新的企业形象定位，这一策略的市场风险小而成功率高，但要求市场要足够大；二是迎强定位，即与市场上占据支配地位的竞争对手进行直接竞争，提供与竞争对手相同或相似的产品，这一策略具有一定风险，但若成功会获得显著的竞争优势。

（3）重新定位。即对不受客户欢迎、市场反映较差的信托产品进行重新调整[①]。

2. 关于定位方法问题。如前所述，定位的基本方法不是创造出新的、不同的东西，而是改变人们头脑中早已存在的东西，把那些本已存在但却未显现或已经模糊的联系重新连接到一起。因此，定位中首要的一项基本工作就是表征识别。

表征识别是指信托公司对客户选择某一产品的根本动因或者是对该产品所具有的满足市场需求的功能特征进行识别和确定的过程[②]。关于信托产品的表征识别要注意两点：

（1）由于信托产品本身的核心功能部分内涵丰富、层次多样且弹性灵活，因此，在满足特定市场需求上往往具有特殊的功能，这一点不同于其他标准化特征更强的金融产品，因此需要客户对信托产品的核心功能部分要有清晰的识别，理解其全部功能内涵。这需要信托公司在有关信托产品核心功能的信息交流与传递上要格外注意。

（2）信托公司的客户在选择不同产品时主要依据的是他们感觉到的不同产品之间的差别，而这种差别可能并非产品本身最重要的表征。如信托公司实力、信誉、服务态度等利益的追求往往成为客户进行选择的重要标准，甚至决定性标准。因此需要信托公司关注完整的信托产品概念及其全部的产品功能。

在上述策略框架和基本工作完成的前提下，信托产品定位的具体方法可

① 沈蕾、邓丽梅：《金融服务营销》，上海财经大学出版社 2003 年版，第 74 页。

② 对于某一家金融机构来说，哪种表征才最为重要？这需要用一定的技术手段进行分析。通常，用于识别表征的分析研究技术较为复杂，且多以计算机技术为基础，如感性图、因素分析、歧视功能分析、多元相关和回归分析、替换与结合分析等。参见孙国辉、王海妹：《商业银行战略营销》，山东人民出版社 2003 年版，第 185 页。

以有多种选择，如根据信托产品所满足的需要以及产品所提供的利益定位；根据产品的特点定位；根据使用者阶层定位；直接针对竞争对手定位；根据产品种类定位；或将多种方法结合起来定位；等等。①

信托公司一旦对其产品或公司本身有了准确恰当的定位，接下来的就是要采取措施与目标客户群交流并传递这种定位形象，这就是定位的实施过程。在实践中信托公司时常会发现实施某种定位的过程要比寻找定位的过程艰难得多，因为实施或改变市场定位要花很长一段时间，有时已经形成的定位会由于激烈的竞争或外部环境的其他改变而很快失去。因此，信托公司及其产品一旦有了市场定位，就要通过持续不断的努力和交流去保持它。这样，信托公司的营销管理活动就从营销战略层面转入了营销战术层面，即转入了以其全部的营销组合策略来支持上述战略定位的阶段。对于本篇关注的主题来说，信托产品创新管理要素的内容也就进入了其第二个关键环节，即信托产品策略的选择和实施阶段。

第三节
信托公司营销组合中的产品策略

前文曾述及，传统的营销战术理论是包含了产品、价格、分销、促销等要素在内的所谓 4P 营销组合②。根据短板理论，营销效果的好坏实际上取

① 沈蕾、邓丽梅：《金融服务营销》，上海财经大学出版社 2003 年版，第 75 页。

② 事实上，营销组合理论也是在一直发展的，除前文曾述及的大营销概念中加入了权力和公共关系两要素外，后来加入的还有人员要素、过程要素、有形要素等。近年来，由美国市场营销专家劳特朋（Robert Lauteerborn）提出的 4C 理论对传统的 4P 理论构成了挑战。4C 分别指顾客（customer）、成本（cost）、便利（convenience）和沟通（communication）。顾客是指顾客价值（customer value），强调顾客需求和欲望的满足比产品功能更重要；成本不仅指企业的生产成本，还包括顾客的购买成本，而后者不仅包括顾客的货币支出，还包括顾客耗费的时间、体力和精力消耗以及购买风险，因此产品定价应是企业生产成本和顾客购买成本之间的平衡；便利是顾客价值不可或缺的部分，企业要为顾客提供最大的购买和使用便利，这主要在分销策略中体现；沟通是指企业要通过同顾客进行积极有效的双向沟通，建立基于共同利益基础之上的企业顾客之间的关系，而不是由企业进行单一的促销和劝导顾客。由 4C 的具体内涵来看，4C 理论更强调在营销战术要素中体现营销的本质要求，更强调营销战略和营销战术的连接，也更强调企业内部因素和外部环境的联系。

决于4P中最弱的方面，而非最好的方面。因此，在实践中上述各因素都不可偏废，要注意发挥营销策略组合的优势，避免单个策略突进。尽管如此，产品策略在营销组合中依然具有其特别重要的地位，因为一切金融机构的营销活动，实际上都是从金融产品的构思、设计与推广开始的。因此，金融产品策略也就成了金融机构市场营销活动的基础，是金融机构在激烈竞争中求得生存和发展的首要条件。同时，就本篇的研究对象和研究目标来说，也是以信托产品创新作为核心内容的。因此，在本节中我们将主要围绕信托公司营销组合中的产品策略来探讨。

一、信托产品开发的形式与市场化运作

（一）信托产品开发的四种形式

信托产品开发的形式是多种多样的。正如英国的金融营销专家亚瑟·梅丹所说："在给'新型'服务下定义时，有一概念性的困难，它来自于'新的金融产品'与'金融产品改进'的区别。""创新服务产品是基本性的新产品，比较典型的内容含义是指：新型的技术、适当的投资、可预见的风险和具有深远意义的潜在市场价值。这些服务对于金融机构和对于客户同样都是新鲜的。新的产品系列即指该服务系列对金融机构来说是新的，但对市场来说却不如此，事实上只是这个金融机构进入了一个其他单位已经涉足领域的竞争。""另外，一项金融服务也可以被重新配套或改头换面。"①

由此看来，创新型的信托产品可以分为四类：一是发明型新产品。又称全新产品。是指信托公司根据市场上出现的新需求，利用新原理与新技术开发的前所未有的全新产品，它可能改变人们的生活方式或理财习惯②；二是改进型新产品。是指信托公司对现有产品在结构、功能、形式等方面进行革新和提高而形成的新产品；三是组合型新产品。是指信托公司将两个或两个以上的现有产品加以组合而形成的一类新产品，这种产品可以是信托产品之间的组合，也可以是信托产品和其他金融产品之间的组合；四是模仿型新产

① ［英］亚瑟·梅丹：《金融服务营销学》（中文版），中国金融出版社2000年版，第108、第111页。

② 如前一阶段由云南信托推出的我国首只公益信托和近期某些信托公司正酝酿推出的遗嘱信托。

品。是指信托公司模仿市场上其他信托公司的产品，结合自身特点，加以调整、改进和补充而推出的新产品[①]。另外，信托产品的创新还可能完全是基于科学技术的最新成果，使原有产品在性能等方面有了革新或提高，这一类可称之为换代产品。如互联网技术的应用可能使传统的信托产品披上电子化形式的外衣从而成为一种创新产品。

需要注意的是，从信托产品自身构成的角度看，每种信托产品实际上都是其所具有的不同特征要素组合的结果。因此，任何信托产品的开发，无论是局部的、微小的改动或更新，还是整体的、全新的产品开发，都是信托产品自身各种特征要素的重新组合与配套。但从信托公司的角度来看，信托产品的开发又必须使信托公司适应变化的、竞争的环境需要，必须具有适应客户不同需求的基本特征。因此，信托产品的开发就具有了要素特征和市场化要求的双重约束。

下面，我们将参照一般金融服务产品开发的市场化运作，对信托产品开发中的关键步骤与主要方法进行简要阐述：

（二）信托产品开发市场化运作的关键环节

1. 市场需求调研和预测方法。由于竞争加剧和环境变化，信托公司必须有目的地对潜在客户的需求欲望进行信息收集和调研，为企业开发创新性的信托产品提供依据。信息收集一般很少能从二手信息中获得所需的全部信息，在大多数情况下还须收集原始信息。原始信息的调研方法主要有观察性调研、问询式调研、实验性调研等。

当取得金融市场调研的数据资料后，营销人员就可以对市场需求的变化、产品生命周期、产品销售等实施预测。预测方法主要有定性预测和定量预测。定性预测具体形式有意见综合法和专家意见法。定量预测方法在理论上可考虑一种 Assessor 模型（Urban 1993）[②]。该模型可以预测新产品的长期市场份额和销售量，可以估计新产品份额的来源——是从竞争品牌那里获得市场份额还是从公司的其他产品中而来，还可以得到有关产品、广告和其他

① 孙国辉、王海妹：《商业银行战略营销》，山东人民出版社 2003 年版，第 232～233 页。

② 通常的市场需求预测方法有移动平均法、指数平滑法、线性回归分析法等，但这几种方法较适用于成熟期商品的市场需求预测，而在新产品开发初期，由于没有也不可能有该产品实际销售量的统计数据，所以这些方法并不适用。

促销手段的诊断信息。但其在信托产品开发市场需求预测中的实际效果还有待进一步证实。

2. 产品概念形成与设计。产品概念是指信托公司根据市场需求特征及对市场变化的预测而设计（以文字或模型等形式）的最新产品，通常从产品功能价值、精神价值或心理感觉价值两个层次结构予以设计和综合体现，强调产品的市场价值取向和市场前瞻性。产品概念的创意来源一般有客户、竞争对手、营销部门、公司高级管理人员和其他工作人员等多个渠道。

对初步形成的产品概念需进行筛选，去掉那些不符合现行法规、开发目标、客户需求及公司财力承担不起的产品概念后，开始进行产品设计。产品设计过程中，需要把产品概念转化成物理的或心理的实体。而许多产品一般都可以被看成产品属性的集合，客户在购买过程中对这些属性都有不同层次的偏好，并据此决定是否购买，因此，可以采取组合分析法[①]来了解客户对各属性的偏好水平。这样就可以从几十种产品属性中选出客户最重视也最愿意购买的几种属性，并对这些属性再进行组合，选出效用值最高的一种组合，进行新产品开发。同时可以对不同产品概念的销售情况作出预测，剔除一些不经济的产品属性[②]。

3. 产品试销与使用调查。金融产品设计完毕后，很多情况下要对其进行小规模、小范围的试销，即在选定的一定地区实际销售产品。“一般地说，试销的规模大小由以下三个因素决定：产品投资成本、发行风险和时间上的紧迫性。高投资和风险大的产品（如家庭银行业务）比变更后的产品（如信用卡透支限额的扩大）更需要试销。”[③]

在试销中，应注意所选地区的条件不要与将要销售产品的市场条件相差太远或过于优惠，也要注意不要过于强调其试销的状态，以使参与者处于正常的市场投资状态下。在试销期间，可以利用各种方式（如问卷调查、个别访谈、电话访问等）加强与客户的联系，尽可能全面地收集客户的意见

① 组合分析法用来区分客户对一项产品的各种属性水平态度的效用价值。其基本程序包括三阶段：一是设计组合研究（包括选择产品或服务的属性，选择各属性的水平，设定需评估的产品样本）；二是从被试者获取数据（包括设计数据收集程序，选择产品个别功能的计算方法）；三是评估产品设计方案（包括根据部分价值偏好细分客户，设计市场模拟，选择被选方案的原则）。

② 沈蕾、邓丽梅：《金融服务营销》，上海财经大学出版社 2003 年版，第 76～79 页。

③ ［英］亚瑟·梅丹：《金融服务营销学》（中文版），中国金融出版社 2000 年版，第 119 页。

及其他信息，以便有针对性地对产品进行改进和调整。

4. 产品推广与市场效应监测。新产品经过市场检验后，如果从信息反馈和试销的实际情况看新产品的开发是成功的，信托公司就可将其不断克隆推向市场，并不断改进，升级换代。在此期间要考虑具体的市场营销策略尤其是产品推广策略。产品推广的主要目的是提供产品信息，引导客户需求，促进市场竞争，树立公司信誉，其具体方式有人员推销、广告、营业推广和公关。

信托新产品投放市场后，信托公司还必须对客户的使用情况、营销组合反应、产品销售情况进行监测，以便更好地掌握市场形势。同时也应关注以下四个方面的市场反应：新产品满足客户需要的程度；新产品对其他同类产品的影响；新产品适应市场变化的情况；营销费用与盈利状况①。一旦发现这些方面的问题，信托公司应及时分析解决。

二、信托产品的组合策略

信托产品的种类非常丰富，通过适当的产品组合来合理确定产品范围和种类就成为信托公司产品策略的重要方面。在信托产品创新的过程中，产品组合策略的适当运用尤其重要。本篇从两个方面探讨信托产品组合策略问题：一是信托产品组合策略的理论依据；二是信托产品组合策略的具体选择。

（一）信托产品组合策略的理论依据

在营销管理中，与信托产品组合相关的概念主要有四个：一是产品种类。是指在金融产品门类（能满足客户某一核心需要的金融产品种类）中，被认为是具有某些相同功能的一组产品。信托产品显然可构成一个大的金融产品种类；二是产品线。同一金融产品种类中，密切相关的，或有类似的基本功能，或出售给相同的顾客群，或通过同类型的机构网点出售，或在一定幅度内作价格变动的一组产品，组成一条金融产品线。信托产品种类下也可以依不同标准形成产品线；三是产品品牌。产品品牌是与产品线上的一个或几个产品品目相联系的名称或标志，可以用来识别产品品目的来源的特点，

① 沈蕾、邓丽梅：《金融服务营销》，上海财经大学出版社 2003 年版，第 84～85 页。

树立独特的金融机构形象特征。产品品牌的创建和品牌忠诚的培养是未来信托公司产品创新的一个关键；四是产品品目。是指可以依据其要素特征加以明确区分的具体信托产品类型。

对于金融产品组合策略，可根据其宽度、深度、和关联度三个要素来描述。宽度是指金融机构提供的金融产品线的多少。金融产品组合的宽度越广，越有利于其分散风险以提高利润。深度是指构成金融产品组合的各条产品线所含产品项目的多少。产品线的深度增加，可以使其吸引不同要求的客户，有利于信托公司进一步细分市场，并增加其细分的目标市场的销售额和利润，还可以使信托公司利用规模经济效应，降低成本。关联度又称产品组合的密度，是指各个金融产品线在产品的功能、类别、服务方式、服务对象和营销方面的相关性、接近性和差异性。金融产品的关联度越高，越有利于金融产品的推销及交叉销售①。

由此看来，从理论上说，信托公司的产品组合宽度越广，深度越长，关联密度越高，对公司的发展越有利。但在实际中，信托公司对于产品组合策略的选取，不仅涉及相关法规监管的限制，还受信托公司的经营规模、竞争力、市场前景和市场发展方向及自身管理水平、能力等诸多条件的限制。因此，信托公司在进行产品组合选择时，需考虑多方面影响因素，并根据具体条件的变化进行调整。

（二）信托产品组合策略的具体选择

具体地说，信托公司的产品组合策略主要包括以下几种形式②：

1. 全线全面型。它是指信托公司着眼于向所有的细分市场提供其所需要的一切产品。采取该种策略的信托公司必须有能力眷顾整个市场的需要。该策略又有广义和狭义之分。狭义的全线全面型策略是指提供某一类行业所需的全部产品，产品组合的关联性很强；广义的全线全面型策略是指尽可能增加产品组合的广度与深度，不受产品线之间关联性的约束，而是力图满足整个市场的需要。

2. 市场专业型。它是指信托公司着眼于向某专业市场提供其所需要的

① 万后芬：《金融营销学》，中国金融出版社 2003 年版，第 234 ~ 235 页。

② 同上，第 235 ~ 236 页。

各种产品。这种策略强调的是产品组合的广度和关联性，产品组合的深度一般较小。

3. 产品线专业型。它是指信托公司专注于某几类产品的提供，并将它们推销给各类客户。这种策略强调的是产品组合的深度和关联性，产品组合的广度一般较小。

4. 有限产品线专业型。它是指信托公司根据自己的专长，集中提供和经营有限的，甚至是单一的产品线，以适应有限的或单一的市场需求。这种策略特别强调产品组合的深度和关联性，而忽视产品组合的广度。

5. 特殊产品专业型。它是指信托公司根据自身所具备的特殊资源条件和特殊技术专长，专门提供某些具有优越销路的产品或服务项目。这种策略的特点是，产品组合的广度极小，深度不大，但关联性极强。采取该策略时，由于产品或服务的特殊性，决定了信托公司所能开拓的市场是有限的，但竞争的威胁也是很小的。

6. 特殊专业型。它是指信托公司凭借自身拥有的特殊的经营、技术等条件，提供能够满足某种特殊需要的产品。信托公司采用这种策略，其产品组合的广度较小，深度较大，关联性较强，而且通常可以有效地避免竞争。

三、信托产品市场演进进程中的营销策略——基于产品生命周期理论的分析

创新性的信托产品同其他金融产品以及实业产品一样，其在市场上的表现和获利能力是会随时间而改变的。信托产品的生命周期就是指信托产品从投放市场到被淘汰而退出市场所经历的过程，包括了引入期、成长期、成熟期和衰退期四个不同的阶段，这四个阶段共同构成了信托产品的市场演进进程[①]。市场演进进程中的每一个阶段都有其不同的特点，信托公司应据此选择不同的营销策略。

① 由于金融产品不同于一般普通商品的特殊性，因此其生命历程可能并不完全与近似于正态分布的四阶段理论模型相吻合。如有的金融产品属于开始上市就迅速成长，由引入期直接进入成熟期，然后再进入成长期的循环——再循环的不规则生命周期；有的属于生命周期不断延长的扇形生命周期；也有的属于一上市就热销，然后迅速衰落，再等到下一周期来临的、非延续型循环的生命周期。总的说来，金融产品的生命周期长短主要取决于国民经济的发展和科技进步所引起的对创新性金融产品的需求（万后芬：《金融营销学》，中国金融出版社 2003 年版，第 242 页）。对于信托产品的生命周期来说，由于其特有的弹性灵活，上述不规则的特征可能更为明显。

引入期的特点是客户对信托产品还不熟悉，因此营销费用较大，销量较低，利润不多。信托公司相应的营销策略应包括：加强宣传推广，吸引广大客户；疏通销售渠道，做好客户咨询、服务工作；根据信托产品的类型、前景等因素，选择适当的价格。

成长期的特点是，经过引入期的宣传之后，客户已经对信托产品较为熟悉了，产品的销路也逐渐打开，业务量会快速增长，产品成本开始下降，利润上升。但由于竞争者的进入，竞争越来越激烈。这一阶段信托公司要采取的营销策略有：根据客户的反馈信息不断完善信托产品；巩固原有的销售渠道，开拓新市场，吸引新客户；选择恰当的时机调整价格以吸引更多的客户。

成熟期的特点是信托产品已经被客户熟知并接受，市场相对饱和，并且替代产品开始出现，销量会有所增加，但增幅趋缓。此阶段具体的营销策略是：市场改良，开发产品新的功能，寻求新的细分市场，刺激现有客户，增加产品使用率，或进行市场重新定位，寻找新的客户；产品改良，包括提高产品质量，为客户提供新的产品用途，满足客户的不同需要；营销组合改良，通过改变定价、销售渠道或促销方式来加强服务，延长产品的成熟期。

衰退期的特点是，信托产品销量急剧下降，利润也不断下降，已经不能适应市场需求。此时信托公司的营销策略有：继续经营，仍延续过去的策略，直到这种产品完全退出市场为止；集中经营，把公司的能力和资源集中在最有利的市场上，以缩短产品退出市场的时间，创造更多的利润；收缩经营，通过降低产品的营销费用来减少成本，增加利润①。

从总体上说，金融产品的引入期比普通产品的引入期时间要短，这是因为金融产品大多没有专利权和商标权，极易被仿效，金融机构要在尽可能短的时间里推出并使客户接受自己的创新金融产品，以抢占一定的市场份额，因而其产品的引入期就相对较短；而另一方面，金融产品的成熟期一般会比普通产品的成熟期长，因为客户一旦接受了某种金融产品，并感受到了金融产品的吸引力，就不会轻易改变此种使用方式，因此一些金融产品可以保持很多年。

① 邵祥林、董贤圣、丁建臣：《信托投资公司经营与管理》，中国人民大学出版社 2004 年版，第 343 页。

如果单纯从信托产品自身分析，不同信托产品的生命周期也存在一定差异。信托产品中的一些基本产品，需求长期稳定，市场生命周期很长，一般不会衰退；但有些信托产品是针对特殊经济条件下的市场环境而设计开发的，其生命周期自然有限。当然，即使是需求稳定、市场生命周期很长的信托产品，其具体形式也会随社会公众价值观念、生活方式的变化而不断完善和更新①。

综上所述，本章的基本内容体现在三个方面：一是在制度要素和技术要素的基础上，通过管理要素概念的引入，完成了信托产品功能概念体系的构建，从而使信托产品创新的整个过程都可以围绕如何实现上述各种涵义的信托产品功能来进行；二是运用管理要素的核心概念对信托产品创新过程中内在要素与外部环境的互动特征进行了详尽的阐释，从而为理解全文两大部分内容上的联系奠定了基础；三是分别考察了管理要素中战略和策略两方面的关键环节，从而为充分发挥管理要素在信托产品创新中的职能提供了理论指引。

至此，本篇的第一大部分内容——信托产品创新的要素解构已经全部完成。那么，由制度要素、技术要素、管理要素共同构成的信托产品创新的过程会在一个怎样的外部环境下运行呢？这样的外部环境会对上述基本要素职能的发挥产生怎样的约束呢？而这些基本要素职能的发挥又会对其外部环境产生怎样的回应和反作用呢？本篇的第二大部分内容——信托产品创新的环境分析将对这一系列问题进行回答和阐述。

① 孙国辉、王海妹：《商业银行战略营销》，山东人民出版社 2003 年版，第 234 页。

第四章

信托产品创新制度环境评析

特定的信托产品创新是在特定的外部环境下进行的。这些外部环境中主要包含了法制体系、监管体系、市场需求、市场竞争等几方面的内容。本书将法制体系和监管体系两方面的内容统一在制度环境这一概念中进行分析①。如本篇第一章所述，制度要素是信托产品创新的首要基本要素，因此，制度环境对于信托产品创新的意义首先就在于通过制度供给为信托的存在提供了制度基础；其次，在信托产品创新的过程中，制度环境中特定的法制和监管内容不但会对创新本身产生直接的制约或激励，而且也会以各种方式对信托产品创新环境中的市场竞争、市场需求等内容产生不同程度的影响，从而使信托产品创新的几乎整个过程和全部内容都打上明显的制度烙印。而另一方面，信托产品创新本身也会以各种方式影响到制度的形成和发展，促成其制度环境的变迁。

本章分析的内容有两个重点：一是考察现有信托产品创新制度环境初步形成的过程；二是分析和评价现有信托产品创新制度环境的基本框架和内容。本章分析的目的也有两个方面：一是从理解和指导信托产品创新实践的现实需要出发；二是为下一章分析信托产品创新制度环境的变迁提供一个理论上的准备和逻辑上的起点。

① 本书出于三方面的考虑，将法制体系与监管体系统一在制度环境的概念中：其一，监管体系的构建包含有法制体系建设的内容；其二，法制体系中有很多属于监管部门规章的内容；其三，二者内容都与信托产品创新的制度供给密切相关。

第一节 信托产品创新制度环境的初步形成

一、制度环境对信托产品创新的制约与影响

从理论上来讲，制度环境对信托产品的创新有着怎样的制约与影响呢？这里，我们可以借用新制度经济学中“制度环境”和“制度安排”的概念并加以引申对其说明。

新制度经济学中的制度有两层涵义，首先是“制度环境”；其次是“制度安排”①。在一个社会中存在着一系列各种各样的具体制度，所有这些制度构成一个社会的制度体系。在这个制度体系中，各个具体的制度所起的作用是不一样的。有的制度具有根本性的意义，它们是“一系列用来确定生产、交换与分配基础的政治社会与法律规则”，如“支配选举、产权和合约权利的经济环境的基本规则类型的例子”。这类制度不仅决定着人们的基本行为规则，同时也决定着制度变迁的形式与范围。这类制度就被称之为一个社会的制度环境。一般地说，制度环境具有正式的制度形式，如一国的宪法、一党的党章等。制度环境是相对稳定的，但并不是恒久不变的，如宪法的修订、政权的更迭都有可能带来制度环境的变化。制度安排则是指在一定制度环境下形成的“支配经济单位之间可能合作与竞争的方式的一种安排”，如市场交易、公司制度、合约制度等。制度安排可以是正式的，也可以是非正式的。现实中的制度创新主要是指制度安排的变化，而制度环境的作用是为人们选择制度创新的范围设置一个基本的界限。任何一项具体的制度安排都是从既定的制度环境中产生的，都要受到制度环境的约束，并适应制度环境的变化。除此之外，现存的非正式制度，如习惯、观念、制度设计

① ［美］D. C. 诺思：《财产权利与制度变迁——产权学派与新制度学派译文集》，三联书店上海分店、上海人民出版社 1994 年版，第 270 页。

成本、现有的制度知识积累、实施制度安排的预期成本、规范性行为准则、公众态度以及决策者的预期净收益等等，都是影响制度安排的重要变量。制度安排的创新所设定的目标与既定的制度环境距离越近，越适应现存的制度环境，亲和力越强，其创新成本就越低，制度创新的目标也就越容易实现。反之，如果制度安排的创新大大背离制度环境，则欲速不达，反而大大增加制度创新的成本①。

论及制度环境对信托产品创新的制约与影响，则二者之间的关系极类似于上述“制度环境”与“制度安排”的关系。首先，真正意义上的信托产品及其创新能够存在的前提是必须要有关于信托的法律规则和相应的政策规范，这就构成了信托产品创新的“制度环境”。这一制度环境应具有正式的制度形式和明确的规范内容，如基本的《信托法》、《信托业法》及其相关法规和监管政策。这种制度环境是相对稳定的，但又不是恒久不变的。尤其在信托制度移植和信托业发展的初期，法规和监管政策的频繁变化调整可能会成为信托产品创新制度环境的一个显著特征；其次，信托产品首要的基本要素就是制度要素，因此信托产品本身就是一种制度性的产品，所以我们可以将每一类信托产品都看作是在基本的信托“制度环境”下一种特殊的“制度安排”，从而每一项信托产品的创新都是对原有制度安排的突破和创新；最后，制度环境与信托产品创新的关系就成为上述“制度环境”与“制度安排”关系的一个翻版或缩影。制度环境不仅决定着信托产品创新中各当事人的基本行为规则，也决定着信托产品创新的形式和范围。任何一项具体的信托产品创新都是从既定的制度环境中产生的，都要受到制度环境的约束，并适应制度环境的变化。同时，信托产品的创新还要考虑习惯、观念、现有的知识积累以及公众态度等非正式制度的影响②。信托产品创新与既定的制度环境越相符合，其创新目标就越容易实现，创新成本就越低，产品的生命力也就越强。反之，如果信托产品的创新大大背离了其制度环境，则不仅创新成本会很高，创新目标不易实现，甚至可能会直接导致创新产品过早的夭折。

---

① 孙东升：“制度环境、制度创新与制度变异——关于中国信托业恢复和发展的制度分析”，《金融科学》1998年第2期，第66～72页。

② 这些因素有时可能会成为决定信托产品创新成败的关键因素。这些内容在本篇后两章中将有涉及。

尽管制度环境对信托产品的创新具有如此重要的意义，但在中国，这样一种制度环境却不是与生俱来的。那么，这种制度环境最初是怎样形成的呢？下面，我们首先以新制度经济学中的制度变迁理论做一个理论上的铺垫，再以该理论中的相关概念来考察我国信托产品创新制度环境的形成。

二、制度变迁理论：考察信托产品创新制度环境形成和发展的理论基础

考察当前信托产品创新的制度环境形成和发展的过程，新制度经济学中的制度变迁理论可以为我们提供一个清晰的概念框架。

制度变迁理论认为，制度变迁是基于制度非均衡产生的。制度非均衡是人们对现存制度安排的一种不满意或不满足，意欲改变而尚未改变的状态。之所以出现不满意或不满足，是由于现存制度安排的社会净效益小于另一种可供选择的制度安排，也就是出现一个新的盈利机会，这时就会产生新的潜在的制度需求，并造成潜在制度需求大于实际制度供给，于是形成制度供给不足的制度非均衡。社会博弈各方为了捕捉这种新的盈利机会，就会力图改变原有的制度安排，选择和建立一种更有效的制度安排。

制度变迁的类型，最常见的有“自上而下”的强制性制度变迁模型和“自下而上”的诱致性制度变迁模型两类。强制性制度变迁的突出特点是：首先，权利中心凭借行政命令、法律规范及利益刺激，在一个金字塔形的行政系统内自上而下地规划、组织和实施制度创新；其次，只有当权力中心的制度创新收益大于其成本时，实际的制度变迁才可能发生；再次，权力中心为制度创新设置了严格的进入壁垒，即其他利益主体只有得到权力中心的授权才能进行制度创新。因此，强制性制度变迁方式是供给主导型的，总体上具有纵向推进、增量改革、试点推广、利用已有组织资源推进改革等特征，它能以较低的摩擦成本启动制度创新①。相比之下，诱致性制度变迁则是需求主导型的，它是“由个人或一群人在响应获利机会时自发倡导、组织和实行对现成制度安排的变更或替代，或是对新制度安排的创造”②。

① 孟辉、曾俊霞：“地方政府与地方性信托投资公司的制度变迁分析”，《改革》2001 年第 6 期，第 61～73 页。

② 林毅夫：“关于制度变迁的经济学理论：诱致性变迁与强制性变迁”，载《财产权利与制度变迁——产权学派与新制度学派译文集》，三联书店上海分店、上海人民出版社 1994 年版，第 384 页。

对于信托来说，其最早起源于用益权制度，用来规避国家限制将土地捐赠给教会的法令。当信托为一般的财产继承和让与所采用，其潜在利益来源就从规避法律变为防范财产继承和让与中可能出现的意外、纠纷和风险，并逐渐成为一种正式制度被确立下来。其后信托更多地向着专家理财的方向发展，逐渐发展成为现代信托制度。因此，综观欧美信托制度的演变过程，就是一种典型的诱致性制度变迁。在这一过程中，来自社会经济生活各方面的对创新性信托产品的需求一直都是信托制度演变的决定性因素。与之相比，我国信托产生的制度环境不同，制度变迁的特点也存在差异。总体上来说，我国信托制度的建立与发展经历了一个从异化到重构的过程。而这种从异化到重构的过程其实质是从一次强制性制度变迁走向另一次强制性制度变迁，但两次强制性制度变迁的意义又完全不同。

三、从信托业的恢复到信托产品创新制度环境的初步形成：两次意义不同的强制性制度变迁

1979 年 10 月，在国务院的直接领导下成立了中国国际信托投资公司，标志着我国信托业的正式恢复。几年后信托机构的数量急剧膨胀，最多时全国达 1000 多家。但由于改革开放初期的中国，基本经济制度是“一大二公”，公有制经济占绝对的统治地位。在这种经济制度环境中，不存在产权清晰的多元化所有制主体，企业、个人等非政府主体基本上没有或很少有属于自己支配的财产，根本不可能产生对信托这种以专门替他人管理财产的财产管理制度的需求。因此，从现在来看，当时的这种信托业的制度创新是一种背离了基本经济制度环境的强制性变迁，从一开始就注定了我国信托业的制度创新必然会产生变异。

这种变异首先表现为信托需求主体和信托业务的变异。由于在信托业恢复之初信托投资公司主要是由专业银行和地方政府开办的。地方政府利用它们的政治影响向金融机构施加压力，形成了地方分支银行对地方政府一定程度上的实际隶属；地方信托更是为地方政府所拥有，与行政隶属关系相匹配。地方政府利用信托投资公司绕过中央银行的信贷和现金计划控制，可以更多地支持当地经济发展；同时信托投资公司还能够参与实业领域，直接贯彻地方政府的意图。因此，地方政府成为信托的实际需求主体。由于地方政府成为信托的实际需求主体，同时真正的信托市场需求主体又缺位，因此也

使信托业务脱离了“受人之托，代人理财”的原始定位，开始变异为打着“信托”旗号的一般存贷款业务。当然，由于有四大国有专业银行的竞争，加上中国人民银行不允许信托投资公司吸纳居民储蓄存款，信托企业的资金来源大多数是中国人民银行的信贷资金和同业拆借以及中国人民银行允许的信托存款和委托存款，这些存款主要是依靠政府行政力量吸纳的。

由于没有真正意义上的信托市场需求主体和信托业务，因此也就不可能有真正意义上的信托产品及其创新，更谈不上信托产品创新的制度环境的形成和发展。事实上，我国信托业恢复后的发展过程就是一个中央政府与地方政府、中央政府与政府有关部门不断博弈的过程[①]。这个博弈过程的结果是中央政府作为正式制度的供给主体受到来自政府内部各方利益主体的制约，难以出台正式的信托制度法规，导致信托制度供给严重不足。自信托业恢复以来，仅在1986年颁布了一个《金融信托机构管理暂行规定》（以下简称《暂行规定》），并且这个约束力有限的《暂行规定》只是专门处理对信托投资机构的监管问题，而根本没有涉及信托作为法律概念在中国整个法律制度中的地位和作用，对信托关系的建立、信托市场的准入原则和标准、信托机构的性质和业务范围等重大问题也均无权威性规定。由于《信托法》、《信托业法》等关系到信托制度的根本性法律长期内空缺，因此，信托产品创新的制度环境也长期内无法形成。

那么，为什么作为制度供给主体的中央政府会默认这种局面的维持呢？这主要是因为在信托业发展初期，中央政府对待信托投资公司的态度主要取决于信托投资公司所带来的成本与收益比较，而这种成本和收益又取决于储蓄资源稀缺程度的改变。每当经济过热、通货膨胀到来，储蓄资源相对稀缺时，中央政府就有动力抑制信托投资公司的资金分流行为，并通过控制社会总体投资水平稳定长期经济租金；每当经济增长速度减缓，产出能力相对稀缺时，中央政府就有动力发展信托业，启动经济增长。关于这一点可以通过考察20世纪90年代中期以前的几次价格波动中政府对信托业的四次清理整顿来清楚展示[②]。

① 孙东升：“制度环境、制度创新与制度变异——关于中国信托业恢复和发展的制度分析”，《金融科学》1998年第2期，第66～72页。

② 胡金焱、王旭：“从异化到重构：论我国信托业的制度变迁”，《山东大学学报（哲学社会科学版）》2004年第4期，第89～75页。

这种局面被打破的转折点出现在1995年。从这一年10月开始后的两三年时间里，中银国信、中农信、中创、广东国投等中国的信托巨舰纷纷沉没，并对海南等地局部金融风险的公开爆发起到了引爆或火上浇油的负面作用，我国信托业累积的风险终于以极端化的形式表现了出来。在这种情况下，中央政府实实在在地认识到维持原有信托制度的成本大于收益，于是，从1999年3月开始了我国信托业发展史上规模最大、措施最严厉、也最具历史意义的清理整顿。在此次清理整顿的中后期，《中华人民共和国信托法》、《信托投资公司管理办法》、《信托投资公司资金信托管理暂行办法》（以下简称"一法两规"）等法规相继颁布实施，从而为信托的回归主业、产品创新提供了基本的制度框架。我国信托产品创新的制度环境，终于以又一次强制性制度变迁的方式形成了。

强制性的制度变迁给未来的信托产品创新提供了一个新的制度框架和选择空间。在这样一个框架和空间中，会产生怎样的创新性信托产品；这些信托产品的创新行为又会对现有的制度环境产生怎样的压力和影响；在这种压力和影响下制度供给应该和可能做出怎样的反应。这些就属于诱致性制度变迁的问题了。但无论如何，我们还是要先来关注一下这个未来诱致性制度变迁过程的起点，即"一法两规"框架下的信托产品创新制度环境的主要内容。

第二节
对"一法两规"框架下信托产品创新制度环境的总体评析

一、信托产品创新基础性制度框架的初步构建

对于信托产品的创新来说，上述强制性制度变迁最大的意义是为其初步构建起了基础性的制度框架，从而使其后信托投资公司的业务拓展可以围绕真正意义上的信托产品创新这一主线来进行。这个基础性制度框架就是分别

规范信托关系、信托机构和当时市场环境下主要信托产品形式的“一法两规”①。

1.《中华人民共和国信托法》确立了信托业发展的制度基石。它不仅为信托业的发展提供了基本的制度保证，而且规定了信托业发展的许多具体的技术规则。第一，明确了信托业务的基本原则。信托业务的核心就是信托关系的设立、变更和终止。由于信托活动涉及面广，相对具有很强的灵活性，且信托规则技术性强，为此，《中华人民共和国信托法》对信托的设立、变更和终止、信托财产、信托当事人的资格、权利和义务进行了详细的规定；第二，确立了受托人的义务标准。除了忠实义务、分别管理义务等外，《中华人民共和国信托法》还规定了受托人的谨慎义务，它是受托人执行信托事务中最为核心的义务，也是判断受托人是否违反信托义务的标准，更是受托人赢得委托人和受益人信赖的关键。信托事务的管理纷繁复杂，信托的存续时间长，受托人必须面对许多信托合同中不可能规定的情形，如何正确处理信托事务、避免日后的纠纷就成了一个重大问题。《中华人民共和国信托法》确立了受托人的注意义务和该义务的标准，指导和规范受托人日常的信托管理活动，从而在一定程度上解决了这个问题；第三，建立了明确的责任体制。明确和具体的责任体制是有效开展信托业务的基本保证，也是公平地解决信托管理纠纷的依据。尽管信托当事人可以在信托协议中规定各自的义务和责任，但作为信托法缺省的责任体制对于信托当事人则具有非常强大的示范作用。《中华人民共和国信托法》不仅确立了信托当事人之间以及对第三人的责任分配体制，而且规定了受托人转委托的责任体制。所有这些对于未来信托产品的创新推广和信托业的长远发展都具有非常重要的意义。

2.《信托投资公司管理办法》(2006 年 12 月进行了修订，并于 2007 年 3 月生效。以下简称“管理办法”）是我国迄今为止最为全面地规范信托业的法规文件。其基本内容包括：明确了信托公司的金融机构的属性；建立了信托公司的市场准入、退出和惩罚制度；规定了信托公司的经营范围和经营规则；确立了信托公司基本的自律和监管原则。长期以来，对于信托公司的监管一直没有形成一套符合中国信托业发展特点的规则，“管理办法”在此

① 中国人民大学信托与基金研究所：《中国信托业发展报告（1979—2003)》，中国经济出版社 2004 年版，第 89 ~ 92 页。

方面做出了基于现实的有益尝试。它将信托公司的清偿能力作为规范的中心，包括：最低注册资本、经营范围的控制、投资权力、附属机构、限制的交易、利益冲突的防范和公司治理结构。另外，“管理办法”将信托公司定位于金融机构并确立了相应的监管规则，这种对受托人较高的监管标准在当时的条件下有助于信托业务的开展，有利于化解历史上对于信托业务的误解和滥用，鼓励广泛地运用信托关系解决复杂的财产管理问题，并对委托人和受益人具有很强的保障作用。

3.《信托投资公司资金信托管理暂行办法》（2006 年 12 月进行修订并改变为只规范集合资金信托业务的法规，2007 年 3 月生效，以下称“暂行办法”）[①] 对目前市场环境下的主要信托品种进行了规范。信托业重生伊始，货币资产作为最重要的财富形式，决定了资金信托对于我国金融市场的重要意义，在未来信托管道作用的发挥中，资金信托可以实现社会财富形式的有效转换。但另一方面，资金信托在目前我国的金融环境中又具有特殊的产生背景。囿于经济发展的形势和阶段，信托产品作为中长期持有并传承财富的结构优势，在现实条件下不可能充分发挥。相反，目前民众普遍将资金信托作为获取高额回报的一种工具，信托公司也广泛运用自益信托提供各种形式的投资服务。自益信托中通常对于受托人授予较大的自由裁量权，这对提高受托人的管理效率自然具有积极的意义，但同时也使受托人面临着更高的职业风险。所以，在资金信托尤其是集合资金信托计划的运作中，如何恰当地规范受托人投资的权限以保护受益人的利益就成为一个核心的问题。“暂行办法”就是因此而发布的，其中心议题包括：重申了有效资金信托的生效条件；划定了集合资金信托的门槛和设立规则；划定了资金信托业务的流程；限制了受托人的投资权限。另外，“暂行办法”在信息披露、内部控制、主要管理者负责制等方面所作的原则性规定，也有利于增强信托公司的内部管理，提高其风险免疫力和抵抗力。

总的来看，“一法两规”的出台和实施，标志着立法和监管部门开始转

① 在文献和实务中，“暂行办法”经常和“314 文件”同时提及。后者是中国人民银行于 2002 年 10 月 8 日出台的“关于信托投资公司资金信托业务有关问题的通知”，简称 314 文件。出台该文件的政策意图在于确保信托法能够正确贯彻实施，给予整个信托市场一个统一尺度和统一标准，并确保信托投资公司对产品开发有一个明确的把握。本篇下面对“暂行办法”中心议题的论述及其评价，也融合了 314 文件的有关内容。

变以往用行政手段开展信托经营管理的理念，在信托业中注入监管市场化和经营市场化的理念，逐步引导其走市场化道路①。这主要表现在信托市场各主体的行为方式和行为空间有了一定的变化。

（1）“一法两规”的出台，淡化了监管部门的行政审批角色。从对信托公司的企业行为进行管制和审批的直接管理转向主要通过风险揭示、内部控制、从业人员考核、主要管理者责任追究制度等，来建立信托业规范发展的约束和制衡机制的间接监管。

（2）信托核心主体即信托公司的经营自由度大大提高。信托公司可以根据市场需要、特定客户群的偏好以及特殊信托目的，按照委托人的意愿、信托财产的种类或者对信托财产管理方式的不同设置信托业务品种，由此打开了信托产品创新的无限空间。但同时，“一法两规”也在致力建立一种信用惩罚机制。受托人如果由于自身原因导致投资失败，必须承担相应的责任划分与损失承担，这将迫使信托公司视信用为生命，竭尽全力为委托人服务。

（3）“一法两规”也促使购买信托产品的投资群体必须建立正确的风险意识和理性的投资理念，按照自己的风险承受能力和信托产品的风险收益特征进行相应选择，尽力避免盲目、跟风和投机行为②。

总之，信托产品创新的基础性制度框架初步构建之后，客观上要求参与信托的所有主体的市场化程度都应有一定程度的提高。无论是投资者、融资者、信托公司等信托的直接参与者，还是会计事务所、法律事务所、投融资顾问等信托的间接参与者，还是信托的监管部门，都必须在这种新的制度框架之下调整自己的行为。

二、信托业监管体系中与产品创新有关的内容

目前我国信托业的监管内容主要包括机构监管、业务监管和人员监管三个大的方面。从信托业恢复以后的发展历程来看，监管内容的重心一直在机构监管上。这与信托制度框架的迟迟不能形成有关。在“一法两规”初步

① 中国人民大学信托与基金研究所：《中国信托业发展报告（1979—2003）》，中国经济出版社 2004 年版，第 94 页。

② 详见本篇第六章关于创新性信托产品的市场需求的分析。

搭建起基础性的信托制度框架后，我国信托业监管体系中与业务监管相关的内容大大增加。随后两年多的时间里，根据业务发展和监管的需要，又有一批监管规章和文件陆续出台，从而使信托业务监管的内容逐步充实。在这些监管性的法规文件中，与信托产品创新直接相关的内容包括：对信托公司治理结构的规范，对信托公司业务范围的规定，对信托公司经营方式的规定以及对信托公司业务操作上的监督管理。对这几方面的内容进行分析，可以使我们形成一个对当时信托产品创新监管环境的基本认识①。

（一）信托投资公司业务范围的概括与分析

作为规范调整信托关系的一般性法律，《信托法》并未涉及信托投资公司的业务范围问题。对信托投资公司业务范围的规定主要体现在“管理办法”和“暂行办法”及其之后的一些监管规章和文件中。

1. 信托投资公司的法定经营范围及业务范围的禁止性规定。信托投资公司可以向监管部门申请经营下列部分或全部本外币业务②：（1）受托经营资金信托业务；（2）受托经营动产、不动产及其他财产的信托业务；（3）受托经营国家有关法规允许从事的投资基金业务，作为基金管理公司发起人从事投资基金业务；（4）经营企业资产的重组、购并及项目融资、公司理财、财务顾问等中介业务；（5）受托经营国务院有关部门批准的国债、企业债券承销业务；（6）代理财产的管理、运用和处分；（7）代保管业务；（8）信用见证、资信调查及经济咨询业务；（9）以固有财产为他人提供担保；（10）公益信托业务；（11）信托投资公司所有者权益项下依照规定可以运用的资金，可以开展同业拆放、贷款、融资租赁和投资等业务；（12）监管部门批准的其他业务，包括经央行批准办理的同业拆借业务等。

上述信托投资公司的业务范围可归纳为两大类：一是信托主营业务，包括上述业务范围中的第（1）、（2）、（3）、（10）项。其中，第（3）项投资基金业务根据现状也可以单独列为一类；二是兼营业务，即除主营业务之外的所有其他业务。兼营业务又可分为三类：一是投行业务，包括企业资产重

① 本章的内容主要以“一法两规”中相关条款为基础。至于其后几年信托法制建设与监管内容上的一些新变化，将在本书后文中体现。

② 《信托投资公司管理办法》第三章第二十条、第二十一条、第二十四条、第二十五条。

组、购并、项目融资、公司理财、财务顾问等中介业务，国债、企业债券的承销业务；二是中间业务，包括代保管业务、信用见证、资信调查及经济咨询业务；三是自有资金的投资、贷款和担保业务。

除上述信托投资公司的业务范围之外，在“暂行办法”中还针对信托投资公司的业务范围列出了一系列禁止性条款。显然，这些禁止性条款是监管部门出于为防止信托投资公司重走银行化混业经营的老路而制订的。其内容主要为：信托投资公司不得以任何形式吸收或变相吸收存款；不得发行债券，不得以发行委托投资凭证、代理投资凭证、受益凭证、有价证券代保管单和其他方式筹集资金，办理负债业务；不得举借外债。

2. 对信托投资公司业务范围规定的分析。将上述禁止性条款与“一法两规”中的相关条款结合起来进行分析，可以得出以下几个结论①：

（1）传统信托投资公司开展的所谓信托存款、委托存款等各类存款业务被监管部门彻底否定，不再被允许经营。信托投资公司历史上创造的各类变相吸收存款或筹集资金的负债业务工具也几乎全部被一一列举并被彻底否定。同时，信托投资公司也被禁止举借外债。

（2）信托投资公司所能进行的负债业务，“一法两规”中并无明确规定，但可以结合相关条款进行推断。信托投资公司可以开展的负债业务应该有两种情况：一是在开展信托业务时，为信托财产设定负债。这是信托投资公司在管理运用信托财产时，出于经营的需要而设立的负债，不属于信托投资公司本身的负债，而应由相应的信托财产来承担；二是信托投资公司运用固有财产时发生的负债。该负债属于信托投资公司的固有负债，在信托投资公司的资产负债表中反映，并由信托投资公司以其固有财产承担偿还责任。信托投资公司即使不能偿还该债务或不偿还该债务，债权人也不得要求信托投资公司以信托财产偿还债务或请求对信托财产采取强制执行措施。

（3）信托投资公司发生负债的方式可以有同业拆借、国债回购和银行贷款三种。同业拆借是“管理办法”中明确规定的信托投资公司在经央行批准后可以办理的负债业务；国债回购在法律方面及操作层面上也完全没有障碍。信托投资公司的固有财产中若有国债投资，可随时通过国债回购市场

① 杨林枫、罗志华、张群革：《中国信托理论研究与制度构建》，西南财经大学出版社2004年版，第79～81页。

以国债为质押物进行回购交易。至于银行贷款为什么可以成为信托投资公司的负债来源之一，理由在于：第一，法律和法规上无明文禁止；第二，信托投资公司运用银行贷款可能具有经济上的合理性，因为银行贷款在期限、种类、利率结构上与同业拆借有明显的差异；第三，银行更愿意发放有担保物（抵押、质押）的贷款。信托投资公司的注册资本金均在3亿元以上，其固有财产可用以担保，完全符合银行的贷款要求；第四，在同业拆借市场上的同业拆借余额通常有额度控制，这也决定了信托投资公司可能因经营之需而要借助于同业拆借之外的贷款方式获取资金。

（二）信托投资公司经营方式的分析与理解

信托投资公司的经营方式是指在其业务范围确定的情况下，信托投资公司可借以运用来开展经营活动的各种方式。“管理办法”第二十三条中明确规定，信托投资公司管理、运用信托财产时，可以依照信托文件的约定，采取出租、出售、贷款、投资、同业拆放等方式进行。

1. 信托投资公司的经营方式及其与业务范围的关系。上述规定充分显示了信托投资公司作为金融机构的特殊性。其在经营中既可以采取银行经常使用的贷款方式；又可以采取各类投资方式，如股权投资、债权投资、证券投资、权益投资等；还可以采取一般企业使用的出租、出售方式。在具体的资金运用方式上，依照信托文件的规定，信托投资公司既可以从事证券投资资金信托业务，又可以从事产业项目的贷款资金信托业务、股权投资资金信托业务，及其他各类投资、融资租赁方式的资金信托业务；既可以从事资本市场的投资，又可以从事货币市场的交易；既可以从事人民币业务，又可以从事外汇业务①。

理论上说，除上述列举的经营方式外，为使信托财产保值增值或达成相应的信托目的，信托投资公司应该还可以使用所有可资使用的经营方式，只要其经营方式不违反法律和公序良俗，不损害社会公共利益，并由信托合同所约定或由信托文件所规定。信托投资公司这种经营方式上的灵活性是信托产品品种多样性的基础和前提，也是信托独特制度功能得以充分发挥的保障。

① 信托投资公司从事外汇业务时其资本金中应该有监管部门规定的外汇资金。

信托投资公司的经营方式与其经营范围是完全不同的两个概念。我们不能说信托投资公司运用信托资金进行贷款、融资租赁或投资是超范围经营或者说混业经营，因为贷款、租赁或投资等等只是信托投资公司开展信托业务、管理信托财产所运用的经营方式，而根本就不是一种经营范围的概念①。

2. 信托投资公司经营中负债资金的运用。信托投资公司以负债方式取得的资金在法定业务范围内可以作何种运用呢？分析“一法两规”中的相关规定，我们可以有以下结论：

（1）信托投资公司以负债方式取得的资金不得用于同业拆放、贷款、融资租赁和股权投资。“管理办法”第二十五条中将上述资金运用方式限定为信托投资公司所有者权益项下的可运用资金，这样也就排除了非所有者权益项下的可运用资金被用于同业拆放、贷款、融资租赁和股权投资的可能（信托资金除外）。此规定的意图显然是要禁止信托投资公司将短期负债资金作为长期化资产运用，以防范金融风险。

（2）信托投资公司以负债方式取得的资金不能用于自用固定资产的购置。这一点在法规中无明确的禁止条款。但在“管理办法”第二十五条中有“包括自用固定资产在内的长期累计投资余额不得超过其自有资金的80%”的规定，再结合前述监管部门防止短期负债资金作长期资产运用的立法意图，我们可以推断信托投资公司的负债资金不能用于自用固定资产的购置。

（3）信托投资公司是否可以为管理、运用信托财产之目的而利用负债资金，法律法规中均无明确规定。如果可以的话，应将其设定为信托财产的负债，并将信托投资公司的负债与信托财产设定的负债视为两个不同的法律关系，分别记账和管理。当该负债资金运用于信托财产的管理、运用时，在独立的信托财产账上进行反映。

由此看来，信托投资公司本身的负债资金的使用范围相对于信托资金的使用范围来说是相当狭窄的。在实务中大致有三个方面的运用：一是用于债券承销业务中的资金临时性周转；二是用于其他一些临时性的头寸不足；三是部分

① 杨林枫、罗志华、张群革：《中国信托理论研究与制度构建》，西南财经大学出版社 2004 年版，第 84 页。

不是来源于银行的负债资金（如国债回购资金）可用于自营证券投资[①]。

（三）信托投资公司业务操作监管的内容及其评析

在信托投资公司业务操作的监督管理上，监管部门对其属于主营业务的信托业务，从设立、管理、报酬取得、终止与清算等各个重要环节着手，做出了比较详尽的指引和管束[②]；而对于非主营业务，也从防范风险的角度提出了相应的运作要求。

1. 对信托业务品种的管理。与有些国家如日本通过法律规范信托业务品种不同，我国对信托投资公司信托业务品种的管理采取了市场化管理的方法，允许信托投资公司根据市场需要，按照信托目的、信托财产的种类或者对信托财产管理方式的不同设置业务品种。这为未来信托产品的创新预留了极大的运作空间。

对信托投资公司设计的信托产品是否应报监管部门备案或批准这一问题，"管理办法"中的规定是，信托投资公司设置新的信托业务品种，应当事先将信托合同样本及有关资料报监管部门核准。这意味着监管部门有权对信托投资公司信托业务品种进行检查、监督。从2001年10月下发的《信托投资公司信托业务品种管理暂行规定（讨论稿）》看，当时的监管部门倾向于对资金信托业务品种实行审批制，对其他业务品种的管理采用备案制。

2. 对主营业务及兼营业务规模的控制管理。对于主营的信托业务，"管理办法"第四十六条规定：信托投资公司接受由其代为确定管理方式的信托资金总余额不得超过其注册资本金的10倍；信托期限不得少于一年；单笔信托资金不得低于人民币5万元。"暂行办法"第六条规定：信托投资公司集合管理、运用、处分信托资金时，接受委托人的资金信托合同不得超过200份（含200份），每份合同金额不得低于人民币5万元（含5万元）。从监管实践来看，信托合同不得超过200份是指利用信托方式为同一项目筹集资金的信托合同不得超过200份。后在实践中有信托投资公司就同一信托项目采取分期推出信托资金招募计划的方法，来突破200份合同限额的规定，

① 杨林枫、罗志华、张群革：《中国信托理论研究与制度构建》，西南财经大学出版社2004年版，第81～83页。

② 同上，第284～289页。

被监管部门禁止。

对于信托投资公司运用所有者权益项下的自有资金进行股权投资，“管理办法”规定其股权投资数额和自有固定资产之总和不得超过净资产的80%。这是为保证信托投资公司必要的自有流动资金储备。

对于担保业务，“管理办法”规定信托投资公司的担保余额不得超过其注册资本额。对于拆入资金业务，其余额也不得超过公司注册资本额。

3. 对信托投资公司内部组织机构设置、运作的管理。具体要求包括：信托投资公司必须设置内部审计部门，对本公司的业务活动进行审计和监督；信托投资公司的信托业务部门应当在业务上独立于公司的其他部门，其人员不得与公司其他部门的人员相互兼职，具体业务信息不得与公司的其他部门共享；信托投资公司办理资金信托业务时，应设立专门为资金信托业务服务的信托资金运用、信息处理等部门。

4. 对信托业务文件的管理。信托投资公司开展信托业务必须拟订信托合同，开展集合资金信托业务，还必须拟订“信托资金管理、运用风险申明书”。“管理办法”和“暂行办法”对信托合同的格式、应当载明的事项均有明确的规定。“暂行办法”对“信托资金管理、运用风险申明书”的主要内容进行了明确规定。在信托业务文件的规范中，对拟开展的信托业务进行规范的信息披露，是近两年来信托法规建设和监管的重点。

5. 对信托业务推介的管理。资金信托业务不能通过报刊、电视、广播和其他公共媒体进行营销宣传。但对其余种类的信托业务，并无类似禁止性规定。信托投资公司在信托发行中不得承诺信托财产不受损失或者保证最低收益。

6. 对信托财产管理、运用的监督管理。这方面的内容较多，除上文曾提及的信托财产管理运用的方式外，其他主要还包括：信托投资公司管理信托财产，必须尽善良管理人职责，恪尽职守①；除非信托文件另有规定或者

① 这是指信托投资公司在处理信托业务中应当以受益人利益最大化为宗旨，并谨慎管理信托财产。具体包括：信托投资公司不得利用受托人地位谋取不当利益；信托投资公司不得将信托财产挪用于非信托目的的用途；除非信托文件另有规定，信托投资公司不得以信托财产提供担保；除非信托文件另有规定，并以公平的市场价格进行交易，信托投资公司不得将信托资金投资于自己或关系人发行的有价证券；除非信托文件另有规定，信托投资公司不得将信托资金贷放给自己或者关系人；除非信托文件另有规定，并且以公平的市场价格进行交易，信托投资公司不得将不同信托账户下的信托财产进行相互交易或以固有财产与信托财产进行相互交易。

有特殊事由，信托投资公司应当自己处理信托事务，管理信托财产，不能委托他人代为处理和管理；信托投资公司应当为委托人、受益人以及处理信托事务的情况和资料保密，但法律法规或者信托文件另有规定的除外；信托投资公司应当定期向委托人和受益人报告信托财产的管理、运用、处分及收支情况；信托终止时，信托投资公司应按法规或信托文件的规定对信托财产的归属做妥善安排①；信托投资公司违背其管理职责，或违反信托文件规定，未按信托文件规定的信托目的和方式，管理、运用和处分信托财产，或者处理信托事务不当，导致信托财产受到损失的，信托投资公司须承担赔偿责任。

7. 对信托报酬的管理。对信托报酬的管理采取市场化的方式，即除监管部门另有规定外，信托手续费标准或佣金水平一般由信托投资公司与委托人协商确定，并在信托合同中就信托报酬的计算方法、支付期限及方式等进行约定。但法规规定，在信托投资公司违反信托目的处分信托财产，或者因违背管理职责处理信托业务不当致使信托财产受到损失时，在恢复信托财产的原状或者予以赔偿之前，不得请求给付信托报酬。

8. 信托业务的会计核算管理。“一法两规”对信托业务和信托财产的会计核算进行了原则性规定：信托投资公司应当将信托财产与固有财产分别管理，并建立单独的会计账户，分别记账；将不同委托人的信托财产分别管理、分别记账；对信托业务与非信托业务分别核算，并对每一项信托业务单独核算②。

9. 赔偿准备金制度。“管理办法”规定了信托赔偿准备金制度，规定信

① 这里大致包括三种情况：一是资金信托终止时，信托投资公司应于信托终止后10个工作日内做出处理信托业务的清算报告，并送达信托财产归属人；二是信托终止时，信托投资公司应按照信托文件的规定书面通知信托财产归属人取回信托财产。未被取回的信托财产，由信托投资公司负责保管；三是信托终止时，信托财产的形态依据信托文件规定，可以是现金方式，也可以是维持信托终止时财产原状方式（动产、不动产、股权、证券等），或者是两者的混合方式。在前一方式下，信托投资公司应当于信托文件规定的分配日前或信托期满日前变现信托财产，并将现金存入信托文件指定的账户；在后一方式下，信托投资公司应于信托期满后的约定时间内，完成与归属人的财产转移手续。

② 2005年1月5日，财政部发布了《信托业务会计核算办法》，并于发布之日起在涉及信托业务的所有相关单位（包括委托人、受托人、受益人）及信托项目施行。该办法分为五部分内容，分别对信托项目、委托人、受托人、受益人的会计确认和计量原则以及信托项目会计科目设置及其使用说明、财务报告格式及其编制方法做出了系统规定。

托投资公司每年应从税后利润中按5%的比率提取金额，作为信托赔偿准备金，用于信托投资公司赔偿因管理信托财产不当等原因导致的信托财产损失，以确实保护委托人和受益人的利益。但当赔偿准备金累计达到信托投资公司注册资本的20%时，可不再提取。信托投资公司只能存放于经营稳健、具有一定实力的境内中资商业银行或者购买国债。但其动用是否应经监管部门批准及动用程序如何，目前尚无明文规定。

上述基于“一法两规”对当时信托产品创新制度环境的总体评析，其目的是为能够从制度环境方面理解当时实践中已有的一些信托产品创新的背景与根源，也为继之可能出现的更多的信托产品创新提供一个基本的制度分析框架。但从信托产品创新的动态过程来看，仅有制度环境的上述分析显然是不够的。在此基础上，我们还需要通过对制度环境的进一步深入分析，以形成对其未来变化趋势和变化进程的基本判断，从而才能更好地把握未来信托产品创新的方向与方式。

第五章

信托产品创新制度环境变迁的趋势与进程

从信托产品创新的战略安排的要求出发，对制度环境未来的变化进行合乎逻辑和合乎情势的研判是非常必要的。信托机构只有对其借以安身立命的制度环境的变化有一个较为清楚的认识和把握，才能从整体上规划好业务拓展的时机与方向，也才能减少产品创新触及制度“高压电网”的可能，增加产品创新的“成活率”。但从另一方面来看，对制度环境未来变化的研判又绝非易事。因为任何一项制度本身的生命力和价值都不仅在于逻辑，更在于实践①。因此对制度环境变迁的研判就不仅要合乎逻辑的推论，更要合乎对具体实践中情势的把握。从某种程度上说，逻辑的推论是确定的，而对情势的把握其确定性就要大为逊色。正是出于这种考虑，本章将对信托产品创新制度环境变迁的研判分为两个层面：一是确定性层面上的趋势研判，其确定性的依据主要是逻辑上的推断；二是不确定性层面上的进程研判，其不确定的根源在于对实践中情势的难以把握。

① 和所有的法律制度一样，信托制度是权利义务在经过新的排列组合之后的逻辑结论。但如果其仅仅符合逻辑的推理而不能满足实际生活的需求的话，这制度是不具有生命力的。参见吴弘：《信托法论——中国信托市场发育发展的法律调整》，立信会计出版社 2003 年版，第 59 页。

第一节
信托产品创新制度环境变化趋势的基本研判

现有信托产品创新的制度环境未来会是一种怎样的变化趋势呢？回答这一预测性的问题需要有以下几方面的前提或依据：一是有一条能够揭示制度变迁规律的理论思路可以依循；二是对信托制度功能积极意义的认可；三是对信托产品创新基本要素深刻而全面的理解。

到目前为止，上述三方面的前提都已具备：首先，本篇上一章中分析我国信托产品创新制度环境的初步形成过程时已经提供了一条理解制度变迁过程的理论思路；其次，我国信托业恢复过程中的两次强制性制度变迁，尤其是代表信托基础性制度框架的“一法两规”的最终确定，已经说明了制度供给者对信托制度功能积极意义的认可①；最后，本篇前三章对信托产品创新基本要素的详细解构，也已经为我们理解信托产品创新所需要的制度环境提供了足够的理论准备。以上述前提为基础，我们完全可以对我国信托产品创新制度环境未来的变化趋势做出一个基本的判断，这种判断是通过分析我国现有信托法制体系与监管体系中制约信托产品创新的因素并提出相应的改善建议来完成的。

一、现有信托法制体系对产品创新的制约及其改善

以“一法两规”为框架的信托法制体系的制定与形成曾经经历了一个长达8年的漫长周期。在这个过程中，外部环境不断变化，改革开放不断深化，信托业的发展要求也在不断地具体化，同时还有各种利益主体的影响和干扰。所有这些使得最终出台的“一法两规”可以说是一个综合考虑立法

① 在我国证券法里也明确提出了金融业包括银行、保险、证券、信托四大行业。在党的“十六大”关于建立社会主义市场经济体制的决议中也提到了上述金融业的四大行业。这些都说明了至少在法律层面上信托业和其他三个行业是并列的，信托的制度功能是被认可了的。

效率和各方成本收益的妥协结果，这在强制性制度变迁的过程中无疑是一个较为现实的选择。但从 2002～2006 年的实践来看，“一法两规”中制约信托产品创新和信托业发展从而制约信托产品功能充分发挥的因素逐步凸显，对之进行补充、修正和完善的要求也越来越迫切，这也是信托新政最终出现的制度诱因，而信托业的制度创新和完善的任务还远远没有结束。

我们在本章中将现有信托法制体系对产品创新的制约大致概括为三个方面或三个层次，即《信托法》的司法解释问题，现有法律的配套法规问题以及特种信托业务的规则问题。

（一）关于《信托法》的司法解释问题

信托法的功用在于采用清楚、准确的立法言辞，确立信托法的基本原则，从而为信托当事人提供一个可以信赖的法律环境，也为信托产品开发与创新尽量减少法律风险。从这一点来看，我国《信托法》中的一些定义和制度就显得过于模糊和笼统。其中引起争论最多的是《信托法》对“信托”概念的界定。

依照《信托法》第二条的规定，信托是指委托人基于对受托人的信任，将其财产权“委托”给受托人，由受托人按委托人的意愿以自己的名义，为受益人的利益或特定目的进行管理或者处分的行为。这个财产权的“委托”显然与传统信托的财产权“转移”有很大区别。立法设计者可能认为，将自有财产的所有权“转移”给他人去管理，失去所有权，这与中国现有的法律传统和体系有冲突和矛盾，同时在国人的传统财产理念上似乎还有一定的接受难度。改用一个含义比较模糊的“委托”一词，辅之以信托本质的内容规定，基本上可以与一般的委托代理和行纪区分开来①。因此，其立法上的意图似乎是想尽量在条文的言辞上回避有关信托财产所有权的归属问题。

但是，“委托”一词本身毕竟不能揭示信托的本质属性，容易混淆信托与行纪、代理等法律关系的界限，因而是欠科学的。同时，这种条文言辞上的混淆也客观上产生了消减信托制度功能的后果。表现在以下几点：

1. 不利于确立受托人的法律地位。因为没有信托财产的转移就意味着

① 王连洲：“中国信托制度发展的困境与出路”，《法学》2005 年第 1 期，第 10～11 页。

在法律上没有明确赋予受托人独立的财产权，受托人因此也难以以自己的名义、独立地处分信托财产。

2. 不利于受益人权益的保障。只有当信托财产转移于受托人，方能确立信托财产独立于委托人、受托人与受益人的法律地位。这是确保信托目的实现、保障受益人利益的关键要素。立法上对于信托财产是否转移的问题含糊其辞，恰恰削弱了信托财产的独立性，从而为信托关系之外的人通过与委托人、受益人甚至受托人之间的关联、追索信托财产提供了契机。

3. 不利于信托法律的正确适用。基本法在信托财产归属这样的核心问题上采取隐晦、甚至回避的做法，不利于正确处理信托事务中的争议和纠纷，司法者将难以裁判①。

4. 我国大众对信托的概念和性质的认识本就非常模糊，再加上基本法上模糊的界定，更使人不知其所以然。因此，应该使公众尽快地适应信托原理，早日恢复信托的本来面目。

有鉴于此，应当尽早地对《信托法》进行权威的司法解释，按照信托法的基本原则和特有的解释规则，在操作层面上提供信托法的细则。对上述信托定义中“委托给”似应解释为“委托”+“给”，“委托”是设立信托的意思表示行为，“给”是将信托财产所有权转移给受托人的行为。即一个有效的信托不仅要有设立信托的意思表示，还必须要有信托财产所有权从法律上的转移②。

（二）关于现有法律的配套法规问题

作为一种以特定制度为基础的金融产品，法律的衔接对信托产品创新的效率和功能的发挥至关重要。因此，现有信托法律的配套法规必须同步运行。而这一点恰恰成为现有信托法制体系制约产品创新的关键环节，最为明显的体现就是信托登记制度的配套。

由于信托财产具有独立性，应将其与委托人、受托人和受益人的财产相区别。同时，信托关系的效力影响到第三人利益，如果信托事实不以一定方

① 盛学军：“中国信托立法缺陷及其对信托功能的消解”，《现代法学》2003 年第 12 期，第 141 页。

② 中国人民大学信托与基金研究所：“中国信托业宏观发展研究系列报告之七——法制完善四大难题破解路径”，《中国信托研究》，http：//cqitic. jianwangzhan. com/11/14603/。

式公开，则第三人就可能因为不知信托财产的存在而遭受意外损害。为保障信托财产独立，保障交易安全，信托财产及信托关系应当向社会公示，这就是各国信托法规定的信托登记制度的意义所在①。《中华人民共和国信托法》尽管也规定了登记制度②，但尚缺乏操作性。目前只有包括房屋、土地使用权、车辆等极少数类的财产有普通财产登记制度，而在信托制度框架下的信托财产登记制度，包括登记程序、登记内容、登记主体、受理主体以及登记费用等相关规定，则完全处于缺失状态。甚至有些连普通财产登记手续都无法办理，从而使得信托业务的范围受到极大局限③。因此，我们应借鉴国外信托登记的具体做法，结合我国既有法律规定，及时颁布有关特殊信托财产的登记办法，把信托登记的法律规定落到实处。从实践中看，上海信托登记中心的成立，在推动信托制度建设方面迈出了重要的一步，信托登记制度的建设不再仅仅是业界和学界呼吁的问题，而已经进入了地方立法甚至全国性立法的视野。我们希望看到中国的信托登记制度早日出台。

另外，还有信托税收立法的滞后问题目前也比较突出。信托财产在信托当事人之间流转形成的权利义务关系与传统的物权关系和债权关系有很大不同，也有别于公司法上股东与公司之间的关系。如果将基于传统产权关系形成的税收规则适用于信托，税赋负担将严重影响信托业的正常发展④。实践中已有些信托公司为了规避财产信托交易成本而不进行相关登记，这蕴含着极大的风险。随着信托产品创新的增多，投资主体多元化和环节多元化的特点在信托设计中会日趋明显，重复征税的问题也会日益突出，因此必须对这

① 吴弘：《信托法论——中国信托市场发育发展的法律调整》，立信会计出版社2003年版，第41页。

② 《信托法》第十条第一款规定："设立信托，对于信托财产，有关法律、行政法规规定应当办理登记手续的，应当依法办理信托登记。"第二款规定"未依照前款规定办理信托登记的，应当补办登记手续；不补办的，该信托不产生效力。"

③ 中国人民大学信托与基金研究所："中国信托业宏观发展研究系列报告之六——信托市场体系要素缺陷与构建对策"，《中国信托研究》，http：//cqitic. jianwangzhan. com/11/14603/。

④ 例如，按照《信托法》的规定，委托人将资产委托给信托公司进行投资时，双方发生信托关系伴随着产权的转移，则要交纳一定的税金。而当作为受托人的信托公司要把资产还给委托人或受益人的时候，同样发生了产权转移，还是要交纳税金。双重纳税会大大提高信托公司的经营成本，直接的后果是压缩了投资者的收益空间。同时，对于信托公司开展公益信托业务等特殊产品，也还没有相应的税收优惠政策。参见关新红、杨筱燕："透视中国信托业——发展障碍及对策分析"，《东北财经大学学报》2004年第5期，第32~33页。

一问题及早关注。按照我国信托法的定义，信托涉及财产的转让、管理和处分行为，在信托的设立、变更和终止过程中，涉及到诸多的应税行为和应税所得，如何在税法上看待这些行为，信托本质的认定是关键。按照重实质轻形式的原则，税负应当由享有经济利益和实质上控制信托财产的人承担，因此，应当区别信托的不同类型，分别权衡信托的税收问题[①]。

（三）关于特种信托业务的规则问题

“一法两规”只是搭建了信托基础法、信托主体法和信托主业法的框架，还不完整。特别是信托主业法，更应该是立法的重点。现代商业信托由于数额巨大，对经济社会影响深远，通常都是通过单独立法来支持行业的发展，如养老金信托、公司债信托、土地信托、不动产投资信托、基础设施投资信托、证券投资信托、资产证券化信托等，这些都可能是未来信托产品创新的主要方向。在国外如日本就有专门的《投资信托法》、《贷款信托法》、《担保公司债信托法》，都是围绕着专业的业务品种进行立法的。而目前我国这方面的立法只规范了资金信托业务，对于更广泛的财产信托和公益信托等业务还存在着法律空白，这直接导致了相关产品创新的无所适从。

顺应市场变化需求，及时出台相关的业务专项法律法规是信托业发展所必需的制度保证，今后，我国应进一步加大对各类信托业务和信托产品的立法工作力度，以单行法和特别法等为主要立法形式，借鉴国外成熟的做法及成功的模式，结合我国国情，少走弯路，迅速建立起一套具有中国特色，能够满足信托业快速发展的信托法制体系[②]。这样既可以避免再次发生以往信托机构开发信托产品盲目性较大、不顾及风险、做法不规范等问题；又可以在比较集中的一些信托产品上，通过各信托机构共同开发，相互竞争，不断总结经验，深化对信托活动中有关法律问题和法律关系的认识[③]，最终丰富和完善信托法的实质内容。

---

① 中国人民大学信托与基金研究所：《中国信托业发展报告（1979—2003）》，中国经济出版社 2004 年版，第 121 页。

② 中国人民大学信托与基金研究所：“中国信托业宏观发展研究系列报告之六——信托市场体系要素缺陷与构建对策”，《中国信托研究》，http：//cqitic. jianwangzhan. com/11/14603/。

③ 黄来纪：“关于构建我国信托关系法律框架研究——‘信托法研讨会’综述”，《政治与法律》2002 年第 6 期，第 107～108 页。

二、现有信托监管体系对产品创新的制约及其改善

我国历史上对信托业的监管，主要集中在浅层次的审批和问题的应急处理等管理性功能上，忽略了在行业规划、制度建设、配套政策、风险管理、市场协调等方面的服务性功能[①]，而这些恰恰是对未来信托产品的创新真正具有决定性价值的东西。具体来说，现有监管体系对信托产品创新的制约主要表现在以下四个方面：监管体系要素的失衡、监管内容重心的偏移、监管组织体系设置的欠缺以及监管政策导向的偏差。

（一）监管体系要素的失衡

一个合理、有效的监管体系应该是以政府监管、行业自律与市场约束为特征的三位一体的监管体系。这样的监管体系可以实现市场风险识别和风险责任承担的合理分散和匹配，从而在总体上具有如下特征：市场发挥调节机制，优化资源配置；制度健全；监管主动、及时；公平竞争，优胜劣汰，可以进入与退出市场，保持动态平衡；政府监管与司法裁决、社会监督等共同发挥作用；市场信息透明；投资者利益得到确实保护。这样一个监管体系将会使相应的金融产品创新得到一个健康良性的发展。

而现有的信托业监管体系要素却表现出一种失衡状态。一方面，行业自律与市场约束机制的不足，使得政府监管在整个监管体系中承担的责任畸重，其风险承担能力与责任不相匹配，进而导致如果放松行业监管将被迫承担监管不力的责任；另一方面，一旦管制过严，市场的创新空间被阻碍，又不利于提高整个行业的市场竞争力。这种进退两难的困境其直接后果就是监管当局在监管政策取向方面缺乏连贯性，业界对监管政策不能形成稳定预期[②]，信托产品创新在时间和空间上都受到极大的制约。

改善这一状态的努力可以从两方面着手：一是尽力完善政府监管的理念、方式和重心，这也是我们下文要进一步探讨的；二是更为长远也更为根本的改善思路在于建立和补足信托业的行业自律和信托市场自身的约束机

① 中国人民大学信托与基金研究所："中国信托业宏观发展研究系列报告之三——信托业监管：重在体系构建"，《中国信托研究》，http：//cqitic. jianwangzhan. com/11/14603/。

② 中国人民大学信托与基金研究所："中国信托业宏观发展研究系列报告之六——信托市场体系要素缺陷与构建对策"，《中国信托研究》，http：//cqitic. jianwangzhan. com/11/14603/。

制，使信托机构的产品创新行为能纳入一个良性运作的机制。

（二）监管内容重心的偏移

从对信托业的监管内容来看，长期以来存在三方面的重心偏移，即：重机构审批，轻业务监管；重合规性监管，轻风险性监管；重机构监管，轻制度设计。这几方面的偏移如果继续下去，必然构成对信托产品创新的严重制约。所以，信托业监管内容重心的调整将是一种必然的趋势。

1. 机构审批与业务监管的并重。应该说，业务模式问题始终是制约我国信托业发展的一个瓶颈。真正的信托业务对于我国的信托公司来说，还是一项全新的业务，其规范和发展不仅需要信托机构的努力，更需要监管部门的引导。为将监管重心转移到业务指导上来，决策层和监管者必须对信托机构的职能及其在金融体系中的地位加以确定，及时分析了解企业在运行中的风险隐患，建立对经营者有效的运行机制，引导公司开拓规范的信托业务，采取堵疏结合的方式解决其运行中的问题。

2. 合规性监管与风险性监管的并重。风险监管是金融监管的核心，监管机构必须在合法合规的前提下指导企业将有些规定制度化。同时，在注重经营效益性、流动性、安全性的前提下，指导企业制定规范的操作规程和经营管理的各项规章制度，完善内部控制制度，建立信托机构内部组织体制的控制、资金交易风险控制、财会系统的控制、衍生工具交易的控制、管理信息系统的控制等各个环节的内控机制，同时要建立健全风险监管的指标体系。

3. 机构监管与制度设计的并重。制度建设应是监管的重要任务，从法人宣传、市场规范、各种经营交易规则，到内部控制、风险管理机制等各方面的制度设计工作都要组织专家逐一进行。以制度管理代替行政约束，信托机构才能真正守法运行①，信托产品的创新也才能良性发展。

2007 年信托新政之后，信托制度的设计、信托业务模式的设计等重大制度建设任务，已经提到了监管层的议事日程中。我们期待着这些对于中国信托业发展具有重大意义的法规制度能够早日出台。

① 中国人民大学信托与基金研究所："中国信托业宏观发展研究系列报告之三——信托业监管：重在体系构建"，《中国信托研究》，http：//cqitic.jianwangzhan.com/11/14603/。

（三）监管组织体系设置的欠缺

构建一个完善的信托监管体系应着重从三个方面入手，即法制体系、监管主体的行为方式和监管主体组织结构。前两个方面我们在前文中已多有涉及。监管主体组织结构，主要包括机构设置与职责分工、人员编制等。

历史经验表明，我国信托监管组织体系设置的欠缺，是导致信托监管效率低下的直接原因和关键因素。长期以来，我国信托监管机构设置的层次过低，直接导致信托监管机构难以树立起监管权威，监管力量分散，监管功能弱化。在信托业鼎盛时期，信托业是除银行之外资产规模最大，从业人员最多的非银行金融机构，而当时相应的监管组织规模和层次与信托业的历史地位却极不相称和匹配。这不但是我国信托业发展历程中风险迭出的重要因素之一，同时也与证券业、保险业监管机构分设后所呈现出的机构设置层次和规模形成极大的反差。2003 年中国银监会正式成立后，信托业的直接监管机构仍仅由非银行金融机构监管部所属监管处负责。几年来的实践表明，因为信托业与金融租赁、企业集团财务公司、汽车金融公司等业务经营与监管差异较大，监管主体现有的内部机构设置难以适应信托业快速发展的监管要求，由此导致信托监管部门对信托行业宏观战略规划和管理的功能受到很大的局限。同时，由于机构设置的层次较低，监管规模和人员力量过小，可有效支配的资源有限，进而监管权威受到挑战，经常导致虽然发现了问题，却难以或无力及时解决问题的尴尬局面。因此，如果分业经营的金融监管体制要长期持续，单独设立信托监管部门，大幅提升信托监管机构设置的层次，增加监管人员的规模，加强对监管人员的专业培训，就是必要的。同时对于监管中新事务的处理，可事先邀请信托公司、行业协会、社会独立研究机构等参与论证和研究①。

（四）监管政策导向的偏差②

监管政策的导向是指监管的总体效果对信托产品创新的制约和对信托业

① 中国人民大学信托与基金研究所："中国信托业宏观发展研究系列报告之三——信托业监管：重在体系构建"，《中国信托研究》，http：//cqitic. jianwangzhan. com/11/14603/。

② 监管政策导向的偏差引起的另一个直接后果就是对信托业的市场竞争和市场需求都起到明显的影响。对此问题进一步的分析可参见本篇第六章关于信托产品创新市场环境的分析。

发展方向的引导。这种导向偏差体现在以下几方面①：

1. 监管部门的协调问题。信托业务涉及到多个领域，信托业与银行业、证券业、保险业、基金的关系极其密切，但这些领域和行业又从属于不同的监管当局，这就产生了金融监管体系内部的协调问题。这种问题表现在两个方面：一是监管部门之间的相互协调问题。应强调在中国人民银行、中国银监会、中国证监会、中国保监会等监管部门之间加强协调，避免片面监管，片面强调部门利益；二是监管政策之间的协调问题。监管政策体系的设计应不遗留明显的监管漏洞，避免各监管部门政出多门，使信托公司无所适从，无法潜心致力于产品的开发与创新。

2. 信托投资门槛导致的募集规模限制问题。信托新政之前，有著名的200份信托合同的限制，而新政之后，则有50个自然人投资者的限制。这些限制对信托业发展的影响是深远的，这一限制与信托机构自身的管理和技术以及外部市场结合起来，共同制约着更深层次产品的出现。一宗信托产品从了解需求、调研、研发到包装、推介、销售，需要投入大量的人力、时间和资金。从经济投入产出和规模效应分析，对于规模较大、程序复杂的大型项目，投入至少上百万元，假设管理费率1%，则需募集到一亿以上资金才能盈亏平衡。在投资门槛的严格限制下，募集规模难以达到规模经济性的要求，不利于信托公司培育核心投资管理能力，也不符合目前的实际国情。长此以往，信托公司没有规模效益，也就没有积极性开发新产品；对信托产品开发的投入不足，就势必导致信托创新产品质量欠佳，低水平重复过多。更为严重的可能是，这种制约信托公司主业发展的规定，有可能成为信托公司“思变思通”的新风险的策源地。

3. 关于信托公司的分支机构。新政之后虽然理论上说经过监管机关批准就可以设立分支机构，但是迄今为止实际上信托公司仍然不能开设分支机构。这可能是决策者出于多种考虑，比如考虑到信托监管的难度，考虑到支持注册地的经济发展，考虑到国外私募基金同样也没有分支机构和营业网点等等做出的选择。但国外却有适应纯私募的环境和营销体系，而限于中国目前的国情和特色，这样的规定将使信托公司难以发展，产品创新的推广空间

① 中国人民大学信托与基金研究所：《中国信托业发展报告（1979—2003）》，中国经济出版社2004年版，第121～122页。

也极其有限。从本来意义上说，金融市场应当是没有区域限制的，不可能局限于一城一地。同为金融机构的银行、证券公司、保险公司都可以设立分支机构，而惟独信托公司不能通过设立异地机构开展全国性业务，这使得本已障碍重重的信托业又戴上了一付镣铐。因此，应该尽快考虑允许一些符合条件的信托机构开展异地业务，尤其是资金信托业务。

4. 关于监管手段改善的问题。目前对金融机构监管手段的改变有一些较为一致的认识，如现场检查与非现场检查相结合；逐渐从行政管制过渡为依法实施监管，重点检查是否违反游戏规则；从集中检查转变为例行检查为主，等等。而对刚刚走上正轨的信托业来说，监管方式中更应该强调尽量避免集中的、运动式的检查。因为这种经常被媒体称之为“监管风暴”的检查，对视信用为生命线的信托业的负面影响是无法衡量的。对重生伊始，相对还比较稚嫩的信托机构来说，一次“风暴”的打击即使不是致命的，也可能是致残的。几次“风暴”之后，信托业可能就整体瘫痪，无以复生了。

有鉴于此，监管部门似更应该加强日常监控力度。根据信托业务建立相应的监控机制，受托人的一切信托活动都是在监管部门的视野范围之内，受到严格的监督检查。监管部门监控的内容应侧重于风险分析和控制方面，指导信托机构调控信托的资产运用方向和信托机构对信托财产运用的安全保障，强化对风险的预测和控制。监管机构应定期检查信托机构各项管理制度的执行情况、帮助其完善必备的内控制度。通过检查，及时了解和掌握信托机构的经营状况、及时制定政策，采取有效措施，保障信托机构的规范发展①。

上述对制度环境中制约信托产品创新的因素进行了分析，进而提出了相应的改善建议或对其变化趋势做出了一种基本判断。这种分析和判断是依循制度变迁理论的基本逻辑，并基于对信托制度功能的认可和对信托产品创新基本要素的理解之上，因此可以说是基本确定的。但正如本章开篇所言，对实践中的信托产品创新来说，仅有对其制度环境变化趋势的预测是不够的，大多时候更有意义的分析反而在于，在制度环境变化趋势的大方向基本确定的前提下，其改善的进程可能会是怎样的。

① 中国人民大学信托与基金研究所：“中国信托业宏观发展研究系列报告之三——信托业监管：重在体系构建”，《中国信托研究》，http：//cqitic. jianwangzhan. com/11/14603/。

第二节 信托产品创新制度环境改善进程中的不确定性

在信托产品创新制度环境变化趋势既定的前提下，制度供给者对制度改善的进程应该如何把握呢？我们认为把握这一进程的关键有两点：一是松紧度；二是节奏感。

我们经常听到这样的说法，“监管是一门艺术”，“监管要适度”。推而广之，包含信托法制体系和信托监管体系在内的信托产品创新制度环境的改善也是一门艺术，也要讲求适度。如果制度改善的方向是确定的，那么这种艺术性和适度性主要就体现为对制度改善进程中的松紧度和节奏感的把握。松紧度主要是指对相关法规与监管政策中限制性内容的多少的把握；节奏感主要是指对相关法规与监管政策推出的时机的把握。制度供给者对制度改善进程中的松紧度和节奏感把握的适度与否，对信托产品创新的影响是非常明显的。把握得不好，则势必增加信托产品创新的风险和难度，降低信托产品创新的数量和档次，也会从整体上阻碍信托产品创新的步伐。

以上述理解为基础，本节试图说明：由于信托制度本身二元价值取向内在的矛盾和冲突，导致了我国信托法制中对当事人利益平衡倾向的不明，以及信托监管中监管政策取向的犹疑，因此使得制度供给者对制度改善进程中的松紧度和节奏感不易把握，从而造成了信托产品创新制度环境改善进程中的不确定性。对于这种不确定性，制度的需求者（目前主要是信托公司）在提供创新性信托产品的过程中应该充分考虑并小心防范。

一、信托制度的二元价值取向：自由与效率

一般地说，人们创造出不同的制度是为了满足人类社会对自由、平等、安全、秩序、正义和效率等方面的需求。因此，从总体上说，制度的价值就包括有自由价值、平等价值、安全价值、秩序价值、正义价值和效率价值，它们分别代表了人们对于制度所期待的不同内容。尽管制度在总体上能够满

足上述所有的价值期待，但是就各个不同的制度来看，这些期待又是无法同时满足的，因为各种价值之间会产生矛盾和冲突。因此当一项制度在形成过程中面临着诸多的价值需求时，它就必须做出一个抉择：哪一个价值是它应主要弘扬的，居于主要地位的，这就是制度的基本价值取向①。那么，信托制度的基本价值取向是什么呢？

从表面上来看，信托巨大的弹性空间与实务设计上高度的灵活性，似乎使其价值取向显得很模糊。但诚如庞德所言，在任一法律调整或制度安排背后，"总有对各种互相冲突和互相重叠的利益进行评价的某种准则。"② 那么，在林林总总的信托设计中，这样的评价准则是什么呢？通过仔细剖析信托财产转移和财产管理的基本制度功能，我们可以逐步清理出信托基本的价值取向，那便是自由和效率。

（一）转移信托与自由

就经济层面而言，自由意味着追求财富的最大支配空间，以最小的限制求得最大的自主，以最小的负担获取最大的利益。考察信托产生和发展的历史轨迹，我们会发现，为转移财产而设立的转移信托自始至终都在致力于扩张这种意义上的自由。信托的性格中一直隐含着个人对社会的抗争性，因此其总是在设法巧妙地规避社会加诸于财产转移上的种种限制与负担，从而赋予个人以最大限度的财富支配自由。同时，个人也在时时利用信托本身的特性以充分扩张其支配财富的自由。例如，委托人为确保其特定财产代代相传而不旁落他手，便利用信托财产的独立性与信托受益权的追及性。这样不仅使信托财产免受委托人、受托人和受益人三方债权人的追索，而且在受托人违反信托条款处分信托财产而使其落入他人之手时也可追回。利用信托设计中责任与利益分离的特性，委托人可以最小负担最大利益的方式将财产转移给受益人。利用信托目的自由化的特性，委托人可为各种目的设立信托，巨大财富拥有者甚至可以通过信托，借助财富的巨大影响力实现自己的一定理念，从而影响后代子孙生活形态的选择乃至整个社会的运作。由此，信托不

① 吴弘：《信托法论——中国信托市场发育发展的法律调整》，立信会计出版社 2003 年版，第 21～22 页。

② ［美］庞德：《通过法律的社会控制——法律的任务》，商务印书馆 1984 年版，第 55 页。

仅通过最大化财富支配空间而扩张了个人在经济层面的自由，而且进一步通过理念的实现而扩张了个人意志层面的自由①。

（二）管理信托与效率

在转移信托的基础上，现代信托更发展成为一种提供专业管理的管道——管理信托。管理信托在本质上反映并适应了人类社会对效率的价值追求，因此其地位的与日俱升也就不足为奇。如投资性的自益信托、单位信托等单纯为财产管理而设立的信托，在信托品种中比重日益增大。即便是那些为转移财产而设立的信托，如累积信托和养老金信托，为使受益人能够获得更大的信托利益，也同样需要受托人的积极管理。

经济学意义上的效率是隐含于自由之中的，现代市场经济富有效率的运行正是建立于财富自由支配之上。从这个意义上说，转移信托在扩张自由的同时，也在实现着效率的价值。而管理信托在追求效率的同时，也从另一层面更大地扩张了财富的支配自由。“盖现今社会对支配财产自由的最大障碍不再是法令限制，而是缺乏专业管理能力与理财所需的个人时间。信托借提供专业管理而促使支配财产能力无限延伸”②。因此，扩张自由与追求效率便相辅相成于信托的同一过程之中。

如果从最本原的意义来看，效率是指以尽可能小的成本来实现尽可能大的价值。对这一意义上的效率追求，现代信托是从两个方面来满足的：一是受托人专业化的管理。通常情况下，委托人是因为自己或受益人缺乏必要的理财能力，而受托人则是富有经验的理财能手并受其信赖，才将财产交付信托。在现代信托业兴起之后，受托人发展成为专业的营业机构，理财能力更是得到了空前的扩张；二是受托人负有忠实义务和善良管理人的注意义务，必须通过信托财产管理为受益人谋取最大化利益，这是由信托法明确规定的。通过受托人的管理经营，委托人就可避免财富因自己或其后代的轻率鲁莽或错误决定而受损失，从而避免造成毫无意义的社会资源的浪费。

从另一角度来看，风险的下降同时也意味着成本的降低和效率的提高，

① 周小明：《信托制度比较法研究》，法律出版社 1996 年版，第 62 ~ 63 页。
② 方嘉麟：《信托法之理论与实务》，（台湾）月旦出版社股份有限公司 1994 年版，第 108 页。

而这恰恰也成为信托设计提升效率的另一机制。如前所述，信托具有有限责任的特性，即委托人或受益人只在有限度的风险内享受信托财产的利益，这便大大缩小了信托受益人的责任范围。信托甚至可通过赋予信托利益以“超越性”，而使信托利益也免于受益人的债权人追索范围之外，从而进一步提高了保障受益人权益的力度。

综上所述，信托的基本价值取向具有二元特征，这种二元价值取向有其内在的一致性，即可以通过扩张自由进而提升效率。这与现代社会中民主政治与市场经济的价值信条是如出一辙的。因此，现代信托法制便明确地肯定了自由与效率的价值追求，并通过提供较其他法律设计更大的弹性空间和更切实的保障来促进这种价值追求的实现。但从另一方面也应看到，信托的二元价值取向也隐含有内在的矛盾与冲突。信托总是具有极端扩张自由的倾向，因为在其历史性格中始终保留有个人对现存社会的抗争性。信托的这一性格倾向无疑会引发与社会上其他价值目标的矛盾冲突，比如对他人自由的侵犯，使他人效率的损失，或者对政府特定社会经济政策的抵触，等等。因此，信托法制所面临的一个根本性的问题，就是如何将信托无限扩张自由的倾向控制在适度的范围之内，从而合理地协调与平衡相互冲突的价值取向[①]。这种控制与协调的得力与否同时也是衡量信托监管适度与否的一个关键所在。以上述分析为基础，下文拟就我国信托法制中对当事人利益平衡的倾向和信托监管中对创新与安全的取舍作一考察，以此来揭示信托产品创新制度环境改善进程中的不确定性。

二、我国信托法制中对当事人利益平衡的倾向

信托制度的价值取向必须通过信托法制平衡信托内外部关系人之间相互冲突的利益来实现。这里我们主要关注信托关系中的当事人，即委托人、受托人和受益人。委托人与受益人的利益多数时是一致的[②]，在投资性的自益信托中委托人和受益人更是同一人。因此信托法制对当事人之间利益冲突的平衡便主要表现为平衡委托人和受托人的利益。

① 周小明：《信托制度比较法研究》，法律出版社 1996 年版，第 64 ~66 页。

② 当然也有例外，如委托人为实现其特定理念，通过信托控制受益人对生活形态的选择。在政治伦理上似乎并不符合公平正义，在经济层面上也未必能促进效率。

（一）我国信托法制中对委托人地位的突出

在委托人和受托人的关系上，英美信托法制原则上倾向于重受托人的自由，表现为受托人在管理信托财产的过程中具有极大的自由裁量权，而原则上禁止委托人介入信托财产的运作；在情势变更时，还允许受托人违背委托人的意志、超越信托条款运作信托，如变更信托条款所订的财产管理方法或信托利益分配方式，以实现公平和效率①。受托人运用其权力和自由时，自然必须尊重委托人的意思，但这种尊重仅体现为对信托条款的遵守。此外，英美信托法通常赋予委托人相当的监督权，也允许委托人通过信托条款保留一定的介入权，这些都是为避免损害委托人的自由而适当保留的对受托人自由的限制②。大陆法系在引进信托制度以后，更为关注委托人（及受益人）在信托事务中的弱势地位，赋予了委托人对信托事务一定的介入权，如日本信托法、韩国信托法及我国台湾地区信托法中都有关于委托人的知情权、调整管理权、救济权以及解任权的规定。但在调整管理权方面，日本、韩国和我国台湾地区的信托法都规定委托人在情势变更条件下的调整管理权只有通过请求法院调整来行使。委托人所享有的救济权和解任权在日本和韩国信托法中也必须通过法院来实现③。

而我国信托法在突出委托人地位上却走得更远，将委托人作为信托当事人的重要一方而专列一节进行规定，其具体内容包括有：规定委托人须具有完全的民事行为能力，有权了解其信托财产的管理运用、处分及收支情况，并有权要求受托人作出说明；当发现信托财产的管理方法难以实现信托目的或者不符合受益人利益时，委托人有权要求受托人调整信托财产的管理方法（将调整管理权的请求权直接赋予委托人而排除了法院的介入）；受托人违反信托目的处分信托财产或者因违背管理职责、处理信托事务不当致使信托财产遭受损失的，委托人有权申请人民法院撤销该处分行为，并有权要求受托人恢复信托财产原状或予以补偿（即委托人可不通过法院而直接享有救济权中的恢复原状请求权和赔偿损失请求权④）；受托人违反信托目的，而在管理和处分信托财产事务中有重大过失，委托人有权根据信托文件的规定解任受托人，或者申请法院解任

① 《美国信托法重述》（第二版），第 167 条。

② 周小明：《信托制度比较法研究》，法律出版社 1996 年版，第 68 页。

③ 徐孟洲：《信托法学》，中国金融出版社 2003 年版，第 138 ~ 144 页。

④ 同上，第 139 页。

受托人（即委托人不仅可申请解任，也可自行解任[①]）。立法设计者的考虑可能是，委托人作为信托财产的本来所有者，是设立信托的发起主体，对能否保证信托财产安全，顺利实现信托目的，最为关心的莫过于信托财产的委托人以及受益人。在信托关系中受托人处于中心地位的情况下，重视委托人的存在，赋予其一定的监督权利，有助于平衡信托当事人之间的权利关系和保障信托目的的实现[②]，也更有利于实现法律制度安全和秩序的价值取向。

（二）我国信托法制中对受托人权利空间的保留

但是，我国信托法对委托人自由权利扩张的有关规定对信托效率的影响却是显而易见的。现实市场中影响收益和风险的各种因素变幻莫测，因而信托利益的实现必定要依赖于专业受托人根据市场需要而作出的管理行为。我国信托法赋予了委托人过多的权力，限制了受托人的市场行为，缩小了其市场活动空间，从而也就导致信托目的难以实现。因为在我国现有信托市场中，大部分委托人和受益人都并不具备财产管理的专业知识，不可能及时充分了解瞬息万变的市场，从而也不可能确切判断“信托财产的管理方法是否有利于实现信托目的或是否符合受益人的利益”。如果法律赋予委托人（受益人）享有直接的撤销权或解任权，其结果只能是使受托人在具体的信托运作中大受牵制，从而降低信托效率。进一步说，现代信托法制追求的是在自由和效率之间寻求一种平衡，而不是一味维持安全和秩序。因此我国信托法在这一点上与国际信托制度的发展也不相符合[③]。或许是在立法中对这一点有所意识，因此我国信托法在委托人和受托人的利益平衡上又以另一种方式来赋予受托人一定的自由空间。那就是，将受托人的诚实、信用、谨慎、有效管理等义务主要定性为合同义务而非法律义务[④]。

① 徐孟洲：《信托法学》，中国金融出版社2003年版，第141页。

② 王连洲：“中国信托制度发展的困境与出路”，《法学》2005年第1期，第11～12页。

③ 李晓毅、朱悦衡：“论利益平衡理念与我国信托立法”，《西南民族大学学报（人文社科版）》，2004年第2期，第113～114页。

④ 信托法中相应的规定并没有区分信托管理的不同内容，因此，应作为适用于信托管理中的任何问题的基本原则。但相应条款中却并未明确受托人应该按照什么样的标准来履行这些义务。是按照一个通常的谨慎的商人的标准、自己管理财产时的标准还是按照受托人声称的标准来履行义务。因此，应该尽快出台相关的解释建立受托人管理信托的行为标准。但正如本篇此处所述，这种解释出台的时机和内容都是不确定的。

我们知道，对于受托人来说，法律义务是具有强制性的，因而详尽具体的法律义务的调整比合同义务的调整更有利于对委托人（受益人）利益的保护。在英美信托法中对受托人的法律义务进行了具体、详细、体系完整的规定，与之相比包括中国信托法在内的大陆各国信托法在受托人法律义务的立法上存在巨大的差距①。中国信托法明确地将生前信托行为规定为合同行为，从而将受托人义务定性为合同义务，受托人对信托的法律义务的范围以合同约定与法律规定为准，法律未有规定的以合同义务为准。如此便将受托人义务更多地留给委托人与受托人通过合意填补②。信托合同如由代表委托人利益的信托专业人士起草，填补可能会成功。但即使专业人士的填补也不一定能达到如英美信托法规定的详细与具体以及较高的专业水平。如没有专业人士的起草，信托法留给信托双方当事人合意的空间范围事实上也就成了受托人可能自由运作的空间范围。当然，在这一范围之内受托人违背信托侵害信托利益的行为将难以通过合同法与信托法得到充分的救济③。

综上所述，我国信托法制通过对委托人权利的强调，表面上似乎标明其价值取向是安全和秩序；而同时对受托人法定义务规定的抽象和笼统，似乎又暗示了其对通过扩大受托人的选择范围，以其对财产的专业化管理来提升效率的渴求。但无论其隐含的立法意图如何，这种对信托主要当事人利益平衡倾向的不明确，客观上直接导致了信托产品创新制度环境改善进程中的不确定性。同时，也使得以信托法制为基础的信托监管的政策取向在具体实施的过程中更有可能摇摆不定。

三、我国信托监管中对创新和安全的取舍

对信托无限扩张自由的倾向进行控制的努力，在对信托业日常运行的监管中主要体现为对创新和安全的取舍。自由固然可以通过为创新提供空间来提升效率，但极端自由对社会经济安全的侵蚀甚至颠覆却又会导致效率的极

① 刘正峰："信托制度基础之比较与受托人义务立法"，《比较法研究》2004 年第 3 期，第 68 页。

② 当然，"管理办法"中倒是规定有信托公司在业务运作中的 9 项禁止行为，这些规定与《信托法》中对受托人义务的其他一些规定相结合，可以对信托公司的相应行为进行约束。但其效力较低，仅能对信托投资公司有约束，并且在内容上也远不及英、美法中的相关规定周密和详尽。

③ 刘正峰："信托制度基础之比较与受托人义务立法"，《比较法研究》2004 年第 3 期，第 71 页。

大损失。通过下文的分析我们会发现，伴随我国信托业的恢复发展，几起几落，我国信托监管中对创新和安全的取舍逐渐表现出一种犹豫不定和疑虑重重的特征。并且这一特征在未来相当长时期内还可能有延续传承，难以根除的迹象，从而在一定程度上加大了信托产品创新制度改善进程中的不确定性。

（一）我国信托监管中创新与安全矛盾的形成与表现

1. 我国信托业恢复初期。如上一章所述，在信托业恢复的初期，由于信托需求主体和信托业务的异化，信托公司凭借政府背景融入资金用于地方经济建设，同国有产权的投资相比可以获得更高的效率，从而使得信托公司和地方经济的经济利益都可以得到保证。而这一时期信托公司对于中央政府的影响表现在两方面：一方面信托公司有利于搞活地方经济，从而提高社会总产出；另一方面信托公司又分流了一部分国有银行机构的资金，导致中央政府控制的垄断租金减少①。因此，这一时期中央政府对于信托业的态度主要取决于信托公司所带来的成本与收益比较，而这种成本和收益的比较又取决于储蓄资源稀缺程度的改变。20 世纪 90 年代中期以前对信托业可称之为四次“监管风暴”的清理整顿都与这种态度的改变有关②。因此从总体上来说，信托业恢复初期自由和效率之间的矛盾并未显现，反而是自由和效率两者各自都得到了一定程度的提高。但由于当时的信托并非真正意义上的信托，因此效率的提高更多的是来自于一种另类的自由③，而非来自于信托本来意义上的自由，更非信托产品的创新所带来的财产管理的专业化。此时自由和效率的矛盾既然不突出，则创新和安全的取舍也就不困难。

2. 从 20 世纪 90 年代中期到“一法两规”颁布实施。如上一章所述，由于信托业在发展过程中积累的风险以一种极端的形式爆发了出来，导致继续以原有模式发展信托业的成本收益的对比发生了根本性的改变，因而促成了一次强制性的制度变迁，真正意义上的信托基本制度框架得以在我国确

① 胡金焱、王旭：“从异化到重构：论我国信托业的制度变迁”，《山东大学学报（哲学社会科学版）》2004 年第 4 期，第 90 页。

② 详见本篇第四章第一节。

③ 这种自由并非信托本意上的自由，而是一种对原有过于僵化的投融资体制的叛逆。其实质是以信托的名义进行银行化的运作。

立。在这一段时期的发展过程中，随着信托业出现的问题越来越多，越来越大；也随着人们对信托的真正意义和本来要求认识得越来越清楚，决策监管层逐渐开始认识到信托天性中的自由倾向对现有秩序的潜在威胁。依循着通过维持秩序以营造安全来追求效率的理念和思路，决策监管层对信托业的发展和可能出现的种种信托产品创新开始产生了一种防范心理①。在这一个过程中，随着信托业发展的时间越来越久，对信托制度的研究越来越深入，关于信托业效率和风险的信息越来越多，对创新和安全的取舍也就变得越来越困难。这一过程尽管最终还是形成了“一法两规”这样一个强制性的突破，但正如前文所述，这个最终形成的现有制度框架中还有众多不尽如人意之处，它们正是对这个过程中平衡与取舍犹豫不定、疑虑重重的真实写照。

在“一法两规”的框架之下，信托业真正开始走上了回归主业的发展之路，真正意义上的各类信托产品创新也纷纷涌现，信托法制建设与监管完善上也作了一些改进。但在这一进程中，信托监管中对创新与安全取舍的犹疑却并没有多少改变。其总体的表现就是在理论上认可信托制度价值和信托行业地位的同时，在实践上对阻碍信托产品创新和信托行业发展的一些关键环节却未见有实质性改善。具体表现在以下几个方面：

（1）对信托行业没有长远、细致的战略规划和明确的战略目标，缺乏白皮书式的行业战略指导。

（2）法律法规建设不配套，缺乏完整的体系考虑，如行业内控制度的构建、法人治理结构的完善等，还缺少行业适用的指引。信托监管方面的制度尚未列入日程；信托的登记过户制度、信托的税收制度等亟待政府其他有关部门配合制定的制度更加滞后。这些都在客观上增加了信托监管中的不透明和不确定。这种情况一直到信托新政开始才有所改善。

（3）政策和监管对信托经营的限制有余，支持和服务不足。现实中很多诱致性制度变迁的需求迟迟不能得到实质性的满足，如信托产品投资门槛高企导致的募集规模限制、异地业务开展的限制、营销宣传的限制等等。

（4）信托业在金融业中的地位虽然在理论上得到了认可，但在现实布局中并未得到真正体现。金融业应该是一个特许的行业，有其相对独立的业务空间，才能在社会上确立基本的地位。尽管信托法和国务院的有关通知规

① 这一点从我国《信托法》出台的坎坷历程可见一斑。详见本章下一节。

定，营业类信托只能由信托公司和基金管理公司来做，信托的受托人资格应该是信托公司和基金管理公司专有的。但信托作为一种财产管理制度和工具，目前银行、证券公司、资产管理公司以及保险公司等其他机构似乎都在运用。但银行有货币的存贷专属业务，证券公司有证券承销、经纪和自营业务，保险公司有特许的各类保险业务。惟独信托公司，行业无核心、公司无主业，缺少自己核心赢利的专属业务。也许正是因为如此，与其他金融机构相比，信托机构均处于劣势地位，始终摆脱不了业务发展的被动局面[①]。在这种情况下，信托业务难以体现特有的制度优势和综合优势，也难以形成自己的产业优势和产业规模。

（5）对“一法两规”颁布实施之后信托业发展进程中出现的问题存在模糊的认识。首先是对问题实质的认定，到底是微观层面上的经营问题，还是宏观层面上的制度定位问题；其次是对产生问题的根源的分析，到底是个别公司的恶意经营，还是法律、法规的欠缺或配套制度的不健全，还是与信托业的行业定位直接关联；最后是对问题的解决办法，是应该从加强监管和自律、完善公司治理结构入手，还是再像以往那样进行全行业性的清理整顿[②]。这些问题在公众、媒体、乃至监管层中都存在一定程度的疑问。如当某几个信托公司因违规被停业，整个信托业似乎一时间便成了又一次需要清理整顿的对象，甚至有人从根本上怀疑整个信托行业的价值。而对于其他金融行业，则很少产生这种倾向。若少数证券公司倒闭，不会有人因此怀疑中国证券业存在的价值；若少数银行和保险公司出问题，更不会有人否定整个银行业和保险业存在的价值[③]。

（二）我国信托监管中对创新和安全难以取舍的原因分析

那么，为什么在信托监管中对创新与安全的取舍会一直受这种犹豫不决、疑虑重重的困扰呢？究其原因是多方面的：

1. 有上述对信托业发展进程中的问题实质认定不清的原因。对所出现

① 详见本篇第六章中关于信托产品创新的竞争环境分析。

② 中国人民大学信托与基金研究所：“中国信托业宏观发展研究系列报告之一——受托理财：中国信托业在金融体系中的独特地位”，《中国信托研究》，http://cqitic.jianwangzhan.com/11/14603/。

③ 王连洲：“中国信托制度发展的困境与出路”，《法学》2005 年第 1 期，第 11～12 页。

问题的实质认定不清，就导致分析问题产生的根源时出现偏差，最终体现在监管实践中解决问题的方法和对策就表现出前后不能连贯一致，政策倾向上摇摆不定。

2. 有监管理念上的原因。长期以来我国金融监管理念上一直受“猫鼠”理论的困惑，结果是把监管变成了管制，监管者和被监管者之间缺乏平等对话的机制，缺乏信息沟通的渠道，形成不了解决问题的合力①，最终使得对安全的维持变异成对创新的压制。

3. 有监管体系要素失衡的原因。行业自律与市场约束机制的不足，使得政府监管在整个监管体系中承担的责任畸重，其风险承担能力与责任不相匹配，进而导致如果放松行业监管将被迫承担监管不力的责任；而一旦管制过严，市场的创新空间被阻碍，又不利于提高整个行业的市场竞争力。责任风险不能有效分散，造成了监管当局在监管政策取向方面缺乏连贯性，业界对监管政策也不能形成稳定预期②。

有监管方式上的原因。长期以来，对信托业的监管一直延承着对银行业监管的方式。银行是以经营存贷业务为主、以赚取利差收入为主要特征的金融机构，对其监管主要围绕资本充足率等一系列审慎性管理指标与措施的落实，以防范金融风险。而信托公司是以基于信托合同基础进行委托理财业务为主、以赚取手续费为主要特征的金融机构。因此，对信托公司以及具有信托特征的委托理财业务的监管，主要围绕信托合同的设立、执行，以防范金融风险。具体来说，一是要监管金融机构的信托活动要忠实遵循信托文件的结构要素，遵循由上述信托原理引出的基本原则；二是监督受托人忠实尽责履行与委托人约定的信托合同。而现实中的信托监管由于延承银行业监管的思维方式，把监管的重心向其他方面和环节延伸③，从而产生了阻碍信托产品创新和业务拓展的后果。

除上述几方面的原因外，我们认为，致使信托监管中创新与安全的难以取舍还有一个最根本的原因，那就是我们在理论层面上一直没有解决一个问

① 中国人民大学信托与基金研究所：“中国信托业宏观发展研究系列报告之三——信托业监管：重在体系构建”，《中国信托研究》，http：//cqitic. jianwangzhan. com/11/14603/。

② 中国人民大学信托与基金研究所：“中国信托业宏观发展研究系列报告之六——信托市场体系要素缺陷与构建对策”，《中国信托研究》，http：//cqitic. jianwangzhan. com/11/14603/。

③ 夏斌：“发展中国统一信托市场的两大问题”，《法学》2005 年第 1 期，第 18 ~ 20 页。

题，即自由和秩序哪一个对效率的提升更为重要①。对这一深层次的理论问题不能（或不愿）作出确切的回答，则对信托监管中创新和安全的取舍就无法提供任何有实际指导意义的建议。整个信托法制和信托监管也就只能在"降低信托对社会制度现存秩序之冲击；却又极力避免过度压抑个人原创力与弹性空间两极间摇摆不定。"② 由此看来，对信托监管最"适度"，也最"艺术"的建议可能就是：因时因地，相机抉择。在这样的建议下，信托监管中对创新和安全取舍的犹疑必然还要延续相当一段时期。

以上分析说明，由于信托制度二元价值取向中隐含的矛盾和冲突，导致了我国信托法制中对当事人利益平衡倾向的不明，以及信托监管中对创新和安全取舍的犹疑，这使得信托产品创新的制度环境的改善进程可能是不确定的，其直接表现就是理论分析上应该出现的诱致性制度变迁的进程会时常受阻，现实中由对信托产品创新的需求而引发的对其制度环境改善的要求往往不能得到正常的满足，信托产品创新的制度风险和制度成本可能加大，由此，信托产品创新的思路和模式就需要作出相应的调整。下面，我们将通过对我国信托产品创新制度环境变迁中的一些主要事实的评析与解读，来为上述趋势与进程的研判提供现实上的印证。

第三节

对制度环境变化趋势与进程研判的现实印证

上述对信托产品创新制度环境变化趋势和进程的研判主要是基于信托制度功能和信托产品创新要素的概念体系，并依循制度变迁的理论指引来进行

① 这里我们暂时抛开自由的伦理价值不论，只将其看作是提升效率的一个因素。笼统地来说，自由可以和创新相联系，秩序可以和安全相联系。因此，自由和秩序哪一个对效率的提升更为重要的问题，就变成了创新和安全哪一个对效率的提升更为重要的问题。当然，按通常的理解，安全是效率的基础或前提，创新是效率的来源或动力。但这样的理解仅是原则性的，对具体问题来说并无太多实际操作层面上的指导意义。

② 方嘉麟：《信托法之理论与实务》，（台湾）月旦出版社股份有限公司 1994 年版，第 147 页。

的。尽管这样的分析思路在逻辑上是可行的，但现实中的制度环境的变化是否顺应这样的研判逻辑呢？本节我们将通过对我国信托产品创新制度环境变迁中一些主要事实的评析与解读，来印证上述对制度环境变迁趋势与进程的研判。这些事实可分为两类：一是《中华人民共和国信托法》出台的历程；二是“一法两规”颁布实施之后信托产品创新制度环境的一些后续变化。

一、《中华人民共和国信托法》出台历程的回顾与启示

1992 年春天开始，中国的改革开放开始进入了一个飞速发展的新时期，但是改革的一些核心问题，如国有资产保值增值问题，财产制度问题等，并没有找到根本的解决方法，成为改革进一步深化的绊脚石。与此同时，在改革大潮中兴起的众多信托公司在经历了几次大的整顿后，也面临着何去何从的出路问题。这些问题的解决，使人们开始考虑应该引入真正意义上的信托制度。1993 年，信托法被列入第八届全国人大立法规划，全国人大财经委组织了由知名法学教授江平负责的信托法起草组。

1993 年 8 月，起草组开始工作，经过近三年多的努力，1996 年 12 月，信托法草案提交八届全国人大常委会第 23 次会议初审。此时的初稿是起草组经过反复论证研究，在充分吸收各方面意见的基础上形成的，实际上已是信托法草案的第 8 稿。考虑到我国信托机构急需规制、健康发展的实际情况以及在立法技术处理上的可行性和必要性，还考虑到立法成本的节约，草案初审稿包含了对信托基本关系和信托机构经营活动两个方面的规范。审议过程顺利，草案有望在进一步完善后早日出台。然而，1997 年 6 月，有关部门提出的一项意见，改变了整个信托立法的进程。该意见同意就信托基本法律关系制定信托法，但认为由于信托业长期处在清理整顿状态，关于信托公司的立法条件尚不成熟，建议由国务院先制定法规或规范性文件。采纳该项意见，意味着要对信托法草案的结构做出大的调整。有关方面对如何正确认识中国信托业发展状况、信托法草案是否应对信托公司做出规定、信托业的发展如何规范等问题产生了分歧和异议，信托法立法进程不得不放缓。

第九届全国人民代表大会常委会换届后，人民代表大会财经委重新调整了信托立法的领导力量，并召开主任委员办公会议进行了专门研究。起草组与有关各方加强沟通，就加速信托立法的进程、满足市场经济发展和国民收入增长的需要达成了共识。在各方的共同努力下，新的信托法草案

建议稿终于在2000年4月提出。建议稿仅对信托基本关系做出了完整的规定。同年7月3日，信托法草案提交九届人大常委会第十六次会议进行二审，在二审中再次就是否应对信托业做出规定进行了热烈讨论。然而此时波折又起。由于该法案是上届全国人大常委会进行的初次审议，而本届全国人大常委会组成人员不了解该法案在当时提出的背景说明，而后来进行审议的说明只就"不对信托业作出规定的理由"进行了详细的阐述，而对规范信托基本关系的必要性却未做充分而必要的说明，使参加审议的人大常委会组成人员在是否有必要制定信托法、法律对信托业的整顿是否能起到规范作用以及法律的针对性何在等问题上，产生了疑问，草案也因而被再次搁置。

直到2001年4月28日，九届人民代表大会常委会第二十一次会议对信托法进行了再次审议，一致认可了信托法规范信托活动的积极作用。同时就信托法未对信托公司的管理作出具体规定进行了充分讨论。大多数委员认为，信托经营机构存在的问题比较复杂，还需要进一步总结经验，建立比较完善的信托制度也需要一个过程，现在出台的信托法确立的内容符合现实情况。至此，《中华人民共和国信托法》才得以正式通过①。

《中华人民共和国信托法》出台的坎坷历程恰好能够很好地印证本章前文中对信托产品创新制度环境变化趋势和进程的研判。

1.《中华人民共和国信托法》最终出台的事实充分说明了我国对信托制度功能的总体上的认可，从而对这一明显带有过渡色彩的法律，未来需要作出大量修改和完善的趋势也是确定无疑的。

2.《中华人民共和国信托法》出台进程中的几次反复，也说明了人们对信托制度、信托产品、信托机构等方面认识上的分歧与偏差，这些无法完全统一的认识在未来信托产品创新制度环境改善的进程中必然还会时有体现，从而使改善进程中会有很多不确定性。

3.《中华人民共和国信托法》出台进程中的几次反复，多是由于信托机构或信托业本身的问题而受到影响；但另一方面，或许也正是由于《中

① 吴弘：《信托法论——中国信托市场发育发展的法律调整》，立信会计出版社2003年版，第38～39页；张旭东："信托法：规范信托关系，促进经济发展"，新华网2001年4月29日；"步履蹒跚的立法进程"，《证券时报》2001年4月12日。

华人民共和国信托法》迟迟不能出台，才使得信托业积重难返，在偏离的轨道上愈行愈远。这一点给我们一个很好的启示就是，未来信托产品创新制度环境改善的进程很大程度上还会受到行业本身发展的影响，这方面的影响甚至会超过由信托产品创新的迫切需求对制度环境改善的影响，从而再次形成决策监管层对创新和安全的难以取舍。但我们要强调的是，如果认可了信托的积极功能，那么信托产品创新制度环境改善的步子越慢，信托积极功能发挥就越少，效率损失也就越多。

二、对“一法两规”颁布实施后信托产品创新制度环境变化的解读

在“一法两规”初步搭建起了信托制度框架后，根据业务发展和监管的具体需要，又有一批监管规章和文件陆续出台。尽管这些法规文件的出台在时间分布上是时断时续的，并且在一些关系信托业发展的关键问题上也没有实质性的突破，但从总体来看，这种法规文件上的充实过程基本吻合了前文中对信托产品创新法制体系变化趋势与进程的分析与判断；同时，监管政策上的调整也反映出监管层对发展信托业的慎重与矛盾。因此，解读“一法两规”颁布实施后信托产品创新制度环境变化中的一些典型事件需要关注两方面的内容：一是信托法规文件进一步充实中的规范化趋势；二是监管体系与监管政策中的变化。

1. 先看2003年①。这一年是我国金融法制建设的重要一年：经修订的《中华人民共和国保险法》开始实施；《中华人民共和国证券投资基金法》通过；《中国银行业监督管理法》颁布；《中华人民共和国商业银行法》修订；《中华人民共和国证券法》也在修订讨论之中。惟独信托业在这一年中处于立法的相对真空期，只是在第四季度时连续推出了三个规定：中国银监会《关于进一步做好信托投资公司股东资格审查工作的通知》；中国人民银行《关于信托投资公司人民币银行结算账户开立和使用有关事项的通知》；中国银监会《关于加快信托投资公司原有业务清理有关问题的通知》。这一

① 在2003年以前监管政策中的一次反复表现是：2001年元月颁布“管理办法”后，6月进行了修订，从变化中可以反映出监管部门积极扶持信托业的态势。但2002年10月8日中国人民银行《关于信托投资公司资金信托业务有关问题的通知》（314号文件）的下达，又标志政策立刻收紧，并且长时期延续使用限制200份合同、营销方式的手段，约束信托公司的业务面向社会发展。邓举功：“2003年中国信托行业发展报告”，邓举功信托研究室，http：//dengjugong. tongtu. com/。

年是“一法两规”颁布之后信托业快速发展的一年，各种各样的信托产品创新层出不穷。而立法上的相对滞后反映了监管部门对信托业的监管指导思想还没有形成，监管制度、细则缺乏。总体而言，更多的是在调研、酝酿。而全国各地银监局对信托公司日常的信托品种发行活动的监管态度和程度也存在着差异①。

2. 再看2004年。这一年被认为是我国信托业由乱转治的标志性的一年，期间充斥着一系列“戏剧性”事件。首先是从年初开始几家信托公司问题暴露导致的监管收紧；其次是年中开始的制度体系密集出台；同时在11月份召开了中国信托业协会创立大会。如果对这几类事件深入剖析，其对说明我国信托产品创新制度环境未来变化的趋势和进程都有很好的预示意义。

（1）2004年可被称为信托业在“一法两规”制度架构下进行完善的“制度之年”。如前文所述，“一法两规”实际上只是基本法和信托公司开展信托业务的框架性规定。由于诸多操作性的制度和细则严重滞后，一度给信托公司开展业务造成很大障碍。自2004年中期以来，监管部门加快了有关制度和政策规定建设的速度②。尽管对上述政策规定的内容和影响见仁见智，但无可置疑的是，一系列操作性业务细则的制定和出台，对信托公司规范经营，合法运作；对监管部门有效监管，科学监管；对信托产品创新和信托产品功能的发挥，都发挥了或即将发挥巨大的保障作用。

（2）2004年也可被称为信托业的“监管之年”。上述政策规定都有规

① 在全国各地中，上海地区对信托业的监管相对严格，不仅要求信托公司报送资料备案，而且要参加上海的信托公司内部的信托项目评审。2003年10月20日，上海银监局颁布《关于规范资金信托代理收付业务的指导意见》，不仅禁止银行代理外地信托公司的信托品种，而且禁止上海本地的信托公司在银行柜台摆放信托品种的宣传资料，不得在银行现场签约，目的是避免信托风险转移到银行。但是，对于银行代理保单、基金、证券公司集合受托理财，却没有类似的规定。由于没有分支机构，不能营销，在上海，信托公司的品种发行开始变得更加困难。

② 2004年6月中国银监会颁布《信托投资公司集合资金信托业务信息披露暂行规定（征求意见稿）》，随后是《信托投资公司信息披露管理暂行办法》、中国银监会、中国证监会联合发出《关于信托投资公司开设信托专用证券账户和信托专用资金账户有关问题的通知》、《信托投资公司房地产信托业务管理暂行办法（征求意见稿）》。与此同时，《非银行金融机构公司治理指引（送审稿）》以及《信托投资公司内控制度指引（讨论稿）》也都由中国银监会制定完毕，正在讨论修改之中。2005年1月5日，财政部颁布《信托投资公司会计核算办法》。邢成：“2004—2005年中国信托业发展：回顾、评析与展望”，《中国信托研究》，http：//cqitic. jianwangzhan. com/11/14603/。

范监管的含义，而在临近岁尾时监管部门更是连续颁发监管文件①。虽然从表面上看这种监管上的收紧的直接原因是由于从年初开始的几家信托公司违规问题的暴露②，但同时这也是监管层对信托监管理念态度和习惯方式的一个充分表露。从深层次来看，这和前文中对信托产品创新制度环境变化进程的分析是完全一致的。但值得深思的是，很多信托公司反而认为这种监管上的收紧是件好事。因为有了条条框框，他们就能在限制之内做事情了。而在没有任何限制之时，他们反而不太敢放手一搏。这与信托理念中“法律没有禁止就是允许”的精神显然并不一致。这也再次印证了制度成本、制度风险给信托产品创新带来的无形负担③。

（3）2004 年还是信托业行业协会的“诞生元年”。这与前文分析的信托监管体系要素的完善趋势是一致的。行业协会对信托业的发展和未来信托产品的创新开发和市场推广都有非凡的意义，但其作用能否充分发挥也需辩证看待。信托业协会的目标定位应建立在短期利益与长远利益相互融合上。在完成这一目标过程中其所体现的基本职能应是行业自律和服务，既要体现行业组织的自律管理职能，对整体行业发展进行规范，又要为行业的整体利益去呼吁和争取政府部门、信托委托人和社会公众的理解和支持。这其中会涉及到很多具体问题。如，协会自律监管与行业行政监管的关系如何处理；自律与服务如何融为一个整体；如何协调维护会员利益和信托委托人权益的关系，等等④。这些具体问题的不同处理都使信托产品创新制度环境的未来变化充满了各种变数。

---

① 这些文件包括：2004 年 11 月 17 日《关于规范信托投资公司证券业务经营与管理问题的有关通知》；12 月 6 日《严禁信托投资公司信托业务承诺保底的通知》；12 月 7 日《关于进一步规范集合资金信托业务有关问题的通知》；12 月 8 日《关于信托投资公司集合资金信托业务信息披露有关问题的通知》。

② 这些问题包括：年初的庆泰信托违规挪用客户资金案；2 月份爱建信托刘顺新案；7 月份金新信托的乳品信托计划失败案；上半年开始，银行对房地产业收紧银根，信托公司开始成为房地产公司融资的一条不错的途径，信托的风险有放大倾向；最近发生的一个案件是，上市公司伊利股份牵掣到金信信托。罗捷：“银监会连颁铁令，信托业年前反思‘三大丑闻’”，《21 世纪经济报道》2004 年 12 月 28 日。

③ 需要注意的是，一直到 2006 年为止，“一法两规”之后的所有的制度建设的出发点几乎都是“规范”，是为了从严监管信托公司。所以，我们称这种制度年是监管年。这种情况一直到信托新政开始才有较大的改变。所以，从信托业发展的角度说，2006 年和 2007 年才是真正的制度建设年。

④ 朱莉：“信托业协会能否挑起两副重担？”，《上海证券报》2005 年 1 月 5 日。

正如本章开篇所言，从信托产品创新的战略安排考虑，对制度环境未来的变化进行必要的研判具有非常重要的意义；但又如本章分析所示，要使这种研判在趋势和进程上同时都具有确定性的结论却是异常的困难。因此，本章的分析似乎最终并未给信托公司的产品创新实践提供任何针对制度环境的明确对策。但对于真正意义上的信托产品创新来说，能理解这种趋势和进程中的特征及其产生的根源，或许比接受一些具体的建议更有价值。毕竟，如果说信托监管是一门“艺术”的话，那么与之博弈的监管对象——信托产品创新的过程——又怎能不是呢？

第六章 信托产品创新的市场环境：需求与竞争

本章研究信托产品创新的市场环境，包括产品的市场需求和产品目标市场的竞争两方面的内容①。将市场环境和制度环境分章而述，除简化本书结构和分析方法上的考虑外，主要是基于以下两方面原因：首先是制度环境和市场环境对信托产品创新的作用机制有所不同。制度环境为信托产品创新提供基本制度要素，并以法制和监管上的制约或激励来影响信托产品创新的数量和档次；市场环境为信托产品创新提供基本的需求刺激，并使信托产品的创新始终在一个充满竞争的环境中运行，由此而决定信托产品创新的数量和价值；最后，从长期来看，在制度环境渐趋完善的过程中，规范意义上的市场环境对信托产品创新的作用将越来越大。

本章首先对信托产品目标市场的需求状况进行总体评析，考察其现实需求和需求潜力，总结其需求特征并分析其对信托产品创新的影响；然后分别从文化传统、信用环境、投资者的风险意识和风险观念、媒体舆论等方面分析制约信托产品市场需求形成的因素及其对产品创新的影响；最后对信托产品目标市场上的竞争进行考察，划分其竞争层次，分析其制度主导型的特

① 广义地讲，市场环境也包含有制度因素在内。本篇出于全书结构和分析方法上的考虑，将市场环境和制度环境分章而述。事实上，市场环境中的需求和供给竞争都不同程度地受到制度因素的影响。

征，并对市场竞争环境改善的可能趋势与环节提供分析与预测。

第一节 对信托产品市场需求的总体评析

从需求的角度考虑，信托市场的发展需要具备两个条件：一是社会财产的分散所有和占有；二是财产拥有者具有资产保值增值要求且自身运作受到限制。大量证据显示，我国持续的市场经济改革已经基本成就了这两个条件①。这也就成为我们对信托产品市场需求进行总体评价的基础和起点。

一、对信托产品目标市场需求的初步考察

作为众多金融产品中的一员，信托产品的核心功能是其基本的资产管理功能及由此派生的中长期金融功能。因此，资产管理市场以及与之相关的中长期金融市场也就成为信托产品当然的目标市场，从总体上考察信托产品的市场需求也就主要从资产管理市场的需求总量与市场特征入手。

（一）目标市场的现实需求及需求潜力

无论是从目前已有的规模来看，还是从发展趋势来看，资产管理市场都可说是中国金融市场中增长最迅速、潜力最巨大的细分市场。

一方面，在我国市场经济发展的初期，投资是经济增长最主要的动力来源，过去几年来我国投资占 GDP 的比重已达到 40%，全社会对长期建设资金的需求非常强烈，尤其表现在房地产、基础设施、电力等行业；另一方

① 具体来看，我国目前有三类适宜信托管理制度的财产已经形成并日益发展：一是个人财产和各类机构财产；二是国有财产（一部分是政府职能部门的预算外资金和预算内结余资金，由于政府职能的转变限制了自身运作的能力，急需外部管理制度加以运作；另一部分是伴随国企股份制改造而日益增多的国有股权，需要明确的代表来行使并管理股权）；三是目的财产，即专用于特定目的的财产，如各种公益基金和社会保障基金（其当前的普遍问题一是因缺乏有效的监督机制而滥用、挪用资金；二是因缺乏有效管理方式而难以保值增值）。中国人民大学信托与基金研究所：《中国信托业发展报告（1979—2003）》，中国经济出版社 2004 年版，第 83 页。

面，随着经济的增长，社会各层面的中长期闲散资金日益增多，并正寻求合理回报的工具和途径。首先是日益成长的私人财富。目前我国城乡居民金融资产已超过20万亿元人民币，其中银行存款占比高达75%以上。居民储蓄大量地以银行存款方式存在，本身意味着极其压抑的资产管理需求未得到有效释放；其次是日益增多的各类“机构投资者”，如社会保障资金、企业年金、保险资金、住房公积金、各类公益基金等等，上述资金规模已不低于1万亿元人民币，无一不需要有效的外部财产的管理安排。再次是各类金融资产，尤其是银行信贷资产，包括不良资产和长期信贷资产（如住房按揭贷款），均需要创新性资产管理工具（如资产支持信托和资产支持证券）来盘活。据初步测算。当前中国资产管理市场规模将不低于2万亿元人民币，并且每年将以不低于15%的速度增长。

面对如此庞大的资产管理市场，如何在提升财产效益的同时，将巨额财富导入经济发展的必要轨道之中，是摆在中国金融体系面前的一个重要课题。长期以来，我国金融体系中就缺乏具有财产管理功能的金融机构，无法有效地提供中长期投资渠道和理财服务，影响了资源配置效率。应该承认，我国现实中屡禁不止的地下金融、非法金融等现象，与金融体系中这种结构性缺陷不无关系①。而信托业务的拓展正好可以适应这样的需求，为市场体系的完善和市场主体的需求服务，为市场主体提供财产管理手段，同时也为经济发展提供中长期资金。由此看来，我国信托产品开发与创新的空间是非常大的。

（二）目标市场的基本特征

对信托产品目标市场作较为全面的考察，我们大致可以将其特征归纳为成长性、竞争性、不成熟性和开放性四个方面。

1. 成长性。如上文所述，由于持续的体制改革和快速的经济发展，我国社会财富急剧增长，社会分工日益细化，理财观念从储蓄型开始向投资型转变，市场化的理财需求日益膨胀，我国已经出现了一个巨大的资产管理市

① 中国人民大学信托与基金研究所：“中国信托业宏观发展研究系列报告之一——受托理财：中国信托业在金融体系中的独特地位”，《中国信托研究》，http：//cqitic.jianwangzhan.com/11/14603/。

场。越来越多富有的机构和个人开始寻求有效的外部财产管理安排，各种形式的专项基金和专用资金以及公众投资者开始青睐外部的财产管理安排。与之相应，形形色色的资产管理机构和资产管理业务也开始兴起，随着以市场化为取向的改革开放进一步推进，中国的资产管理市场将日益呈现为一个成长性的市场。

2. 竞争性。尽管信托产品的目标市场是资产管理市场，但在中国目前的环境下，这却是一个远比信托更大的市场范畴。近年来我国资产管理市场发展迅猛，资产管理业也获得长足发展，各种各样的资产管理机构纷纷兴起，呈现出复杂的竞争局面。除信托公司这种综合型的资产管理机构，依法可以受托经营各种财产的管理业务，并采取各种方式管理受托资产外，其他专门提供某一门类资产管理服务的专门类机构还有三种：一是专门提供证券投资管理服务的证券公司、基金管理公司以及金融体系外的多数资产管理机构；二是专门提供直接投资管理服务的风险投资公司等；三是如许多地方政府设立的专门提供国有资产管理服务的国有资产经营公司等①。

3. 不成熟性。当前资产管理市场基本上还是一个自发的、无序的市场，不成熟性非常突出。这种不成熟性已暴露出了日益严重的问题和隐患，具体表现在：制度建设落后于市场的发展，制度供给不能满足资产管理市场的健康发展，市场准入和监管规则不统一，影响了效率的提升，有效的市场评价机制难以建立，投资者盲目追风，缺乏投资常识、风险意识以及市场化的风险观念，等等。这些问题如不尽快加以解决，势必在经济生活中引发新的混乱和风险②。

4. 开放性。尽管在入世谈判中，中国并没有专门就信托业的对外开放作任何承诺，但在入世之后，中国的资产管理市场实际已经对外开放了，如已有的多家中外合资的基金管理公司、中外合资的证券公司、外资银行等。在真正的信托领域里，外资更看中金融资产管理，如货币市场基金、债券基金、股票基金，而不是非金融资产管理如产业资产管理。

① 关于资产管理市场的竞争性在本章第三节还有详述。

② 中国人民大学信托与基金研究所：《中国信托业发展报告（1979—2003）》，中国经济出版社 2004 年版，第 79 ~ 80 页。

因此，对开放性特征对信托产品创新可能的影响还有待具体深入地分析。

二、信托产品市场需求的方式与层次：现实与理论的差异

在本篇前三章中，我们曾构建了一个完整的信托产品功能概念体系，最终形成了信托产品功能的完整概念。从理论上说，信托产品的市场需求应当是以完整的信托产品功能为基础的。换言之，市场对信托产品的需求应当是对完整的信托产品功能的需求。但由于我国信托产品市场本身的不成熟性，现实中形成的市场需求与理论上的定义存在着差异。这种差异主要表现在信托产品市场需求的方式和层次两个方面。

1. 在信托产品市场需求的方式上，主要表现为对信托产品核心部分功能需求上的错位。如本篇第三章所述，完整的信托产品包含有核心部分、有形部分和附加部分三个层次，每一层次产品都可以通过特定功能的实现给客户带来特定的价值。信托产品核心部分的功能包含了其基本的制度功能即财产管理功能，以及由基本制度功能派生的中长期金融功能等其他功能。如本篇第一章所述，信托的财产管理功能源于信托最基本的法观念，即所有权和利益相分离、信托财产独立性、有限责任和信托管理的连续性，而这样的法观念又赋予了信托财产管理功能长期规划、弹性空间以及更好地保障受益人权益的特征。这种特征构成了信托产品核心功能中最具独特性、也最具竞争力的部分。因此，就财产管理功能来说，信托方式具有其他类似方式无可比拟的优势，从而对信托产品的需求从理论上说也应主要是对其特有的制度功能的需求。但反观现实中大量已经形成的信托产品开发与创新，大多是以项目为基础的产品，其产品创意主要来源于对信托产品中长期融资功能的需求，是为满足项目融资的需要而服务。虽然造成这种现象有信托公司在产品开发设计中的现有资源依赖与思维惯性等方面原因，但现实中对信托产品财产管理功能没有形成明确的、集中的有效需求也是不可忽视的重要原因。

2. 在信托产品市场需求的层次上，表现为对信托产品非核心部分功能需求上的欠缺。信托产品非核心部分包括其有形部分和附加部分。信托产品功能的实现是通过各层次产品累积增加客户的价值感受来完成的。信托产品的核心部分，给予了客户希望得到的最适合其需要的利益和好

处，如资产管理和融资；信托产品的有形部分如品牌，对形成客户非货币化的效用感受很有意义；信托产品的附加部分主要通过降低客户使用产品过程中的各种成本来增加客户的价值感受，如服务附加、知识附加、方便附加、省时附加等各种附加内容。对于一般产品、服务产品和其他金融产品来说，市场上对其有形部分和附加部分功能的需求已经非常明显，甚至成为市场营销中的一些决定性因素，这就使得这些产品在供给上的竞争空间非常开阔。但对于信托产品来说，市场上对其非核心功能的需求却明显不足，这就使得信托产品供给上的竞争空间主要是在其核心部分。造成这种状况的原因主要是信托产品市场需求自身方面的不成熟性，但与信托公司营销渠道与手段的缺乏，在这方面没有注意需求的引导与培养也不无关系。

三、市场需求特征对信托产品创新的影响

上述信托产品市场需求的特征对近年来我国信托公司产品创新的影响是非常明显的。这种影响主要表现在两个方面：一方面是信托产品创新的数量和品种增长非常迅速；另一方面是信托产品中高档次的产品创新并不多见。对前一方面，从2002~2008年信托产品创新的具体情况来看，现实的市场需求对信托产品的创新有着非常明显的影响，已经形成了丰富的产品数量和各式各样的产品创新。

本书下篇中将有专章述及。此处仅对信托产品创新的档次进行分析。

（一）信托产品创新的档次

尽管近年来我国信托产品创新的数量和品种增速极快，并在很多方面都实现了不同程度的突破，但不容回避的是，由于信托产品的市场需求具有前述不成熟性等多方面的特征，因此也造成了信托产品创新上的某些局限，其最突出的一个表现就是高档次的信托产品创新并不多见。那么，什么是高档次的信托产品创新呢？这里所说的信托产品创新的档次高低，特指创新性信托产品中是否利用了信托制度的独特优势以及利用的程度。显然，在产品开发中越是能够利用信托制度的独特优势，所开发的信托产品就越具有核心竞争力，其档次也就越高。那么，现实中高档次的信托产品不多的具体表现是什么呢？原因何在？这里借鉴已有文献中对信托产品开发所作的三个层次的

划分来对其进行简要说明①：

第一层次的信托产品的开发可称之为“单一融资类模式”，是以信托公司这一金融机构所具有的融资渠道为基础的，侧重于信托产品的融资功能，并且融资方式与其他金融工具相比具有同质性，信托发挥的功能无非是拓展融资渠道或者降低融资成本，目前这一类模式下的信托产品的数量最大，典型的品种就是贷款类信托产品。单就融资功能而言，贷款类信托与银行贷款不存在本质的差异，而且在项目筛选和风险控制方面，信托公司与银行相比总体上并不具有明显的优势，这意味着信托公司在开发此类产品承担的交易成本和面临的项目风险远远大于银行，现阶段贷款类信托产品的开发只能起到拾遗补漏的作用，并不能真正体现信托公司的核心竞争力。

第二层次的信托产品的开发可称之为“制度缺陷依赖模式”，也就是业界所说的管道型信托产品或者非主动管理型信托产品，银信合作的很多产品都属于此类。这类产品注重利用信托工具在现阶段具有的横跨货币市场、资本市场和实物市场的综合性制度优势，通过一定的产品创新，解决了利用其他金融工具不能满足的特殊需求，使得这类产品较之于现有市场中的其他金融产品具有一定的比较优势。但是应该看到，此类产品生存的环境在于现阶段制度的不完善，如银行资金不能进行股权投资，保险公司、证券公司不能进行实业投资等，而不是依靠信托制度本身的核心竞争力，随着相关政策陆续出台，这种制度不完善造成的产品开发空间逐步被挤压，使得这一层次的产品开发可能面临着萎缩的困境。

第三层次的信托产品开发可称之为“信托制度依赖模式”。这类产品完全依托信托独特的制度优势，具体体现在信托财产的独立性以及信托受益权进行自主分割的机制，这两个制度优势是信托产品区别于其他金融产品最本质的特征，基于这两个特征进行的信托产品的开发，充分体现了信托公司的核心竞争力，代表了信托产品未来发展的方向。尽管目前来看，由于制度建设、配套环境以及市场对信托认识程度的限制，使得这些优势并没有充分发挥，但是市场的潜在需求是巨大的，这一层次的产品开发前景非常广阔。

① 孟辉：“创新：信托业发展的原动力——2003 年信托产品创新回顾”，载于杨如彦主编：《中国金融工具创新报告（2004）》，中国人民大学出版社 2004 年版；“宏观调控背景下行业盈利模式的艰难转型——2004 年信托产品创新回顾”，《中国信托研究》，http：//cqitic. jianwangzhan. com/11/14603/。

（二）创新档次与创新价值：对信托产品创新现状的评价

那么，如何看待或评价上述信托产品创新档次不高的这种现象呢？我们认为，这需要区分信托产品的创新档次、创新价值和创新程度三个概念，并依照这些概念的特定含义来进行评价。

一般情况下，当我们评价一宗信托产品的创新程度时，会有两个不同的角度。一个是从内在要素的角度，考察信托产品创新中对其基本的制度要素和技术要素职能的利用和发挥程度，一宗创新性的信托产品，其越能充分发挥其内在要素的职能，创新档次越高，技术含量越高，则我们就说它的创新程度越高；另一个是从外在环境的角度，考察信托产品创新对其外在环境中的制度环境和市场环境适应和满足的程度，一宗创新性的信托产品，越能适应特定制度环境的约束，越能满足特定的市场需求，就越能被制度接纳和被市场认可。对前一个评价角度，我们在上文中给出了信托产品创新档次的概念；对后一个评价角度，我们在此以信托产品创新价值的概念对其定义。所谓信托产品的创新价值，就是指创新性信托产品适应和满足外部环境的约束和要求，从而被外部环境接纳和认可的程度。显然，要完整全面地评价一宗信托产品的创新程度，必须将这两个角度的评价结合起来，即将信托产品的创新档次和创新价值结合起来。提高创新档次是实现创新价值的基础，而实现创新价值是提高创新档次的目的。两者在决定信托产品的创新程度时，缺一不可。创新档次和创新价值两者之间的这种逻辑关系与本篇整体结构中内在要素与外部环境之间的逻辑关系是可以类比的或有联系的。因此，我们出于协调和沟通内在要素和外部环境目的而引入的管理要素，从理论上来说，其职能就是为了将创新档次和创新价值结合起来以提高创新性信托产品的创新程度。

进一步来看，如果信托产品创新的制度环境已经基本完善的话，信托产品创新就不需要在利用制度缺陷或与制度约束进行博弈的过程中来体现其创新价值，则信托产品的创新价值就完全体现为市场价值了，信托产品的创新价值将完全由市场需求（剔除了制度因素缺陷影响的纯粹意义上的市场需求）来决定。这正合了弗里德曼（1982）对创新本质的精辟概括：“虽然创新常用于描述整个过程，但只有当新产品、新过程、新系统和新仪器完成第一次商品化交易时，创新在经济意义上才告实现。”因此，只有获得市场认可，带来利润的创新才是真正意义上的创新，而不能实现其创新价值的信托产品创新，其创新档次再高也是没有意义的。当然，信托产品创新并不是消极地去适应外在环境或市场需求，创新过程中也要注意对市场需求的引导和培养，以尽量地使高档次的创新有其用武之地，从而在创新档次和创新价值的良性互动中提高信托产品的创新程度。

基于上述分析，再来看我国目前信托产品开发中高档次创新不足的现象，或许就能有一个更为清晰客观的评价。高瞻远瞩、居安思危，在产品开发创新中注重反映制度优势和技术含量固然重要；但因地制宜、因时制宜，在产品开发创新中争取每一步都能获得阶段最优同样难能可贵。这不是投机取巧，更不能视为短见或近视，而恰恰是反映了所有信托产品最根本的特点——弹性、灵活和高度的适应性。我国现有的金融体系最大的问题并不是缺乏总量或规模意义上的基础和实力，而是存在机制与结构上的缺陷，其表现之一就是缺乏规范意义上的弹性和灵活，所以才有所谓“一管就死，一放就乱”，才有资金配置上的“有的吃不饱，有的用不了”。这是影响金融体系效率提高的重要因素，或许也是最重要的因素。因此，信托机构就应该充分发挥自己产品特征上的弹性和灵活，去寻找和把握市场中的每一个机会。把握住机会提供了相应的产品有两个结果：一是自身机构和行业得到了持续的发展；二是通过改善不足而提高了金融体系的效率。事实上，现行法规对信托公司业务范围的规定也相当宽泛，既有信托主营业务，也有兼营的投行业务、中间业务和自有资金的投资、贷款和担保业务。信托产品的开发就应充分地利用制度所赋予的创新空间，把握市场机会，在不断的产品创新中探索和形成一种可持续的盈利模式。

第二节
制约信托产品市场需求形成的因素及其对创新的影响

在上一节对信托产品市场需求总体评析的基础上，本节将对市场需求作进一步深入的分析，这种分析主要集中于考察现实中有哪些因素制约着信托产品市场需求的形成，这些因素对信托产品创新会产生怎样的影响。按照环境因素改善从难到易的大致顺序，我们将这些因素归纳为五大类：一是文化传统；二是信用环境；三是投资者的风险意识与风险观念；四是媒体舆论；五是制度约束（主要指政策层面上的约束）。本节主要分析前四类因素，第五类制度约束因素将归入下一节信托产品目标市场的竞争中一并分析。

一、文化传统中的观念文化

文化是社会现象，它与人类社会是同时并存的。文化是人类通过自己的实践活动所创造的物质和精神的成果，是人的对象性活动的物质和精神的产物。文化的概念非常宽泛，几乎涵盖了人类社会的一切现象。文化结构包括三大部分：物质文化、制度文化和观念（精神）文化。在信托生成与发展的学理分析中，物质文化对信托生成发展的关系通常被归结到经济基础的研究中，制度文化对信托生成发展的关系则被归入法律制度研究中，而文化基础的研究则集中于观念（精神）文化，即宗教和政治法律思想对信托生成发展的关系[①]。按照类似的逻辑思路，我们对信托产品市场需求形成中的经济基础层面和制度基础层面的问题都已有所述及，因此，这里所说的文化传统仅指其中的观念文化，尽管现实中它与物质文化和制度文化并不能截然分开。

我们知道，信托对于中国而言是个舶来品，中国的传统文化中虽然也有基于信任而托付的观念，但这与英美法的信托观念在形成基础上有很大的差别。前文曾有所述及，英美法下的信托隐含着发展个人自由实现个人意志的价值追求，这与我国传统文化中崇尚权威、强调稳定、重视群体和谐、抑制个人自由的理念并不相融。这集中反映在我国传统文化中的家庭伦理上。在我国，由于家长的权威至今仍占有重要的地位，“子承父业”作为一种有力的传统依然在很大程度上延续，这就抑制了将财产交与受托人专业经营的需求[②]，从而使现实生活中难有主动和积极地需求信托支持的情形发生。更为严重的是，中国的制度体系中一直没有信托的一席之地，或虽有制度却是严

① 王长庚：“信托生成发展的学理分析——对重建我国信托业的研究”，《西南财经大学博士学位论文》2000 年，第 4 页。

② 周小明：《信托制度比较法研究》，法律出版社 1996 年版，第 190 页。

重地扭曲，这使得信托观念一直没有得到制度的支持和强化，反而与制度上的扭曲恶性循环。如长期以来人们在观念上一直仅肤浅地认识到信托的融资功能，对于其内在的运作机理缺乏常识性的了解，加之长期形成的非银行不金融、非信贷不信用的传统观念，信托很自然就被办成了“信贷”，并得到制度的认同[①]；而制度的认同，又加剧了观念的扭曲，这就严重阻碍了正确的信托观念在中国的进一步发展。

因此，从观念层面的文化传统来看，我国形成信托产品市场需求的基础并不扎实，因而对创新性的信托产品的需求也必然是相当欠缺的。在未来这种影响可能会在很多方面表现出来，如一些在英美法里可以适用并能发挥特殊功能的信托产品，在中国却没有生存的基础或存在的必要，至少在相当长时间内不会出现。但另一方面，这样的文化背景是否也可能产生有中国文化传统特色的信托产品创新？这可能需要在信托产品的基本要素中独立出来文化要素后才能进一步深入分析。

二、社会信用与外部信用

信任是信托的基础，信任关系的确立和稳定是信托赖以生存的土壤，良好的信用环境是形成信托产品市场需求不可或缺的条件。但我国信托业所处的信用环境并不理想，这主要表现在社会信用和外部信用两方面。

从社会信用来看，总体而言，中国经济的信用基础仍然十分薄弱，目前仍然没有建立起坚实的社会信用基础。我国社会信用关系尚缺乏刚性，信用链条十分脆弱，契约意识较差，无论是个人，还是机构、团体、组织，其诚信度还远不能令人信服。对于信托公司来说，其社会信用的形势更为严峻。在历经了长达 8 年的五次清理整顿之后，信托公司和信托产品的市场形象与市场信誉都受到了前所未有的重挫。如何建立信托市场信誉，重塑信托公司形象，是信托业务拓展和产品创新中面临的极为严峻和紧迫的问题。但同时又是一个需要较为漫长的培育、引导、提升和完善的过程[②]。

① 周小明：《信托制度比较法研究》，法律出版社 1996 年版，第 186 页。

② 在下文中将运用行为金融学中的相关概念结合媒体舆论的影响对信托业的社会信用问题作进一步分析。

从外部信用来看，目前我国外部信用机制的建立十分缓慢，外部信用机构数量上明显不足，信用标准和服务质量还有很大改进空间。之所以出现这种情形，首先是因为市场中的个人和企业主体都还没有这方面的较强意识，素质和能力有待提高，因而市场需求明显不足；其次，外部信用在信用市场中所起的作用甚微，并且缺乏一定的独立性和权威性；最后，也可能是最为重要的一点，长期以来，国家和政府都没有建立信用教育，也没有建立起自身的信用权威①。

信用环境不理想对信托产品创新最大的影响在于它会加大信托产品设计和开发中对信用风险防范的考虑，从而加大交易成本，甚至有可能直接导致一些产品创新因成本过高而不能面世。

三、投资者的风险意识与风险观念

（一）风险意识与风险观念的不同涵义

风险意识是指能否意识到风险的存在和具有风险防范的意识或倾向，应该说这些年来我国的金融投资者的风险意识已经培养起来了，并且在逐渐加强；风险观念是指在管理或防范风险的过程中有关由谁来承担管理风险的成本和最终承受可能损失的观念，市场经济中经济主体的风险观念和非市场经济下的风险观念有着极大的差别。信托产品的投资者应该是具有一定风险识别能力（风险意识）和风险承担愿望和能力（风险观念）的主体。但目前我国大多数信托产品投资者的风险观念是不成熟的，在追求信托高收益的同时却不愿意承担相应的风险，期望由政府和银行为自己的投资风险买单。这种与市场经济中风险观念极不相符的想法实际上折射出信托产品市场需求的一些非市场化因素。

“受人之托，代人理财”是信托业的宗旨，也是信托业区别于其他行业的标志。这里的“人”不是一般意义上的人，而是指不仅有产而且享有自主财产绝对支配权的人，是市场经济条件下具有独立产权的人；这里的“财”也并非一般意义上的财，而是指社会上可冒较大风险、可以降低流动

① 中国人民大学信托与基金研究所：《中国信托业发展报告（1979—2003）》，中国经济出版社2004年版，第123页。

性要求并希望得到更高收益的财。对这些企图追求高收益的自主财产而言自然要承担更高的市场风险，这种高风险是事前认定的，是成败概率都有的，是收益由财产所有者享有，损失也必须由财产所有者承担的。不能成归自己，败归别人，更不能通过信托合约转嫁风险，由受托人完全来承担，这也是不言而喻的。但是，中国目前的情况却恰恰相反，从事风险投资却不愿承担风险或没有能力承担风险的投资者大有人在①。这种矛盾使得对信托产品核心功能的市场需求产生了变异，直接导致目前信托产品的创新出现了背离信托产品基本特征的倾向。

（二）风险意识和风险观念对信托产品创新的影响

具体来看，投资者相对较强的风险意识和相对不成熟的风险观念对信托产品的创新产生了不同的影响。

1. 投资者越来越强的风险意识导致近几年来我国新发行的信托产品中与风险控制相关的设计越来越多。具体来看，目前国内发行的信托产品的风险控制措施主要有以下几种：（1）财政支持；（2）资产抵（质）押；（3）第三者担保贷款风险（担保者公司承担可能的信用风险，保证到期贷款的本金安全和预定收益率），银行信誉（银行承诺到期支付本金和收益或承诺到期回购资产）；（4）优先/次级结构（按照项目受偿先后顺序不同，使优先受益权人的本息得到优先保障）和发行公司自身的信誉；（5）房地产项目在信托计划到期后，若不能按期归还信托资金，信托公司可以折价卖出房产；（6）在一个信托计划中综合运用多种风险控制措施；（7）其他：如信托受益权的转让、租金收益的收取等②。

目前，信托产品创新中一个突出的特点是多重风险控制措施的使用，这自然是因为业内一系列具有负面影响的事件发生，使得监管当局和投资者的风险意识更为加强，信托公司在新产品开发中再使用单一的风险控制方式已无优势，因此，越来越多的信托公司在设计信托产品时，采用多重的风险控

① 这里不仅是指个人投资者，也包括机构投资者。中国的市场制度主体或企业根本制度在改革开放之前是国有或公有的，现在的企业产权制度仍然是模糊的。大量国有企业的法人拥有的仍然只是名义上的账面财产，损失是要追究个人责任的，因此其承担损失的能力也是有限的。何志成："众公司跌入深渊，中国金融信托业面临'生死结'"，《中国高新技术企业》，2004 年 12 月 9 日。

② 刘丽华等："2004 年度集合资金信托产品分析"，《衡平信托网》。

制措施。如在财产质押的前提下，与资金使用方事先签署满足条件下的公司股权折价转让协议，并同时与接盘者达成跟进受让的意向，以此强化资金使用者的履约约束，也进一步加强了信托财产质押物的流动性和变现能力；再如选择融资租赁信托的业务模式，先将信托财产的归属权予以有效控制，然后再运用信用担保，对融资租赁信托合同的履约进行担保或对相关租赁物承诺回购等。

2. 投资者相对不成熟的风险观念迫使信托公司在其产品设计与推介中不得不明示或隐含一些承诺，从而造成了信托公司在产品中的隐性风险与实际收益失衡。在资金信托业务中信托公司通常只收取一定比例的管理佣金。相应地，资金信托项目运营中的市场风险、政策风险均由投资人承担，信托公司只就因违约而管理失责所导致的信托财产损失承担责任。这是理财产品与负债产品的本质区别。但在信托公司开展信托业务的初级阶段，在各信托公司推出的信托产品计划、信托合同以及各类宣传推介材料中，多数都明示或暗示预期收益。尽管从理论上讲，预期收益是弹性的，不同于承诺固定收益，但各信托公司在这样的产品创新中，实际已承担了盈利预期和信托财产完整退出的巨大管理风险和信誉风险。如此巨大的隐性风险与微不足道的佣金收益相比，显然是非常不对称的①。

那么，如何看待上述投资者风险意识和风险观念的特征对我国信托产品创新的影响呢？从理论上来说，一种金融产品中高收益和低风险的状态是不可能长时期内同时存在的。如果考虑到我国信托业展业初期信托公司开拓市场的需要，这样的产品创新倒也无可厚非，只不过需要信托公司在其中承担巨大的风险和管理成本。但信托产品创新中片面追求低风险甚至零风险的做法毕竟是违背客观市场规则的，持续过高的运行成本，终究也会使信托公司提供创新的动力减弱。而更为严重的后果可能是，这种脱离信托产品特征的所谓创新最终会使对信托产品核心功能的需求迟迟培养不起来，信托产品中最有价值的风险隔离功能逐渐弱化，从而使信托公司和投资者的利益在长期中都受到损失。

① 毛生苗、徐庆彪：“信托投资公司核心盈利模式的再思考”，《浙江金融》2004 年第 1 期，第 40 页。

四、不可忽视的媒体舆论

（一）媒体如何作用于市场——基于行为金融理论的简要分析

在现代社会中，对观念传播和社会环境塑造起重要作用的一类因素就是新闻媒体，包括报纸、杂志、广播、电视以及近年来出现的其在互联网上的新形式。尽管新闻媒体表现出的是以市场事件的旁观者身份出现的，但它们本身也是这些事件不可或缺的一部分。只有在大量群体中产生相似的想法后，才能产生重大的市场事件，而新闻媒体则是传播这些想法的重要工具。在行为金融学的研究中，主要考察的是新闻媒体在股票市场变化阶段中的作用及其在宣传投机性泡沫中所起的作用①。借鉴其研究中的基础性内容，我们将媒体舆论作为形成信托产品市场需求的一类因素单列出来进行分析，主要考虑的是媒体舆论在形成和改变市场行为过程中的复杂性。在分析中，主要关注以下两方面内容。

1. 新闻媒体的运行有其特殊的规律，但这种规律的基础并不特殊，依然是竞争。新闻媒体一直在不断地为了生存而相互竞争，以求吸引公众的注意力。要生存就要发现并报道有趣的新闻，将注意力放在具有口头传播潜力的新闻上，并且在可能的情况下报道叙述一个正在发生的故事使受众成为稳定的客户群体②。金融市场几乎每天都有连续不断的新闻，并且公众也会认为这些新闻确实具有一些他们不是很能理解的重要意义，媒体可以造就或强化这种印象并从中获利。

2. 新闻媒体对市场的影响是通过激发人们注意力的连锁反应来起作用的。新闻媒体在市场中的作用与人们想象的并不一样，通常人们只是简单地认为媒体是投资者一种方便的工具，投资者会对重要的经济新闻作出反应，由此引起简单的可预见的结果。但事实上，新闻事件在影响市场方面所发挥的作用似乎总是被延迟的，它具备引起一连串公众注意力的作用。这些注意力可能放在早已广为人知的图片、报道或事实上。有些事实在最初阶段可能会被忽视或被认为是不重要的，但在新闻公布之后，可能会有一些新的重要

① ［美］罗伯特·J. 希勒：《非理性繁荣》，中国人民大学出版社 2001 年版，第 59 ~ 79 页。
② 同上，第 60 页。

意义。由于注意的焦点由一个引到另一个，再到另一个，这一连串的注意力被称为连锁反应。新闻是注意力连锁反应的诱因①。

当然，上述分析并不等于是说，媒体是一股强大的力量，能将各种思想灌输给完全被动的受众。媒体为大众传播和解释大众文化提供了一个渠道，但是大众文化有其固有的逻辑和过程②。因此，尽管从理论上可以将媒体舆论对市场需求的影响独立出来进行分析，但现实中媒体舆论对市场行为的影响总是基于其他一些因素起作用的，如通过传播某种观念或潜移默化地塑造社会环境来对人们的偏好或决策产生某种影响。

（二）媒体舆论对信托业及信托产品需求的影响："晕轮效应"与"证实偏差"

长期以来，新闻媒体对我国信托业的关注从来没有停止过，原因自然在于我国信托业恢复以来的坎坷历程本身所具有的新闻价值。这种坎坷历程在新闻媒体富有创意的专业化运作中，就具有了某种"戏剧性"的效果。同时，为了给新闻加上感情色彩，使新闻报道能迎合人们的某种兴趣，这出戏剧的主角还应当具有一种比较鲜明的角色特征，比如像金融业界的"坏孩子"这样的称号。戏剧程式固化以及角色分配停当之后，就静候有关新闻事件的出现——或大或小，总会有的。

近些年来，作为信托研究者的我们也在持续关注着与信托有关的新闻报道以及相关的分析评论，同时也在思考着有关媒体舆论与信托业发展环境之间关系的问题。这里仅从信托观念传播与信托业社会信用环境两方面来提出两点结论：第一，我国信托业恢复以来人们长时期内对信托的理解都不深入，这与媒体长时期内只是片面或表面化地提供关于信托的报道不无关系；第二，前文中曾述及我国信托公司和信托产品的社会信用及市场信誉极不理想，这其中媒体的推波助澜也起了很大的作用。下面我们尝试运用行为金融学中的有关概念来分析媒体对信托业社会信用环境的作用过程。

第一个概念是"晕轮效应（halo effect）"，这是行为金融学在分析人们

① ［美］罗伯特·J. 希勒：《非理性繁荣》，中国人民大学出版社 2001 年版，第 66 页。
② 同上，第 79 页。

判断与决策中的背景依赖（context dependence）时提出的一个概念。晕轮效应是指我们对一个人或事物的良好或不好的整体印象，会影响到我们对这个人或事物目前或将来预期的推论[①]。晕轮效应在信托业的社会信用和市场信誉形成过程中有两个层次的体现：首先，如果有个别的信托公司出问题，那么这种个别公司的表现就会殃及公众对整个信托行业的评价；其次，因为对信托行业的整体评价不好，人们会进一步地怀疑信托制度的功能优势。当然，公众这种心理偏差的形成中有媒体作用的成分，上述戏剧程式的固化和角色的分配在某种程度上都是形成这种心理偏差的基础。比如，如果个别银行、保险公司或证券公司出现问题，一般不会产生上述效应。

晕轮效应产生之后，还会有一个自我强化的过程，这就引出了第二个概念，即“证实偏差（confirmation bias）”，这是指人们通常有一种寻找支持某个假设的证据的倾向，即面对一个假设或命题往往倾向于证实它而不是证伪[②]。在晕轮效应的作用下人们形成了一个对信托业不利的信念较强的假设或命题之后，接下来就会把一些附加证据错误地解释得对该设想有利，而不再关注那些否定该设想的新信息。这时媒体舆论的作用就体现得更为充分，所有那些能证实已有观点的证据都会被赋予过多的权重，比如说，监管政策本来没有倾向性的一些变化也会被解读为是在支持人们心中已形成的命题。

当然，媒体舆论对信托产品市场需求的形成既可能有压制作用，也可能有刺激作用。比如说，当个别信托产品预期收益很高时，晕轮效应同样会扩散这种特征，证实偏差同样会强化这种特征，媒体同样会利用这个事件，后续的连锁反应同样也会出现。因此，在信托产品创新的整个过程中，无论是一宗新产品的设计和推出，还是一家公司的经营，甚至整个行业的发展，都

---

① 显然，晕轮效应是一种偏见，但大量的心理学试验证明了这种偏见的存在，在现实中，我们不可能把一个人或事物看作各种独立品质的混合物，也不可能单独给每个品质分配一定程度的大小而不受其他品质的影响。饶育蕾、刘达锋：《行为金融学》，上海财经大学出版社 2003 年版，第 89 页。

② 通常认为证实偏差的心理学基础是信念坚持（belief perseverance）和锚定效应（anchoring effect），这两者都会导致人们误解或忽视附加证据。另外，证据的模糊性、幻想的相互关系以及对资料的选择性收集或审查也被认为是导致证实偏差的因素。参见饶育蕾、刘达锋：《行为金融学》，上海财经大学出版社 2003 年版，第 112 ~ 113 页。

必然地要关注媒体舆论的动向，适应媒体舆论的方式，同时也要利用媒体舆论的影响。

上文中从文化传统、信用环境、投资者的风险意识和风险观念、媒体舆论等方面对制约信托产品市场需求形成的因素进行了分析。除这些因素外，还有一类重要的因素即制度约束因素，也会对信托产品的市场需求从而对信托产品创新产生非常明显的影响。由于制度约束同时也是主导当前信托产品目标市场竞争的主要因素，因此我们将这一类因素对信托产品市场需求的影响放在下一节信托产品目标市场竞争中一并讨论。

第三节 信托产品创新的市场竞争：制度主导型特征及其改善

在本篇第三章中曾有述及，创新主体在产品创新过程中要考虑的外部环境的关键因素之一就是其所处的竞争环境。如果说市场环境中的需求因素主要决定其目标市场的总体大小的话，那么竞争因素会最终影响其在目标市场中的份额。因此，竞争环境也成为决定创新主体的市场定位与产品策略的关键要素之一。

一、信托产品目标市场竞争的三个层次

竞争的本质是替代，即在共同的目标市场上相同或相似功能的产品之间的替代。本章第一节中将资产管理市场以及由此派生的中长期金融市场确定为信托产品的目标市场，但同时说明，资产管理市场是比信托产品市场大得多的一个市场概念。基于这一前提，同时结合目前我国信托业竞争的现状，本篇将信托产品目标市场上的竞争划分为以下三个层次：

第一个层次是信托产品和非信托产品之间对目标市场的竞争，体现为以信托方式进行资产管理和以非信托方式进行资产管理之间的竞争。这一层次上的竞争其实质是各种产品制度基础层面上的竞争，对于现实中的信托公司来说，这种竞争并不激烈。因为以每种制度方式进行资产管理都有其特定的

优势和劣势①，从而其产品有特定的诉求对象和细分市场。

第二个层次是信托公司和非信托公司之间对目标市场的竞争，体现为对本应归信托公司专属的以营业信托方式从事资产管理业务的竞争。从目前来看，由于相关制度上的不衔接，造成了不公平竞争的存在，甚至已影响到信托公司的生存空间。

第三个层次是信托公司之间的竞争，体现为各个信托公司之间在技术、人才、市场地位方面的竞争。但在目前区域封闭的情况下，这一层次的竞争还未充分体现出来。

从上面三个层次的市场竞争来看，第一层次和第三层次的竞争是有其特定的理论依据的：第一层次的竞争代表的是制度层面上的优胜劣汰，但当信托制度基础已被确立和认可后，这一层次的竞争应该不再是信托公司考虑的主要问题；第三层次的竞争代表的是技术层面（指公司内部的管理技术）上的优胜劣汰，在完善的制度基础下，这是信托公司竞争的主要层面。因此，这两个层次的竞争可以带来真正意义上的创新，即满足市场需求的创新。只不过前者带来的是制度创新，而后者带来的是产品创新。从未来的发展看，只有信托公司（包括混业经营背景下能够以信托方式提供产品的其他机构）之间的竞争才能带来真正意义上的信托产品创新，才能满足市场对信托特定功能的需求。

而第二层次上的竞争则主要导源于制度的缺陷，显然它无法带来有效的信托产品创新，相反只能阻碍信托产品创新的进程。但恰恰是制度性因素在现阶段成为了市场竞争环境的主导性因素。下面，我们将分别从信托公司业务拓展的制度约束和主要业务面临的竞争两个角度考察当前这种制度主导型的竞争环境，并对其可能的改善方向与环节进行分析。

二、制度主导型的竞争环境

（一）信托公司集合资金信托业务拓展的制度约束②

当前信托公司发行集合资金信托计划基本被定位于非公募性质，从而在

① 参见本篇第一章对信托制度功能与其他类似财产管理方式的比较。

② 本篇这里只考察信托公司集合资金信托业务拓展中所受的制度约束，因为这种业务面临其他机构的竞争最为突出。关于信托公司产品创新制度约束更为详细的内容，参见本篇第四章的相关部分。

业务拓展中存在一些刚性约束，如信托规模、营销宣传、区域性限制、流动性操作等等[①]。这导致一方面当前信托业务的拓展与创新受到限制；另一方面信托公司也在利用现有制度缺陷寻找创新的空间。

1. 信托规模。信托新政之前每项信托计划不得超过200份信托合同，每份信托合同的最低金额不得低于5万元人民币的规定，以及新政之后的50个自然人合格投资者的规定，都导致了信托产品募集规模的瓶颈。这一针对单项资金信托计划发行规模的限制，导致资金信托产品的设计和推出与大多数投资项目动辄几十亿的资金需求规模产生了巨大差距[②]。应当看到，信托产品尽管被市场接纳，但仍以个人投资者为主，因此较大规模信托产品的销售面临着一定的困难。而相对个人投资群体，机构投资者的投资渠道较为广泛、决策周期长，对此类客户的培养需要更多时间、人力、物力的投入。

2. 营销宣传。按照有关规定，不允许信托公司在报刊、电台、电视等新闻媒体上对信托计划做广告宣传和产品的营销宣传。这种对直接营销宣传的限制不仅导致信托产品销售渠道不畅，产品信息闭塞，投资人无法从常规渠道获取和了解信托产品，而且也使信托产品推介过程中的公开效应大大削弱，无法通过公开产生公信，使信托产品合法性、真实性和诚信度不同程度地打了折扣。如果考虑到前文中媒体舆论本身对信托产品需求的影响，则这种限制营销宣传的负面作用会更为明显。

3. 区域性限制。信托公司因不能设置分支机构以及在异地开展业务必须经过审批的规定而使其在异地的业务拓展受到明显的限制。

4. 流动性操作。尽管有关法规规定信托产品的受益权可以转让，但转让方式、转让价格、转让手续和转让场所均无明确规定，现实中既没有信托产品交易市场，也没有信托产品的做市商，从而使资金信托产品的流动性，特别是机构委托人的大额信托合同的转让严重缺乏可操作性。

当然，制度主导的市场竞争环境在主要给信托产品创新带来约束的同时，也给信托产品创新提供了一些机会。如近两年来信托公司的一些产品创

① 毛生苗、徐庆彪："信托投资公司核心盈利模式的再思考"，《浙江金融》2004年第1期，第39～40页。

② 而且也使信托产品发行规模与每年均达千亿规模的基金和国债、万亿规模的股票以及数百亿规模的企业债券等相比，显得更为微小。

新不是来自于信托法律制度和金融市场的完善和健全，而是在很大程度上与我国金融立法的不完善，银行、保险公司、证券公司等政策限制太多、创新动力不足有关。如我国的公司法中规定股份有限公司只能发行普通股，而现实经济生活中存在着对优先股投资形式的需求；目前我国银行业提供的服务品种有限，为防范风险起见，各家银行一般不接受非上市公司的股权质押，央行 121 号文件对房地产企业的融资控制加强，这些因素给了信托产品一定的生存空间和发挥空间[1]。

（二）信托公司主要业务品种上的竞争

特种行业都有其一定的市场准入制度，而金融行业又是准入门槛较高的行业[2]。但是，信托业不同于银行业、证券业、保险业，作为一种行业，信托公司是主要的经营者，但却不是惟一的经营者，在信托产品目标市场中，有多种不同类型的企业在进行竞争。这些信托公司的竞争者有些在从事地道的信托业务，有些在从事雷同于信托业务的准信托业务或者仅仅是类信托业务。准信托业务无信托之名而有信托之实，类信托业务与信托业务有本质上与法理基础上的不同，但与信托业务有形式上的类同之处。在信托产品目标市场中，生产信托产品、准信托产品和类信托产品的各类企业由于产品的同质性而构成竞争关系[3]。这种竞争表现在信托产品各个主要的业务品种上。

首先表现在资金信托业务上。这一领域有来自银行、证券公司、保险公司、基金管理公司以及地下私募基金的竞争。如商业银行根据《中华人民共和国商业银行法》及其他相关的法律、法规，取得了委托贷款业务的经

① 应向阳："我国信托产品创新述评"，《农村金融研究》2004 年第 3 期，第 53 页。

② 《中华人民共和国商业银行法》规定：未经监管部门批准，任何单位、个人不得经营银行业务；《中华人民共和国证券法》规定：未经国务院证券监督管理机构批准，不得经营证券业务；《中华人民共和国保险法》规定：经营商业保险业务，必须是按本法规定设立的保险公司，其他单位和个人不得经营保险业务。

③ 杨林枫、罗志华、张群革：《中国信托理论研究与制度构建》，西南财经大学出版社 2004 年版，第 85 ~ 86 页。

营权[①]。证券公司的资产管理业务与信托公司的单一资金证券投资信托业务（也称证券投资理财业务）面对着同一客户群体，资金的运用领域、运用方式也没有什么差异，因此，二者之间的市场竞争是不可避免的。随着理财市场竞争的日益激烈，券商在2002～2003年年初集中推出了集合委托理财业务，后来统一规范名称为集合资产管理业务，这与证券投资集合资金信托在投资的方向和风险收益方面具有雷同性，但分业体系下二者面临的监管环境不同，从而在产品开发和运营过程中承担着不同的监管成本[②]。再如保险公司推出的分红保险、投资连结保险和万能保险业务，都带有信托产品的影子或者说这些保险产品构成信托公司同类信托产品的竞争性产品。基金管理公司从事的是标准的、典型的信托业务，投资者可以在系列（成长、周期、稳定行业）基金之间自由转换，而将大势行情、不同类型品种选择权交还给了投资者，基金管理公司省去了对投资策略的判断，还增加了基金发行规模[③]。另外还有各类名目的投资管理公司[④]操盘管理的私募基金类同于证券投资信托，虽很不规范，但无疑已构成对信托公司强有力的威胁。

在上述资金信托业务领域的竞争中，最需要强调的是：证券公司和信托公司从事相同的资金信托理财业务，不同的监管部门给予的监管制度与政策

① 委托理财业务最早由民生银行、深发展等商业银行推出，每份合同低限才1万元人民币，并且不受合同份数的限制，享受着比信托公司更多的优惠。2003年3月中国银监会“叫停”商业银行这一业务，但对原有的制度安排，银监会并未宣布取消作废，也没有作进一步修改的说明。从原有的制度规定内容看，起码仍与中国银监会监管的信托公司的资金信托管理规定有明显的冲突。同时，在全国一些地方，有些银行仍在私下从事委托贷款业务。随着《商业银行个人理财业务管理暂行办法》和《商业银行个人理财业务风险管理指引》在2005年9月之后的颁布实施，这一类业务已形成了飞速发展的态势。

② 中国证券监督管理委员会在2003年5月22日“叫停”了券商的这一业务，并于年底宣布取消了2001年、2003年中分别制订的有关受托投资管理文件，在此基础上发布了新的客户资产管理业务试行办法。新办法在许多方面出现了与信托公司的资金信托管理办法内容相似、接近的地方。如，“一对多”的资产受托管理；不能承诺最低收益保证；委托资金的最低限要求；独立开户核算等等。从总体上看，新办法确实吸取了过去的教训，有利于规范证券公司的资产管理业务，进一步防范金融风险。但由此对信托公司资金信托业务的侵蚀也就名正言顺了。

③ 杨筱燕：“信托投资公司的信托产品体系探讨”，《上海金融》2004年第5期，第26页。

④ 此类投资管理公司的企业名称中一般含有“投资咨询”、“投资顾问”、“财务管理”、“财务顾问”等字样，其所操纵的私募基金规模估计在7000亿元人民币左右。夏斌：“私募基金报告”，《财经》2001年7月号。

却是不同的。例如：信托业早先的法规规定，单一客户的资金委托最低限为5万元人民币，新政后改为合规投资者才有资格投资，而合格投资者的投资门槛基本上高达100万元人民币；而中国证监会规定，限定性集合资产管理计划单一客户资金委托最低限为5万元人民币，非限定性集合资产管理计划单一客户资金委托最低限为10万元人民币。中国证监会也没有资产管理合同份数或者类似的规定。中国银监会规定，集合资产管理计划只需向监管部门备案（但是实际操作的时候经常被地方监管机关演变为审批）；中国证监会规定，限定性集合资产管理计划需要合规性审核，非限定性集合资产管理计划需进行全面审核①。中国证监会要求集合资产管理业务投资计划在交易所开户；信托公司同样的受托理财计划要求在交易所开户则迟迟不能得到解决。中国证监会对证券公司的集合资产管理业务没有地域经营上的限制；中国银监会对信托公司的分支机构与异地业务则予以明确的限制②。上述制度和政策上的差异意味着，对一个客户而言，把资金分别委托给信托公司和证券公司从事相同的股票等证券交易，却会遇到不同的政策制度约束。监管部门之间的这种统一和协调的缺乏，不但对客户和信托公司有失公平，而且容易引发一些不应发生的金融风险。

除上述资金信托业务领域的竞争外，在财产信托业务领域，信托公司还面临着四大国有资产管理公司的竞争。后者通过出售、出租、拍卖、资产证券化、重组等方式和手段，处理和解决四大国有商业银行的不良资产，其经营范围和信托公司有重合之处，经营方式也相当一致。在基金业务领域，信托公司主要面临着证券公司、基金管理公司的竞争。在投行业务领域，信托公司面临着证券公司和四大国有资产管理公司的竞争，主要竞争领域在有价证券的承销、公司重组与并购、财务顾问业务等方面。在财产托管、代保管、咨询等中间业务领域，则主要面临商业银行的竞争③。

由此看来，信托公司主要业务品种上所面临的竞争是非常激烈的。而从

---

① 有关法规规定，行政部门许可制度标准的提法有三种：审批、核准与备案。

② 需要说明的是，由于几家监管机关的法规不断演变，上述对比不能绝对理解。本篇此处为说明监管部门之间的协调进程，依然将其列出。夏斌：“发展中国统一信托市场的两大问题”，《法学》2005年第1期，第18页。

③ 杨林枫、罗志华、张群革：《中国信托理论研究与制度构建》，西南财经大学出版社2004年版，第93页。

竞争的优势和劣势来看，一方面我国信托业正处于展业初期，其相对实力比较薄弱；另一方面，信托业又面临着同类业务上的一些不公平的制度约束。这就使信托公司在竞争中处处被动，长此以往，信托业的行业地位自然无法保证，信托制度的功能优势也难以实现。因此，如果从理论上已肯定了信托制度功能对我国社会和经济发展的积极意义，并认可了信托业在金融体系中的地位，则信托产品市场环境的改善就是题中应有之意了。而从上述信托产品目标市场竞争的层次划分来看，从当前市场竞争的制度主导型特征来看，信托产品市场竞争环境的改善应从制度基础的完善、制度约束的改善、市场服务的完善、同业竞争与合作等多方面考虑。制度基础的完善在上一章已有述及，下面就后三个方面进行分析。

三、信托产品市场竞争环境的改善

（一）制度约束的改善

为改善信托产品市场竞争环境所进行的制度约束方面的改善，主要是针对信托公司业务拓展的制度约束而言的。根据前文的分析，这种制度约束表现在集合资金信托产品私募定位基础上的信托规模、营销宣传、区域性限制和流动性操作等四个方面。由于流动性操作问题涉及到如何提供市场服务的问题，将在后文中讨论，所以这里仅分析其他几个问题。

1. 关于集合资金信托产品是采取公募还是私募方式的问题。在中国的目前阶段，除严格依法允许以公募方式从事的证券投资基金业务外，其他的资金委托业务还是应以私募方式为主。之所以作出这种论断，是出于两方面考虑：第一，根据有关法规，证券公司、信托公司可以通过投资设立基金管理公司，以证券投资基金的方式来从事证券交易的公募委托理财，而要另起炉灶，直接以公募方式行事，法律是不允许的。况且，如果不设专门的基金管理公司，直接以公募方式行事所要求的规范性的监管，目前中国银监会的监管方式是远不能满足的，还是要重建一套类同证券投资基金的监管方式与方法；第二，各国信托业实践中以公募方式进行非证券交易的资金委托理财也是存在的，例如国外的基础设施投资信托和不动产投资信托都可以上市交易，但是总的来说，公募型信托产品不占主流地位。众所周知，在国际金融市场上，满足企业日常资金需求的主流方式除股权融资外，就是银行贷款和发债券，对此还需有一系列较成熟的信用评级等制度相配套。在我国，目前投资者风险识别能力较差，逆向选择行为屡屡发生，基于一对一的合同式谈判能力弱，加上信息披露过于简单，很难确保项目融资中的中小投资者利益。况且我国的企业债券市场又太不发达，以应付集合资金信托公募方式的精力去转而发展债券市场可能更为可取。

2. 关于投资者准入门槛和数量限制的问题。应该说，正是主要基于私募方式中弱小投资者在一对一合同谈判中所广泛呈现出的谈判成本高、风险大的情况，同时考虑到中国当时（2001 年）普通居民的收入水平，监管机构才规定了不同的委托理财资金的最低金额点。也正是基于 2001 年当时的原因，中国银监会又规定了委托理财合同不准超过 200 份。新政后，信托合同份数不再限制，但是却规定了自然人投资者不能超过 50 个。从目前来看，有关部门统一对理财市场的监管规则，对信托公司和其他金融机构的同质的信托理财活动应采取同一的标准要求。如果考虑到进一步支持我国信托事业的发展和弥补我国现有融资结构不合理状况的需要，对一些风险较小的信托业务，应当不再限制自然人的数目。

3. 关于分支机构与异地业务的问题。目前所形成的对信托公司设立分支机构和开展异地业务的限制，是基于我国第五次信托整顿时的实际情况。当时全行业机构定位不清、问题累积，迫于尽快理清信托行业发展的思路，加快整顿信托步伐，才作出这种迫不得已的决定。从目前来看，信托整顿成绩明显，信托行业定位清晰，基于一对一的合同谈判开展业务，只要通过有效监管，确保合同结构要素完整，督促委托人尽责诚信，资金第三方托管，再加上限制广泛意义上的谈判能力弱的小额投资者参加，有无分支机构和是否能开展异地业务，从目前与今后的发展趋势看，不应该成为监管的重点内容。进一步来说，是否设立分支机构，涉及机构决策中的成本与效益问题。要看到，沿海地区和中西部地区投资者实力和投资风险意识和观念的不同，与基本按行政区域设置信托机构的做法之间，必然会出现委托理财资金和委托理财机构设置的矛盾。因此，从信托市场发展的要求出发，应实事求是，逐步取消信托机构分支机构设置和开展异地业务方面的限制[①]。

4. 关于营销宣传的问题。应当说，如果是基于私募基金的定位，则当

① 夏斌："发展中国统一信托市场的两大问题"，《法学》2005 年第 1 期，第 19 ~ 20 页。

前制度中对营销宣传的限制是无可厚非的。但即使是私募基金也应当有其特定营销体系下的特定营销方式，但在这一点上，我国的信托业却比较薄弱，未来必须开创适合私募方式的营销渠道。另外，营销宣传还有其特定的观念扩展和市场培育上的意义。因此，在限制特定产品营销宣传的同时，以什么方式来实现对投资者的教育和对潜在需求的培养，将是未来整个中国信托业面临的一个重大课题。

（二）提供产品流动性的市场服务

信托产品的创新需要在一个相对成熟的市场体系中才能正常发挥其功能，服务体系是这个市场体系的重要组成部分之一，它通常主要由信息服务、法律服务以及会计服务等行业发展所必须依托的支撑系统组成，这些支撑系统对于保证信托业务低成本、有效率地开展具有举足轻重的作用。但对于我国信托产品市场环境的现状来说，提供产品流动性的市场服务也应被涵盖在这一体系之中。

信托产品的流动性缺失会导致许多问题，如影响信托产品的规模，影响投资者的结构，也会阻碍信托业的战略性发展。因此，从信托公司重新登记以来，很多信托公司都在积极努力想办法来解决这一问题①。从现阶段情况看，在分业经营的金融体制维持不变的情况下，比较可行的方式是设立专门的信托产品交易平台进行交易来构建信托产品的流通网络。在交易平台进行转让交易需要信托合同的标准化、格式化并且可以分拆，而资产证券化类产品最终还是应该在证券交易所进行交易，以保证这类产品有充分的流通性，因为流通性是资产证券化的本质特征②。当然，从长远来看，信托产品的标准化也是一种取向，包括在年期、信用评级、项目类别等方面的规范设计与表示等。标准化可以促使信托产品走向公募并进入交易所或类交易所流通平台，使信托产品创新对金融创新和资本市场的发展发挥更大的作用。

① 实践中已有的作法，如重庆国投联合西南证券飞虎网推出了“信证通”业务，初步构建了一个信托产品流通的信息平台；山东国投与山东省鲁信产权交易所合作通过产权交易所进行信托产品的营销和转让；陕国投成为西部产权交易所的首批会员；合肥兴泰信托参股了合肥市产权交易中心；北京产权交易所也正在研究提供信托产品的转让交易服务问题；还有些信托公司与其他机构合作履行“作市商”的职能。不过，除了做市商之外的其他流通机制，基本上未能实现预期的目的。

② 中国人民大学信托与基金研究所：“中国信托业宏观发展研究系列报告之八——流通性：信托产品鲜活的灵魂”，《中国信托研究》，http：//cqitic. jianwangzhan. com/11/14603/。

（三）有序竞争下的合作空间

从理论上来说，在制度环境和外部服务渐趋完善的情况下，信托产品目标市场上的有序竞争就有了基本的条件，而在有序竞争的过程中，各个市场竞争主体也应该不断把握合作的机会，拓展合作的空间，来提高所有参与者的效益。根据前文中信托产品目标市场上竞争层次的划分，各个市场竞争主体的合作也可以在两个层次上展开。

1. 各信托公司之间的合作。比如进行某种形式的战略联盟，这也是目前监管部门所鼓励的。在目前的制度约束下，一个信托计划只能投资一个项目，但并不反对几个信托公司通过多个计划去共同投资一个项目。这种联盟显然可以有效放大募集规模。从风险控制的角度来看，同样一个项目由两家或几家公司来进行风险控制，安全性肯定会比单独一家更有保障。在未来以项目为基础的信托业务模式会向基金的形式转变，战略联盟可使基金的管理规模成倍放大，在这样的规模基础上，就有可能开发出更好的创新性信托产品。更加紧密的战略联盟可能最终会促成信托公司之间的合并，这对于整个信托行业来说也是非常有意义的。未来金融混业的趋势已势不可挡，信托公司的业态要想在混业的背景下保持一定的地位，就必须立足于其自身的做大做强，并在本行业内产生几家非常有实力的机构，否则就不会有真正的发言权。做大做强自然可通过增资扩股来进行，但通过市场化的合并来进行将更为直接有效。

2. 信托公司和其他金融机构之间的合作。事实上，近年来各个金融机构业务已经出现了一个显著的变化，逐渐摒弃原来单独发展的理念，彼此之间加强了合作，在理财服务（品种设计、客户资源共享、代销等）、技术保障手段等方面，为投资者提供了比过去更多的选择与便利条件[①]。下面我们主要从信托公司和银行合作的角度探讨其合作空间[②]。

无论从功能分析框架还是从其他国家的实践来看，银行与信托公司都是天然的合作伙伴。从我国的实际情况看，信托业与银行也有很深的历史渊

① 邓举功："银证、银信、信证合作与金融理财"，《上海金融》2003 年第 12 期，第 24 页。

② 实践中信托公司与券商的理财合作也有发生。这种合作多是以信托公司名义发行集合资金信托品种，然后资金交券商实际运作。因为在其中发挥的理财作用有限，信托公司目前对此持谨慎态度。

源，并且在信托业走上发展的正轨后，第一个合作伙伴就是银行，如大多数信托产品的销售都利用了银行网点这个销售渠道。在未来信托规范展业的制度平台上，银行与信托更具有广阔的合作空间，完全可以取长补短，在规避金融风险的前提下达到“共赢”的目的。具体的合作方式有以下几个：利用信托机制进行银行优质资产信托；利用信托机制处理银行应收账款等不良债权；利用信托机制处理银行抵债物资；利用银信合作解决信托产品的流动性问题；利用银行的网点销售信托产品；银行参与信托公司发起的投资基金的托管业务①。而最重要的是利用信托的管道开发创新银行理财产品。从长远来看，中国的信托公司只有融入全能化的金融集团中才能得到更大的发展空间。中国的信托公司应主动顺应趋势，积极参与到金融集团的组建中去。在政策成熟的条件下，在战略合作伙伴的基础上，争取以商业银行、信托公司的股东群组成金融控股公司，以资本纽带的方式实现紧密联合下的多赢。

① 程治中、徐跃：“银行业和信托业合作空间广阔”，《上海金融》2004 年第 1 期，第 61 ~ 62 页。

本篇结束语

根据本篇的分析，市场环境中的各种因素是不断变化着的。市场环境的变化包括三方面内容：制度环境的改善、竞争环境的改善以及市场需求的形成或培育。制度环境的改善是市场环境改善的前提（必要条件而非充分条件），而在制度环境变迁的总体趋势下，不断规范着的市场环境会越来越成为信托产品创新的主导性环境因素，市场环境的变化也将成为信托产品创新的主要外部诱因。但是，基于中国信托业发展进程的研究表明，信托产品创新制度环境改善的进程可能会相当漫长，甚至会有所反复，从而也使市场环境的改善充满了不确定性。这种外部环境变化的不确定性既为信托产品的创新设置了障碍，但同时也为信托产品创新提供了无穷的机遇，关键看其如何把握。因此，如果用一句话来概括本篇的核心思想，那就是：持续变化的外部环境与永远不变的创新主题。

那么，在持续变化着的外部环境中，信托公司的产品创新模式应具有怎样的特征呢？我们认为，这种创新模式应具有可持续性的特征，姑且称之为可持续创新模式。关于这一概念，有两点需要说明：第一，可持续创新模式概念的形成是基于本篇各章的分析，使用已有的概念体系，以实现信托产品的整体价值为目标；第二，可持续创新模式并不是一种独立存在的创新模式，而是强调创新模式的可持续性。

信托产品创新模式的可持续性强调由于信托产品创新中要素规范和现实约束之间的相互制约和相互促进，从而信托产品创新的模式应具有适时调整和衔接连贯的动态特征。创新性的信托产品既要反映信托制度要素、技术要素、管理要素的规范要求和基本功能，也要考虑创新的制度环境、市场环境的现实约束，更要注重对环境的现状和未来的走势要有一个合理的研判，从而在规范与约束的互动中寻找和把握机会。

信托产品创新模式的可持续性的基本涵义是产品创新的适时调整和衔接连贯。正如本篇前文中曾述及，“高瞻远瞩、居安思危，在产品开发创新中注重反映功能优势和技术含量固然重要；但因地制宜、因时制宜，在产品开发创新中争取每一步都能获得阶段最优同样难能可贵”，这“恰恰是反映了信托设计最根本的特点——弹性、灵活和高度的适应性”。

进一步来看，产品创新模式的可持续性在信托行业整体层面上和信托机构个体层面上又体现出不同的侧重点。对于信托行业整体来说，可持续性更多地体现为产品开发与创新中的多样性和全面性，以满足其他制度安排和其他金融机构无法满足的现实需求。这样既有利于提高金融体系的效率，也有利于提高整个行业在金融体系中的地位。这也是决策层和管理层的制度设计初衷和监管目标的最终指向。对于信托机构个体来说，可持续性更多地体现为产品开发与创新中的专业化和一致性，以满足市场中特定领域特定层次的需要。这样既有利于产品开发成本的节约，也有利于开发能力的积累和提高。这是对信托机构管理者和产品设计者的基本要求。

这样划分整体和个体进行分析的意义在于：对于决策层和监管层来说，要对整体的信托产品的特征和功能有一个深刻的认识，对整个信托行业在金融体系中的地位有一个清晰的把握，从而为信托产品的创新和信托行业的发展营造一个较为宽松的制度空间；对于信托机构来说，要对自己的市场定位和战略方向有一个清晰的把握，要基于市场细分来开发创新产品，运用合理的产品策略，以此逐渐形成基于自身资源特征的核心竞争力。

本书以信托产品创新为主题的研究，是以从理论上探索如何构建我国信托公司核心业务模式和培育核心竞争能力为宗旨的。尽管本篇的研究目的并不在于提供具体的信托业务模式，但其所揭示的信托产品创新内在要素与外部环境之间互动关系的特征，却可以为信托公司形成一种可持续的盈利模式提供理论指导或参考。希望在我们的后续研究中，这种理论基础的构建会越来越显示出它的价值。

下 篇

新政背景下信托产品创新的战略选择

第一章 新政背景下的信托产品创新环境

第一节 政治法律背景分析

一、体制和基本政策面

2007 年 10 月结束的党的十七大，进一步明确了我国金融改革和发展的基本思路和战略。胡锦涛总书记在党的十七大报告阐述经济发展问题时指出，中国要“优化资本市场结构，多渠道提高直接融资比重”、“发展各类金融市场，形成多种所有制和多种经营形式、结构合理、功能完善、高效安全的现代金融体系”。这表明，在金融领域，国家的基本政策是发展多种金融方式的金融市场，优化资本市场结构。从理论上说，这非常有利于包括信托业在内的非银行金融机构的发展。

但是，由于信托业的发展从来未在任何正式中央文件中直接明确提出，虽然发展资本市场和改善金融结构是社会的共识，但是长期以来，中国的资本市场被与证券市场画上了等号，资本市场在很多人的眼中就是股票市场的另外一个名称，两者就是一回事，一说到资本市场，就想到要发展股票市场，要发展上市公司。在很多人眼中，信托与资本市场没有什么关系。

上述现象究其原因，首要就是中国是缺乏信托传统的国家，信托制度不为大众了解，即使是金融圈子之内的专业人士，对信托的了解也多是一知半解。至今为止，多数大学的金融学院仍然没有开设专门的信托课程；其次是中国在没有基本的信托制度的情况下，信托公司却有了20多年的历史，但是传统信托公司经营模式完全异化，信托公司经营多种庞杂业务，最主要的业务是银行业务，信托业务却基本上没有太多的涉及（基金业务除外）。而在2003年“一法两规”出台之后，信托公司虽然终于转型为专业信托业务经营机构，但因为债务融资型信托业务占据绝对优势比重，投资类信托产品数量不多，规模很小，信托公司投资管理的功能不彰，使得社会上广泛认为信托公司与银行类似，是提供短期融资的金融机构，信托公司与资本市场无关。因此，社会上对于信托业的错误认识其实与信托业的经营现状直接相关，信托公司自己需要承担很大的责任。

信托最重要的功能是财产管理，在这个基础之上衍生出投资和融资功能。信托产品种类繁多，就融资的期限看，确实是横跨了货币市场和资本市场，具体属于何种融资方式需要看具体的信托产品种类。但是不可置疑的是，信托融资主要是属于资本市场的范畴，因为财产管理主要是一种长期理财行为，短期融资虽然不能完全被排除在财产管理之外，但是并不是财产管理的主流。从这个意义上说，财产管理作为信托的基本职能所衍生出来的融资功能主要是属于资本市场融资的。2002～2006年之间的信托公司以短期融资产品为主，具有特殊的历史背景，首先是历史经营的惯性，因为传统信托业时代信托公司经营的主要就是短期融资；其次是制度设计的导向也起了很大的作用。肇始于2006年的信托新政，其重要政策意义之一就是引导信托公司从融资机构转型为投资管理机构。而这种转型将引导信托公司走向资本市场。从发达国家的情况看，信托是资本市场非常重要的金融工具，信托产品是证券市场重要的交易品种，证券投资信托、不动产投资信托、基础设施投资信托等信托产品，在长期资本市场中占据了非常重要的地位。我们的信托业在这些方面都刚刚起步，而其在很多方面的功能，绝对不是简单地发展上市公司和股票市场就可以替代的，例如其在基础设施投资和发展房地产市场方面的功能，与股票市场相比，就具有独到的优势。因此，从发展资本市场和优化金融结构的角度而言，信托业也应当作为发展的重点。

在政府部门改革方面，党的十七大报告明确提出了“加大机构整合力度，探索实行职能有机统一的大部门体制，健全部门间协调配合机制”，将

“要抓紧制定行政管理体制改革总体方案”列入中央重要议事日程。“大部制”的构想被普遍认为将是政府改革的一个新起点、新突破口。虽然其后的机构改革并没有涉及金融管理体制，但是，在混业经营的趋势愈发明朗的背景下，现有的三大金融监管机关证监会、银监会、保监会的功能整合可能是一个发展趋势，即使继续维持现在的管理格局，从整个理财市场健康规范发展的角度说，统一理财市场监管规则也是非常必要的。而金融管理体制的变化或者监管规则的统一，对于信托业而言应当都会是利好而不会有负面的影响，因为在现有的金融管理体制中，即使不能就断定信托业所面对的监管规则是最为严格的，但是信托产品的投资门槛是最高的则是无可置疑的。监管规则的统一或者金融体制的改革动向将对中国的金融体制和金融体系带来革命性的影响，其中对信托业的影响更可能是历史性的，信托业可能面临前所未有的重大发展机遇。

二、信托业发展立法方面的进展

自从2002年“一法两规”的信托业经营基本法规框架确定之后，在数年之中，信托业监管方面没有出台重大法规，管理部门只是以“通知”之类的文件不断对基本法规有所修正和调整，而调整的主基调基本上是规范而非发展。这种情况一直到2006年之后才有了重大变化。2006年多项与信托业发展具有重大影响的法规开始酝酿，并在2007年陆续出台，其中关联度较高的法律规章如表2－1所示：

表2－1　与信托业发展关联度较高的法律规章

法规名称	颁布机构	生效日
信托公司管理办法	中国银监会	3月1日
信托公司集合资金信托计划管理办法	中国银监会	3月1日
信托公司治理指引	中国银监会	3月1日
信托公司受托境外理财业务管理暂行办法	中国银监会	3月12日
非银行金融机构行政许可事项实施办法	中国银监会	8月7日
中国银监会关于有效防范企业债担保风险的意见	中国银监会	10月12日
公司债券发行试点办法	中国证监会	8月15日
同业拆借管理办法	中国人民银行	8月6日

在这些法规中，对信托行业影响最大的，是2007年3月出台的《信托公司管理办法》和《信托公司集合资金信托计划管理办法》。这两个法规是对2003年对应法规的修订，其颁布与实施被业内称之为“信托新政”，已经注定要在中国信托业的发展历史上写下浓墨重彩的一页。

新政的中心政策导向是引导信托公司的业务模式和产品结构进行转型，引导信托公司转型为专业理财机构。但是在新规中，自然人必须满足合格投资者的条件才能购买信托产品，对同一款信托产品认购的自然人人数不能超过50人，从而大大抬高了信托投资的门槛，给信托公司的营销渠道和产品模式带来了颠覆性的影响，从短期效应看，对信托公司发生明显的负面作用，其中最大的不利影响是直接影响信托公司投资管理能力的提高和核心竞争能力的提高①，这与监管层修订法规的目的可能正好背道而驰。

《信托公司治理指引》从法规层面进一步规范了信托公司的治理结构，对信托公司的股东行为也有所规范。该法规进一步强化了对于信托公司的关联交易的限制，而信托业的发展历史表明，信托公司的控股股东具有利用信托公司的金融功能为自己融资及进行利益输送的天然倾向，不斩断关联交易，就难以从根本上改变信托公司的行为目标异化为融资最大化的状况。这个法规在两个办法修订的基础上进一步规范了信托公司及其股东的行为，对于引导信托公司的规范经营具有重要意义。

《信托公司受托境外理财业务管理暂行办法》明确开放了信托公司的受托境外理财业务。但是，由于规定了远远高于银行同类业务的投资门槛，并严格限制投资范围，使得这个法规形式上的意义大于其实质意义，也就是更多地表明了管理层支持信托公司的开展境外理财业务的态度，但是对于信托公司的业务并不会产生实质性的利多影响。

《中国银监会关于有效防范企业债担保风险的意见》的主要精神是要求银行停止对以项目债为主的企业债进行担保，同时对信托计划、保险公司收益计划、券商专项资产管理计划等其他融资性项目原则上不再出具银行担保。这一规定使得信托公司贷款类信托业务的开展受到进一步制约。

值得注意的是，除了中国银监会之外，另外一个金融监管机构证监会也

① 杨林枫：“信托公司核心投资管理能力的根本制约因素”，《信托与理财研究网》2008年5月9日。

在推进信托制度建设。2007 年 10 月，中国证监会独家发布《公司债券发行试点办法》，明确规定公司债发行的担保财产为信托财产，但是，公司债信托的受托人为保荐人和中国证监会认可的机构。这个法规首次确认了信托制度在公司债发行领域的运用，具有重大意义。但是，这个法规由非信托业务的监管部门发布，分业监管的篱笆被公开突破，并且证券公司的信托受托人身份被法规正式明确。按照法规的规定，信托公司事实上被排斥在公司债信托业务之外，预示着混业经营趋势的不可避免，信托公司面临的行业之外的竞争将进一步加剧。

2007 年 7 月，中国人民银行发布了《同业拆借管理办法》，规定信托公司在满足申请进入同业拆借市场前最近两个年度连续盈利的条件下，可以向中国人民银行申请进入同业拆借市场，参与金融市场的资金拆借，而拆借额度则与中国银监会的规定完全一致。

新政之后，最令人鼓舞的政策法规面变化是中国银监会开始将信托业的发展转为政策引导的主基调，于 2007 年 10 月启动了 PE、房地产投资信托、基础设施投资信托、证券投资信托、不动产信托、银信合作等八大研究课题，并且随之出台了 PE、房地产投资信托的法规征求意见稿，显示出支持信托业做大做强的政策面信息，这在中国信托业发展的历史上以及信托业监管历史上都是第一次。

虽然 2007 年度信托业发展的法规频出，但是行业内热盼多年的信托登记制度、信托税收制度、信托产品流通平台建设等制度建设都没有任何实质性进展。

三、信托新政的巨大影响

金融法律制度、政策的变化对于金融机构的经营具有重大影响，甚至可以说是根本性的影响力。在过去的一年乃至未来的相当长时期，2006 年末开始的信托新政对于信托业的发展方向具有根本性影响。而管理层进一步的政策动向和金融管理体制的变化，都将深刻地影响中国的信托业。

（一）“一法两规”没有解决的信托业症结

《中华人民共和国信托法》出台之前，传统的信托公司以股东的意志为自己的意志，沦为股东或者政府的融资平台，信托公司通过各种方式为股东或者实际控制人的关联单位提供资金或者输送利益，成为一个普遍的现象，融资最大化成为信托公司的行为目标模式。

信托公司经营目标的异化，在2003年版本的“一法两规”制度架构之下并没有发生本质上的改观。2003年信托业恢复经营后，信托公司虽然在理论上被界定为专业理财机构，但是其理财功能不彰，融资平台的角色则非常明显，多数仍然继续延续着融资最大化的经营模式，理财服务并未成为信托公司的主要经营目标和功能定位。也正因为如此，信托业第五次整顿刚结束不久，重新登记恢复营业的金新、庆泰、金信等数家信托公司就先后出现重大风险，被迫再次停业整顿。也正是这些金融风险的出现，导致了监管政策的不断收紧。

毋庸讳言，从2003～2006年，管理层针对信托业出台的多数法规、政策，主基调是规范和防控风险，发展始终没有成为政策、制度制定的主旋律，表面上的原因是信托公司中存有害群之马，而深层次的原因是制度设计并没有从根本上解决信托公司的功能定位问题。在4年的信托业发展实践之中，原先的两规制度架构之下的信托公司经营模式，暴露出许多问题，这些问题主要有：第一，信托公司的行为目标仍然是追求融资规模的最大化，而不是追求利润的最大化；第二，信托公司业务收入结构失衡，信托业务收入未能成为其主要收入来源；第三，信托业务中，信托产品结构失衡，以贷款类产品为主的短期债务融资类的信托产品成为主流信托产品，投资类信托产品比重很小；第四，信托公司的市场化程度严重不足，信托市场地域垄断特征明显。

（二）新政效应

2006年12月，信托新政出台，老“两规”被进行了根本性的修订。关于新政出台的背景与意义，中国银监会在《关于实施信托公司管理办法和信托公司集合资金信托计划管理办法有关具体事项的通知》中指出，新政的目的是推动信托投资公司从“融资平台”真正转变为“受人之托、代人理财”的专业化机构，促进信托投资公司根据市场需要和自身实际进行业务调整和创新，力争在3～5年内，使信托投资公司发展成为风险可控、守法合规、创新不断、具有核心竞争力的专业化金融机构。

新政最大的政策变化首先是对关联交易的严格限制，从而为彻底改变信托公司的行为目标模式乃至业务模式奠定了制度基础，信托公司将不得不以理财服务为本业，以利润最大化为行为目标。这是新政最重大的意义，也是新政精神的精髓之所在；其次，新规限制信托资金的贷款运用，也限制短期融资类产品，在此政策的导向和规范下，信托公司的产品结构和业务结构将不得不转型为投资类产品为主，最终有可能彻底消除个别产品“兑付”风险对所有产品、对整个行业的连带负面影响。

从 2007 年的情况看，信托公司的产品结构转型已经开始，投资类产品大幅度上升，新政的效应已然显现。

除了正面效应之外，新政也同时对信托公司的营销渠道和客户资源方面提出了严峻的挑战。

1. 新政导致了信托公司不得不放弃自己传统的主力客户。从过去的信托实践看，个人投资者是信托投资的绝对主力军，就整个行业的情况看，个人投资者认购信托产品数额占比超过 90%。但是新政将能够投资信托产品的个人客户严格限定在非常富有的高端客户上，使得原先的存量客户多数因为不符合条件被拒之门外。

2. 即使不论存量客户资源的巨大损失问题，新政引导信托公司产品转型，但是投资类产品的收益和风险一般而言都远高于贷款类产品，适合于风险偏好型的投资者，而信托公司的传统产品培育出来的客户多数恰恰不是风险偏好者。

合格投资者客户数量不足导致的直接后果就是募集规模难以扩大。2007 年，信托产品一改过去两年的热销局面，募集失败的情况多次出现，虽然其中股市火暴导致投资者改变投资选择是其中非常重要的原因，但是，合格投资人客户有待开发显然也是其中一个非常重要的因素。

从产品结构的演变也可以进一步确证新政的负面影响。从资金运用的领域看，过去的几年中，基础设施建设融资、房地产项目融资、证券投资、银行信贷资产投资四大领域一直是信托资金的主要投向领域，各年度占比均超过 15%。但是，到了 2007 年，情况却发生了根本性的变化，基础设施建设融资、房地产项目融资类产品均大幅度下降，只有证券投资类产品大幅度上升。究其原因，当然首先是股市火暴导致的结果，但是，除了这个因素之外，显然下列因素也起到了重要作用：

（1）管理层要求业务模式和产品结构转型，但是要适应新政的要求，信托公司建立在过去的业务模式和产品结构基础上的人力资源、技术资源、组织结构、客户资源和市场渠道以及相应的业务流程等，都需要进行相应的调整和再造，而调整和再造不但需要时间和投入，更需要筹划、规制建设以及组织实施。而过去信托公司已开展的投资类业务中，主要就是证券投资信托业务，早就配置有相应的各种资源、技术以及制度安排，无需从头开始，因此，结合股市的火暴形势，信托公司几乎不约而同地选择了从证券投资信托业务作为产品结构转型的突破口。这显然也是正确的选择。

（2）基础设施融资、房地产项目融资的方式如果由贷款改变为股权投资，不但面临人力资源准备、资源重组、流程再造的问题，而且面临项目的筛选储备、募集规模瓶颈的制约等诸多问题。

严格的私募要求和现行规制下投资门槛的限制，使信托公司面临客户资源和资金规模的制约，其产品难以满足一些资金需求量较大的基础设施、能源投资等项目的投资需要。以基础设施为例，即使是投资于一座桥梁，往往也需要有数亿的投资，就更遑论高速公路之类的投资了。因为对于投资而言，如果没有足够的规模，不要说信托公司没有任何经营管理的话语权，甚至根本就不能取得参与投资游戏的资格。而基础设施投资项目多具有回报稳定、风险较小的特征，多为政府所属公司垄断经营，信托公司要参与投资更必须具有某项特殊优势才有可能，而这个优势只能是资金规模。

房地产投资所需要的投资额虽然可以很小，但是房地产开发在中国城市化迅速发展时期一直是一个高利润行业，房地产公司习惯了以很低的成本取得债务融资，除非出现财务危机，一般是不愿意让渡利润让外人以股东的身份进入的，何况现行的政策对于信托资金介入房地产投资持谨慎态度，给房地产项目的信托贷款规定比银行贷款还严苛的条件就是证明。

（3）投资需要通过组合资产分散风险，但由于募集规模的局限，如果不能借助银行理财产品的管道，多数信托产品的募集规模是不足以支持组合投资的。

总而言之，新政在客户资源和营销渠道方面给予信托公司以巨大的挑战，信托公司需要时间调整自己的发展战略，重组自己的资源，再造自己的产品开发、营销渠道。而在这个过程中，由于中国经济发展的区域性不平衡，合格投资者多数均分布于中心城市和发达地区，而历史上信托公司因为多种因素的影响，其经营区域多数局限于注册所在地，注册地在西部、中部等非发达区域和中心城市的信托公司，在开发外地客户、适应新政形势方面显然明显地处于劣势。

作为应对措施之一，同时与银行混业经营的发展动向相呼应，银信合作在2007年得到了空前的发展。

（三）管理层后续政策动向以及可能的影响

从目前的各种迹象看，信托新政出台后，防控风险、规范经营继续作为监管工作的主基调已经不合时宜，管理层在2008年开始可能将政策主基调转向发展。2007年岁末，中国银监会启动了历史上首次的大规模信托课题研究计划，研究的主题包括PE、基础设施投资信托、房地产投资信托、金融机构合作等多种，并邀请多家信托公司和研究机构参与。据分析，这些研究成果最终将有相当部分会转化为单行法规或者部门规范性文件，这些迹象都表明，管理层的政策动向正在朝着促进行业发展的方向前进。而行业内部最为期待的是，通过特定业务的专门法规，突破一个集合信托计划50个个人合格投资者规定的限制。这一点在2008年5月四川汶川发生强烈地震之后从公益信托领域出现了突破。

（四）监管体制重大变动的可能影响

中国的金融管理体制大概是世界上最奇特的，就是金融监管竟然有多达3家机关掌控，导致的后果很多，最大的问题是统一的金融市场人为地被分割和封闭，不同的金融机构从事同种业务适用完全不同的规则，不同行业之间互相封锁，金融资源不能在行业间共享，金融市场管理混乱现象日渐严重，这种体制已经不能适应混业经营的需要，已经在很多方面构成妨碍金融发展的因素。因此，这种监管体制的改革是早晚的事情。

监管体制的改革对金融业的总体影响是重大利好，对于信托业更是如此。我们推断，中国未来金融体系发展的方向无非有二：通过全部或者某类金融机构兼营其他金融业务实现全面的金融混业经营，例如，银行直接设立信托部经营信托业务；维持分业经营的基本格局，但进一步开放各类金融机构的互相持股渗透，以达到混业经营的目的。我们评估，后一种发展的可能性更高得多，至少在短期内是如此。这主要是因为前一个方向动作幅度过大，必然引发利益格局的重大调整，并且可能引发金融市场的过分竞争。

无论未来朝向哪一个方向发展，几乎都可以断定会出现如下结果：第一，各类金融机构的同一种类的业务适用统一的监管规则，而各机构之间最大的同一种类业务就是理财业务，一旦统一规则，信托业将可以与其他类型机构站在同一个起跑线上公平竞争；第二，金融资源可以实现共享，例如，信托产品、资产证券化产品都可以借助证券交易所的交易平台公募或者流通，而这对信托业也是非常有利的；第三，虽然其他金融机构也可以合法地进入信托业务领域，使得信托公司面对的市场竞争增加，但是信托公司现在的营业范围中因为行业壁垒导致的难以落在实处的营业项目（例如债券承销、公司债信托）也可以真正落实。至于竞争，信托公司几乎从开始经营信托业务之始，就已经一直在面对其他金融机构以各种名目进行的理财市场竞争了，绝对不可能因为理财市场名称的变化导致在竞争中败北。

第二节
信托业发展的行业环境

一、金融混业趋势与理财市场的蓬勃兴起

当前，中国金融混业经营不但已是大势所趋，而且已然成为现实，不但分业经营的边界已经日渐模糊，而且连分业监管的体制也因为中国证监会、中国保监会积极推动所在行业的“资产管理”业务的立法、甚至公开强势介入信托业务的市场准入审批和监管，实际上已经开始出现裂解。

混业经营发展的主要表现有两点：首先，各种金融机构尤其是银行纷纷通过直接或者间接方式投资入股其他金融机构搭建金融控股公司平台，试图通过持有多种金融牌照寻求对于分业经营的合法突破；其次，各类金融机构纷纷以产品创新的名义扩张自己的业务边界，进入其非法定业务领域，而金融监管机关对此则采取了支持态度，其支持的方式从默许逐步发展到公开表态、个案批准、明确的政策导向直至出台有关法规予以阳光化和合法化。

（一）金融机构投资其他类型金融机构蔚然成风

开始于20世纪90年代初期的分业经营，银行、信托公司是最大的输家，证券公司及证券业、保险公司及保险业是最大的赢家。商业银行在20世纪90年代初期多数均拥有自己的证券机构和信托机构，分业经营后全部丧失。信托公司曾经拥有超过半数的证券机构，管理着多数基金，但是分业经营时代到来后，丧失了多数证券机构（少数信托公司通过组建控股证券公司的方式保留了证券业务），并成为基金业的配角。而证券业收获了典型的信托机构——基金管理公司，并接管了大多数信托公司和银行的证券资产。保险公司则在分设保监会后取得了惊人的发展。

峰回路转，时移势变。分业经营10年之后，混业经营的势头再起，金融机构控股、参股其他不同类型的金融机构的案例不断增多，已经发展成为一种时尚和潮流，其主要表现是：

1. 银行直接或者通过其控股股东控股基金管理管理公司、信托公司、证券公司、金融租赁公司及其他金融机构的情况日渐增多。

2005年6月，中国工商银行联合境内外机构发起设立工银瑞信基金管理公司，之后其他银行纷纷跟进，银行号基金管理公司成为基金管理公司大军的重要成员。

2007年6月，中国银监会批准交通银行对湖北省国际信托投资有限公司实施重组，组建交银国际信托有限公司。其他银行此前或者同时介入信托公司收购的案例也相当多。在1994年信托与银行脱钩分业经营后，银行与信托重新牵手，银行控股的信托公司将可能再次成为信托业的主力军之一。

2007年11月，中国保监会主席吴定富在“2007年全国保险工作会议”上表示，中国保监会将探索银行参股、重组和并购保险公司，中国保监会还将探索保险机构投资商业银行、基金公司和证券公司等金融机构。中国保监会支持保险公司通过联姻其他金融机构开展混业经营的态度非常明确。

2. 信托公司参股或者控股其他类型的金融机构的情况明显增多。从历史情况看，信托公司原本与银行、证券公司等金融机构就有很深的渊源，信托公司持股甚至控股证券公司、银行的情况很多，有的银行例如中信银行、光大银行本身就是源于信托公司。分业经营后，信托公司持有证券公司、基金管理公司、银行股权的情况仍然非常之多。2006年12月信托新政出台后，鼓励信托公司入股银行等各类金融机构已经成为管理层的明确政策导向。新政后，信托公司参股其他金融机构的热情高涨，不但参股银行、保险公司、证券公司的个案增多，而且参股期货公司的也已经出现。预计信托公司通过参股与其他金融机构联姻的情况将越来越多。

3. 其他金融机构通过投资入股扩张领地的情况也已经出现，例如资产管理公司和保险公司参股、控股银行、证券公司、信托公司等。2006 年 10 月，中国保监会发布《保险资金投资商业银行股权的有关通知》，正式允许保险公司投资入股商业银行。保险公司参股银行、证券公司、信托公司也进入高潮期。2006 年，中国人寿参股了广东发展银行和中信证券，中国平安收购了深圳商业银行。

4. 金融控股集团有不断壮大发展之势。金融控股集团是随着改革开放的进程出现和发展的，分业经营后，几家典型的金融控股集团均得以保留，例如中信集团、平安集团等。当新一轮混业经营潮到来之后，这些机构顺应时势，再次崛起，迅速发展壮大。例如，平安保险集团早就拥有信托公司和证券公司，并于 2004 年 4 月通过收购福建亚洲银行设立平安银行，之后更收购了深圳商业银行，并更名为深圳平安银行，与原先的银行业务和机构实现了资源整合。而同时，其他金融机构尤其是银行则奋起直追，打造金融控股集团已经成为多家金融机构的战略计划。

（二）理财业务的发展导致金融机构业务边界的日渐模糊

混业经营不但表现在各类金融机构通过控股、参股其他类型金融间接介入原法定经营业务范围之外的业务领域，而且表现在管理层通过某一类型的特定法律、法规扩大特定金融机构的法定经营范围。例如根据劳动与社会保障部的有关法规，多种金融机构都获得了年金的受托管理资格；根据中国银监会、中国证监会的有关法规，银行获得了基金资产和信托财产的保管人资格等；根据中国证监会的法规，证券公司取得了公司债券及担保财产的受托管理资格等。

但是，混业经营最典型的表现并非上述征象，而是各类金融机构尤其是银行、证券公司、保险公司以创新的名义、以改头换面的方式直接深入法定经营范围之外的业务领域，例如商业银行尤其是股份制商业银行纷纷设立投行部，介入公司重组并购、财务顾问等业务领域。

最重要的混业经营进展是银行、证券公司、基金管理公司、保险公司在所谓理财产品领域的大规模渗透，而其中的大多数理财产品，本质上都是信托产品。这其中，证券公司和基金公司以专项资产管理计划或者集合资产管理计划的名义大规模开展信托理财业务和资产证券化业务，保险公司则以理财投资连接保险的方式以及设立保险资产管理公司的方式大规模开展理财业务，商业银行也根据银监会的有关法规取得了理财业务的合法经营权。一时间，理财市场八仙过海，各显其能，也显示中国的理财市场发展潜力非常巨大。

由于中国经济的持续高速度成长，富人阶层正在迅速形成并壮大。据统计，中国大陆富有客户拥有大约1.44万亿美元的资产，富裕阶层人数超过30万，并且仍然在迅速增加，使得理财市场的蛋糕迅速扩大，这有利于信托公司和其他金融机构高端客户资源规模的扩大。

由于理财业务的大规模开展，各类金融机构实际业务经营范围的交叉性、经营方式的重合性或相近性、业务产品的同质性或类同性、客户市场的同一性等日渐彰显，金融市场正在面临前所未有的激烈竞争状况。各种迹象表明，我国混业经营步伐不断加快，中国金融业将从严格的分业经营、分业监管逐步走向完全的混业经营。

二、混业经营导致的挑战和发展机遇

信托业作为金融业的一个分支，混业经营将对其未来发展产生极大影响，其中负面和正面的影响并存。

负面的影响。理财市场的激烈竞争使得信托公司受到诸多不同金融机构的竞争冲击，而制度制约等多种因素导致信托公司在各种金融机构中属于实力最弱、客户资源最少、营销渠道最狭窄的一类。

正面的影响。只要金融法律体系及金融管理体制没有根本性的变动，信托公司作为商事信托的合法受托人资格难以被根本撼动，而其经营方式方面的先天优势也难以被根本取代，其他金融机构的很多业务，在难以绕过法律障碍的时候，仍然必须借助信托公司的平台运作。

也正是因为这一点，当银行等金融机构近两年开始大规模尝试进行混业经营的时候，他们才突然发现了信托公司的潜在商业价值。

有那么一段时期，信托公司的壳资源价值被信托业界之外的机构几乎评估为零，虽然管理层非常希望外资金融机构投资入股信托公司，但是几乎没有任何外资机构对投资信托公司发生兴趣，而境内金融机构的态度也非常类似，以至于信托业几乎被彻底边缘化。

到了2006年之后，银行、保险公司以及境外的金融机构开始转变态度，纷纷向信托公司抛出绣球，信托公司的壳资源估值在短时期内迅速上升。由于可以重组的信托公司壳资源非常有限，最终的结果当然只能是多数机构铩羽而归。当多数银行不可能通过投资控股方式获得信托公司平台时，与信托公司合作，借助信托公司的管道平台就只能是惟一的选择。而尤其是混业经营一旦真正开跑，未来几年，商业银行为首的金融机构的混业经营业务规模可能呈现几何级数增长，由此必然给信托公司带来巨大的商业机遇。虽然这种借道属性的信托业务的主导方不是信托公司，巨大的业务量与其所能带给信托公司的收入相比也非常不对称，但是，由于业务规模的巨大，信托公司仍然可以从此类业务中获得巨大的收益。

但是，福兮祸所倚。由于在这类业务中信托公司的作用只是一个通道，其角色类似于出租土地的地主，近乎不劳而获，如果信托公司单纯地依赖这类业务生存，也许在相当长时间里可以过着富足小康的生活，但是人力资源的素质得不到提升，培育自己的核心业务竞争力因为压力、动力不足而延误，最终形势一旦变化，信托公司的命运堪忧。

除了管道功能之外，混业经营还可能带来其他商业机遇。在与银行的合作方面，信托公司并非只能被动地等待银行的伸手，或者永远作为一个配角。银行主导的产品，不可能包揽所有的一切。融资类产品之外，也还有大量理财产品需要设计。而且从人力资源的角度说，银行虽然人员众多，但是平均素质和理财能力却未必高过信托公司。例如，银行在理财规划师的培训方面出钱出力①，但是其推举的人参加考试者的通过率并不高，以致在银行拿到理财师资格的人会被银行当成宝贝，但是对信托从业人员而言，其同类

① 其实目前非常流行的多种理财规划师培训，主要是适应提供理财顾问服务的要求设计的。但是中国目前银行的理财业务并没有多少理财顾问服务的内容，更没有多少理财规划的内容。中国目前的银行理财业务尚处于开发和销售理财产品的阶段，如果说有理财顾问服务，也主要是限于与产品销售及售后服务过程的相关咨询，银行也不可能从这种咨询服务中获得收入。在另一方面，银行的理财客户受收入水平等因素的影响，也并没有多少理财顾问服务的实际需求。因此，现行的理财规划师培训过分超前，与银行开展的理财业务基本上是脱节的。

考试通过率是银行的数倍，有些公司的通过率超过 8 成。关键是信托公司自己对形势需要有非常清醒的认识，对自己的功能有清晰和正确的定位，善于把握机遇。

三、中国经济成长和经济形势变化导致的挑战与机遇

从长期的角度看，中国经济保持持续成长是可以预期的。由于这个原因，信托业将面临重大的发展机遇。首先，中国经济的长期持续发展为信托公司提供了源源不断的项目资源；其次，经济发展是国民财富积累的根本原因，而国民财富的积累不但将大大扩大理财市场，而且使得合格投资者队伍不断扩大。2003 年《信托投资公司资金信托管理暂行办法》中规定的 5 万元人民币投资门槛，被当时的很多业内人士视为高不可攀。仅仅几年过去，为了提高每个产品的募集规模，很多信托公司自己主动设置的投资门槛平均已经超过了 30 万元人民币。因此，几年之后，合格投资者制度所规定的投资门槛就不会显得高不可攀，历史可能会再次重演。

从短期看，与 2007 年相比，2008 年中国的宏观经济政策走向趋势显然是偏紧，房地产信贷政策也可能进一步紧缩，股市再重演 2007 年的火热场景可能性也非常之小。这些情况将导致商业银行的房地产金融业务和基金代理业务大幅度下降，被迫更多地进行金融创新，因此其混业经营的步伐可能进一步加快，与信托公司的合作深度和广度也将进一步加大。而房地产企业融资的困难，也将导致信托公司面临更多的房地产项目投资机会。

总之，经济形势无论从短期还是长期趋势看，对于信托业的影响都是机遇大于挑战。

四、信托业的发展趋势

信托业真正开始本业经营的历史只是从 2002 年开始。几年来，信托业发展速度非常之快，受托管理的信托财产规模以及信托业务收入、经营利润等均保持较高速度的增长，至 2006 年底，信托财产规模已经突破 3000 亿元人民币。但是，2002 ~ 2006 年这一阶段信托业存在的问题主要是：在业务模式方面受托管理财产的功能不彰；理财机构的特征不强；投资管理能力不强；“兑付”风险难以缓冲等。“信托新政”的实施正是针对这些症结的。

在新政的引导下，信托公司在 2007 年开始战略转型。2007 年的信托业有两大可圈点之处：第一是信托公司大规模地开拓证券投资信托业务，抓住了历史上特大牛市带来的发展机遇；第二是信托公司与银行间的合作深度与广度空前发展，信托公司借助银行理财的渠道成功突破了新法规对信托产品营销规模的制约。信托公司受托管理的财产规模一年之中即突破 9000 亿元人民币的规模，这与银行与信托公司的合作的广度与深度大大发展是直接相关的。

行业发展趋势分析显示，信托业所面对的行业环境将出现下列特点：

1. 从理财市场的角度说，信托公司所面对的市场竞争并不是来自狭义的信托业（即信托公司业），而是来自广义的信托业，也就是说以各种名义从事信托业务的金融机构，其实已经包括了所有的金融机构，其中的基金管理公司根据法律和法规本身就是在合法经营信托业务，而其他金融机构通过主管部门的法规“创新”不断尝试对于其业务边界的突破和扩张。

信托公司本身因为数量较少，并且多数业务因为种种原因局限于注册地，彼此之间的竞争非常不充分，基本上属于寡头垄断市场。但是，从广义信托业的角度看，从理财市场的角度看，信托公司所面对的竞争就非常激烈了，如果不是银行等金融机构碍于分业经营的法律制度的限制，很多理财业务仍然需要借助信托公司的管道的话，信托公司如果直接面对其他金融机构的竞争，几乎没有任何资源、人才、制度和市场的优势，而随着银行业之外的金融监管机关的金融制度创新越来越多，信托公司最终必然面临管道资源的逐渐丧失，在理财市场的竞争中处于不利局面。而管道资源即使可以长期保持，也容易引起信托公司不思进取的负面效果，就培育信托公司的投资管理能力和核心竞争力而言未必就是好事情。具体到产品的开发创新，管道资源所起到的作用也同样是正负两极的。

2. 信托公司在某一或者某几种特定业务领域方面精耕细作的专业化发展模式会得到进一步强化。这一趋势导致特定信托公司在特定业务领域的创新将大大增加。

一般来说，金融机构的区分最主要的标准是其业务范围，例如银行主要从事存贷款业务，而证券公司主要从事证券经纪、投资银行业务。但是信托公司有所不同，信托公司和其他金融机构的区别主要不是业务领域，而是其利用的功能工具是信托，也就是说，只要是通过信托方式开展业务，而不论这些业务涉及什么领域，这些业务都是信托公司所能够合法经营的。所以，信托业界的人士经常自豪地说信托公司可以横跨货币市场、资本市场和产业市场三大市场领域。就同样为标准信托机构的基金公司而言，就只能经营证券投资信托业务，而证券公司开展的集合资产管理业务的投资对象也仅仅是限制的证券投资领域。信托公司业务领域广泛这个特点造就了信托公司的特殊优势，这个优势就是信托公司的经营领地可以拓宽到其他金融机构在分业经营的金融体制内所难以企及的范围。但是，这个特点也可能导致信托公司面面俱到，而没有自己的特殊专长业务领域的弊病。什么都做，但是什么也做不专业。也正是因为这样，信托公司开展证券投资信托业务，经常要聘请证券公司、基金公司甚至私募证券投资管理机构作为投资顾问，做 PE 业务则经常聘任创投公司做顾问。这种情况表明，信托公司在这些业务领域既不具备人才资源优势，也不具备项目储备、筛选等方面及投资管理能力方面的优势。

对于信托业的劣势，一些信托公司早已有所认识，因此，这些公司开始放弃不具备相对优势的业务品种，转而将资源集中于一些具有相对优势或者可能成为明星业务的特定的业务领域和产品品种方面，在某一或者某几种特定业务领域方面精耕细作，逐步形成了专业经营的资源、投资管理和品牌特色，例如联华信托在地产融资信托业务领域、深圳国际信托在与私募基金合作的证券投资信托业务领域、云南国际信托在债券承销和证券投资信托业务领域等，都打造了自己的拳头产品，树立了良好的社会形象。这些公司所取得的成功又进一步带动了其他信托公司朝向专业化经营方向迈进，因此，信托公司的专业化经营模式将成为行业的发展趋势。

3. 信托业两极分化的趋势将进一步发展。信托公司由于多种原因，从重新启程开始就存在两极分化的现象，这个情况随着时间的推移越来越严重。

部分信托公司存在的问题主要有：

（1）产品结构单一化特征明显，突出地表现在贷款类融资信托产品数量占据绝对优势，投资类产品占比很低。

（2）产品创新意愿和能力不足。这比较突出地表现的部分政府控股和大型国企控股的信托公司上。这类企业作为国有控股企业，与其他类型的信托公司相比，公司经营上更重视稳健，管理上强调规范。总体上说，公司的管理机制和管理制度比较健全，有利于公司有效控制经营风险，防范重大经营和财务隐患。但这类公司也容易出现创新动力不足，运作效率不高的问题。这些公司本身因为传统国企的固有缺陷依然存在，创新的激励机制不健全，并且依赖政府和控股股东的资源可以过上富足的生活，这些都导致了其创新动力严重不足。

（3）没有形成自己拥有特定优势的拳头产品，也没有形成行业和社会公认的产品品牌。应当说，这类企业是信托业的多数。整个行业中，真正拥有特定优势的拳头产品，并且形成行业和社会公认的产品品牌的公司可以说是凤毛麟角。

从总体上说，多数信托公司在产品开发创新方面基本上是行业内的跟进者，而不是领头者。这也符合熊彼特论述的创新的主要特点。当然，在跟进者中，跟进的效率和水平存在明显的差异。部分信托公司具有较强的市场反应能力，在产品开发方面的跟进效率总体而言还是较高的。但是也有部分信托公司的跟进效率很低，市场反应严重滞后。

从金融创新的角度看，信托业的主要创新基本上集中在大约 10 多家信托公司，其他公司的创新很少，而这些创新较少的公司多数的业务规模和盈利情况都处于行业下游。

当然，也有少数创新很少甚至没有创新的信托公司，依赖大股东的雄厚实力和各种资源，以及较强的模仿能力，依赖管理部门的积极扶持，通过推出数量较多的集合资金信托产品，扩大银信合作规模，也创造了较大的业务规模，实现了较好的盈利。

4. 金融混业的趋势日渐明显，金融机构之间的收购兼并将进一步发展。一方面，银行等其他金融机构对于收购控股信托公司的积极性空前提高，而从信托公司的角度说，收购控股银行等金融机构，打造金融控股平台，利用和整合多种金融机构的资源优势，也可能成为一个重要发展趋势。后者的典型表现如重庆国际信托，通过参股重庆银行，控股三峡银行，成功将银行与信托的业务资源进行了有效的整合，大大促进了其业务发展。借助于银行的渠道和网点资源，将银行与信托的资源有效嫁接，将可能为信托公司的金融创新提供良好的基础。

第二章 信托创新关联因素分析

第一节 产品创新排名榜

理论上说，创新是决定信托公司的核心竞争能力、决定信托公司的业务发展规模和经营效益的最重要的因素。因此，创新能力应当与信托公司的业务规模和盈利等经营指标存在正相关关系。本章我们将对这个问题进行专门分析。

截至 2008 年 6 月，西南财经大学信托与理财研究所公布的信托行业月度产品排行榜上共有 22 家公司上榜（上榜次数和排名见表 2－2）。虽然排行榜的科学性、全面性和客观性还有待进一步检验，在目前尚未出现更为权威的排行榜的情况下，我们认为至少可以利用这个排名榜在一定程度上分析信托公司的创新意愿和创新能力。

表 2－2　　信托行业月度创新产品排行榜

排名	公司名称	上榜次数	排名	公司名称	上榜次数
1	中信信托	6	4	重庆国投	2
2	北京国投	4	4	联华信托	2
3	华宝信托	3	4	中诚信托	2
3	深圳国投	3	4	湖南信托	2
3	平安信托	3	4	外贸信托	2

续表

排名	公司名称	上榜次数	排名	公司名称	上榜次数
5	中泰信托	1	5	上海国投	1
	云南国投			杭州工商信托	
	天津信托			国投信托	
	苏州信托			国民信托	
	中投信托			北方信托	
	安信信托			新华信托	

第二节
信托财产规模与创新的关联度

一、两极分化的信托业

根据不完全统计，2003～2007 年 12 月，全国 50 家信托公司共发行集合资金信托产品合计 2181 个，合计募集资金 2391 亿元，平均每家发行集合产品 43.62 个，平均募集规模 47.82 亿元。

整体上说，过去的 5 年，信托行业的发展速度是非常之快的，例如，信托财产规模基本上是从零起步，到了 2006 年末，50 家信托公司受托管理的信托财产就已经达到了 3400 亿元，而 2007 年由于银信合作规模急剧放大，信托财产规模更是迅速上升至 9000 多亿元，到 2008 年第一季度就突破了万亿。而基金业受托管理财产的规模达到万亿用了超过 10 年的时间。

但是，信托公司可能又是金融行业中两极分化最为严重的金融机构。以受托管理的财产规模来说，2006 年，最大的公司（中海信托）管理财产 387.8 亿元，是最小的公司（西藏信托）的 518.5 倍。从 2007 年的情况看，最大的中信信托的信托财产规模高达 1962 亿元，但是西藏信托管理的信托财产只有 7415 万元，差距进一步扩大到 2646 倍。

从经营的活跃性（具体表现在产品数量、产品推出的频率以及募集资金规模等方面）方面，名义上有 50 多家营业的公司，但是实际上真正活跃的只有30多家，除了被正式宣布停业整顿的公司外，尚有10余家公司因为种种原因很少开展业务，业务规模微不足道。

二、信托财产规模分析

我们以2006年受托管理的信托财产规模为标准，对受托管理财产最多的30家信托公司进行排名（见表2-3）。

表2-3　2006年受托管理财产最多的30家信托公司

公司名称	信托财产（万元）	排　名	公司名称	信托财产（万元）	排　名
中海信托	3878171	1	中原信托	654062	16
中信信托	3855105	2	深圳国投	637469	17
中诚信托	3054217	3	新时代信托	630436	18
外贸信托	1678460	4	金港信托	615618	19
平安信托	1677266	5	英大信托	598314	20
北京国投	1515897	6	厦门国投	579245	21
天津信托	1083215	7	山西信托	527743	22
上海国投	1051540	8	大连华信	525305	23
江苏国投	1044109	9	国联信托	493442	24
中泰信托	962392	10	中融信托	477083	25
华宝信托	863303	11	联华信托	462823	26
新华信托	749035	12	百瑞信托	459712	27
东莞信托	691757	13	国投信托	458947	28
重庆国投	678292	14	杭州工商信托	432279	29
苏州信托	666994	15	衡平信托	404958	30

2007年后，由于银信合作的大规模发展，上述排名榜有一定的变化。比较突出的是中信信托和中融信托，由于银信合作业务发展迅猛，信托财产规模增加幅度很大，排名前移。其中中融信托的排名由原先的第25位上升到第3位（见表2-4）。另外，衡平信托的排名也有较大幅度的上升，由第30位上升到第13位。

表 2－4　　2007 年受托管理财产最多的 30 家信托公司

公司名称	信托财产（万元）	排　名	公司名称	信托财产（万元）	排　名
中信信托	19619326	1	江苏信托	1293818	16
中诚信托	6643464	2	华信信托	1179816	17
中融信托	6597548	3	天津信托	1126994	18
中海信托	6172359	4	安信信托	1112846	19
外贸信托	5968498	5	东莞信托	1101417	20
平安信托	4759138	6	云南信托	1015831	21
北京国投	3816169	7	厦门国投	938215	22
华宝信托	3363353	8	中泰信托	745941	23
重庆国投	2709172	9	华宸信托	738315	24
上海国投	2285436	10	山西信托	693514	25
深圳国投	2252391	11	中原信托	647669	26
山东国投	2040578	12	新时代信托	641233	27
衡平信托	2002715	13	苏州信托	621132	28
新华信托	1970523	14	国投信托	603382	29
江西国信	1559928	15	金港信托	582602	30

对比创新产品排名榜，可以发现两者之间虽然存在一定的偏差，但是相关度非常高。总体上来说，除了个别例外，创新排名榜靠前的信托公司，受托管理的信托财产规模排名也比较靠前。

第三节
集合类产品与创新的关联度

按照 2006 年集合资金信托产品以及受益权分割转让类信托产品的发行数量为标准①，中国信托行业中最活跃的 30 家信托公司排行榜如表 2－5 所示：

① 实际上，集合资金信托产品的数量和募集规模并不能真正完全客观地反映信托公司的活跃度，因为也有少数公司的集合资金信托产品很少，但是依靠其他产品，其业务规模也做的非常之大。但是限于单一资金信托等非集合产品数据收集的困难，我们在这里只能通过集合产品的情况管中窥豹了。

表 2－5　　2006 年最为活跃的 30 家信托公司

发行机构	总个数	排　名	发行机构	总个数	排　名
华宝信托	31	1	内蒙古信托	14	11
天津信托	31		安徽国元	13	12
联华信托	30	2	中融信托	11	13
湖南信托	28	3	宁波金港	11	
上海国投	26	4	重庆国投	10	14
苏州信托	23	5	工商信托	8	15
深圳国投	23		西部信托	8	
山西信托	21	6	江西国投	8	
中原信托	20	7	北京国投	7	16
厦门国投	20		兴泰信托	7	
衡平信托	17	8	中海信托	6	17
中诚信托	16	9	山东国投	6	
百瑞信托	16		陕西国投	6	
平安信托	15	10	中信信托	6	
云南信托	15		中泰信托	6	

而 2007 年的情况有所变化，但是没有特别重大的变化，只有中泰信托的排名下降较大。具体排名情况见表 2－6。

表 2－6　　2007 年最为活跃的 30 家信托公司

发行机构	总个数	排　名	发行机构	总个数	排　名
深圳国投	49	1	华信信托	27	8
华宝信托	46	2	衡平信托	27	
上海国投	43	3	外贸信托	21	9
云南信托	37	4	中原信托	18	10
平安信托	35	5	中诚信托	17	11
中海信托	29	6	重庆国投	15	12
北京国投	28	7	北方信托	15	12
天津信托	28		苏州信托	15	
湖南信托	28		厦门国投	15	

续表

发行机构	总个数	排　名	发行机构	总个数	排　名
山西信托	14	13	中原信托	11	16
奥财信托	14		中投信托	10	17
江苏信托	14		百瑞信托	10	
华宸信托	13	14	国元信托	10	
新华信托	13		江西国信	9	18
国民信托	12	15	中泰信托	8	19

对比创新产品排名榜，可以发现公司活跃度与创新之间也存在一定的相关性，但是偏离程度高于信托财产规模与创新能力的排名关联度。这可能与统计对象仅仅限于集合资金信托产品直接相关。总体来说，创新与信托公司的活跃度之间存在明显的关联关系。

第四节
盈利能力与创新的关联度

按照2006年的净利润排名和净资产收益率排名（各自占50%）加权计算，中国盈利能力最强的前30家信托公司排名如表2－7所示：

表2－7　　盈利能力最强的30家信托公司

排名	公司名称	净利润（万元）	ROE	排名	公司名称	净利润（万元）	ROE
1	深圳国投	53697	27.22%	7	兴泰信托	7493	14.23%
2	中诚信托	27539	22.95%	8	国联信托	9384	12.68%
3	平安信托	57617	12.90%	9	中信信托	13033	12.25%
4	上海国投	39426	13.82%	10	国元信托	14706	9.19%
5	中海信托	13460	14.35%	11	中原信托	7730	12.56%
6	重庆国投	16120	12.09%	12	外贸信托	10526	10.37%

续表

排名	公司名称	净利润（万元）	ROE	排名	公司名称	净利润（万元）	ROE
13	华宝信托	11844	10.29%	22	华信信托	4798	7.14%
14	杭州工商	5297	12.89%	23	国投信托	4863	5.90%
15	云南国投	4752	12.57%	24	山西信托	7083	5.08%
16	天津信托	8793	7.74%	25	东莞信托	4973	8.36%
17	内蒙古信托	5297	8.89%	26	江苏信托	7433	2.85%
18	苏州信托	3793	10.68%	27	英大信托	3141	6.67%
19	北京国投	7876	5.17%	28	金港信托	2554	6.54%
20	中泰信托	4478	8.67%	29	新华信托	2993	5.67%
21	联华信托	4517	7.90%	30	吉林信托	4340	4.21%

对比排名榜，可以发现盈利能力与创新之间也存在比较密切的关联关系，在创新排行榜出现较多的公司，都是盈利大户，盈利能力也比较强。而从盈利能力排行榜看，情况有所不同，创新能力排行榜上没有上榜的兴泰信托、中原信托、国元信托和国联信托都出现在盈利能力排行表的前 15 名中，除了创新能力排行榜的客观性偏差因素之外，可能与部分公司持有证券公司、基金管理公司及其他实业公司股权带来的投资收益有关。

第五节
政策引导和制度建设对创新的重大影响

一、政策与制度影响创新的经典案例

政策引导和制度建设对于创新也许是影响最大的决定性因素。在这方面，比较典型的例子是新政之后 PE 信托产品的发展。虽然说 PE 信托产品早就存在，但是，应当说，如果没有新政，这类业务不可能成为被信托公司

大规模地开展。按照监管部门将信托公司从融资平台向投资平台转型的意图，以私募为特征的 PE 集合资金信托业务将成为信托公司未来的重要业务，在中国特殊的社会经济背景之下，信托公司大规模开展 PE 业务可能导致的一个直接结果就是信托型的 PE 成为中国创业投资基金的主导融资模式。而在西方国家，合伙制基金是最为常见的 PE。

政策和制度引导的第二个典型就是资产证券化业务。资产证券化是指通过结构性重组，将缺乏流动性但具有未来现金流的资产转变为可以在金融市场上出售和流通的证券。资产证券化是近 30 年来国际金融市场上最重要的金融创新之一。资产证券化就其组织形式而言有信托型和公司型两大类。由于我国并不具备公司型 SPV 的法律条件与制度基础，信托型 SPV 实际上是现实可行的惟一选择。

从理论上说，任何未来可以产生稳定现金流入的资产都可以证券化。但是，由于法规制度的制约，目前信托公司所能够开展的资产证券化业务仅仅限于银行信贷资产的证券化。而信托公司之所以能够开展这类业务，也是拜赐中国人民银行会同中国银监会于 2005 年 4 月 20 日颁行的《信贷资产证券化试点管理办法》、2005 年 6 月 13 日发布的《资产支持证券信息披露规则》等法规。

第三个典型案例是信托产品标准化的法律规定对于金融创新的积极作用。信托产品标准化的核心功能，在于能够有效降低交易成本，并且可能为其流通转让的证券化奠定基础。显然，产品标准化是解决信托产品流动性问题的最好路径。在非标准化集合信托业务中，由于投资者的投资能力并不相同，所投资金额也各不相同，没有标准的计算单位衡量投资，当投资者需要将所投资金（受益权）转让变现的时候，可能因为金额过大或者过小，往往很难寻找合适的交易对手，难以撮合交易。信托产品标准化，通过将信托产品按照信托本金标准地分割成若干标准单元后出售给投资者，在投资者需要流动性之时，可以将自己投资的信托产品按照标准单元分割，向不同的投资者出售。信托产品标准化，显然有利于信托产品在二级市场的交易和流通。

2006 年 12 月修订的《信托公司集合资金信托计划管理办法》规定了信托受益权可以等份额划分为若干信托单位，为信托产品标准化扫清了制度障碍。

二、政策和制度因素对创新的双向作用

制度建设或者政策变化可以引导金融创新，或者为金融创新提供政策空间，而在另外一个方面，制度或者政策的抑制既可能扼杀创新，但是也可能诱导金融创新，因为在后者的环境中，金融创新被用于规避制度和政策的管制。因此，制度建设和政策引导不是万能的。相反，有些情况下正是制度建设的滞后或者政策的抑制，反而可能促进信托公司的创新。我们仍然以资产证券化为例，由于其他资产的证券化在现行法律制度架构之下难以进行，信托公司以资产支持信托的方式，通过受益权的分割转让同样可以达到资产证券化类似的目的。

信托新政对信托产品传统营销模式的颠覆，加上银行理财业务的蓬勃发展，也直接促进了银行与信托公司的大规模合作，由此导致了在银连信理财产品领域的一系列金融创新。

银信合作无疑与来自制度层面的约束密切相关。一方面，严格的私募要求和原规制下合同数量的限制，使信托机构面临客户资源和资金规模的制约，传统的信托私募发行方式难以满足一些资金需求量较大的基础设施、能源投资等项目的投融资需要。商业银行具有庞大的客户群体和营销网络，且银行理财产品的发行不受数量的限制。银行理财产品的介入，正好解决了信托公司面临的这一难题；另一方面，银行个人理财市场中，由于国内债券市场和衍生品交易市场短缺，绝大部分理财产品严重依赖于国外银行机构开发的结构性金融产品。国内商业银行推出这类理财产品不但面临汇率变化、挂钩收益和境外管理等诸多风险和问题，而且缺乏产品的自主开发和创新能力。相比之下，一些信托产品特别是由银行提供担保的投资于基础设施、能源设施的信托产品不但具有可观收益，而且信用级别较高，风险相对较低，从而成为一些银行理财产品青睐的投资目标。

在信托公司面临严格监管的环境中，银信之间理财产品与信托产品的连结，无疑是信托业所面临局限条件下的次优选择。银信合作的创新意义非常重大，而这些金融创新对我国信托业的发展和银行业的发展都将产生深远影响。

2006 年下半年以来，银信合作业务发展迅速。以 2006 年 5 月 16 日民生银行和平安信托合作推出的“双层信托银信连结理财产品”，即民生银行

"人民币非凡理财产品——T1、T2 计划"对接平安信托"江珲高速公路项目贷款资金信托"为历史性开端，投资于信托的商业银行个人理财产品纷纷出现。由于银行理财产品零收益、负收益的情况几乎都出现在非银信合作产品中，银信合作产品相对的稳健和高收益，进一步促进了银信合作的规模不断扩大，借助信托管道的银行理财在 2008 年之后实际上已经成为银行理财产品的主流。银信合作是金融创新的直接结果，而这种结果又进一步带动了银行理财和信托领域的创新。而其间管理层采取的默许甚至鼓励态度，是成就这些金融创新的重要因素。

信证合作也是制度约束的产物。从本质上说，基金管理公司其实就是专业从事证券投资信托业务的信托公司（我国台湾地区和日本都称之为投资信托公司），而证监会发布的大量管理规章，实际上早就赋予了证券公司从事集合资金信托业务（证券业叫做"集合资产管理业务"）和资产证券化业务的资格，从理论上说，证券公司和基金公司都无需借助信托公司的平台从事信托业务。但是，证券业和基金业一直采取严格的行政审批制度，并且其行政审批制度在所有的金融行业中是最严格的，这就导致了证券公司和基金管理公司在有些情况下为了规避行政管制而与信托公司合作开发金融产品。

2003 年 8 月 18 日，全国首个"证信合作"创新证券投资信托产品——"鲁信证券投资信托"发行。这是山东国际信托和西南证券联合开发的一个理财产品，也是国内首个标准的证券投资信托产品。

2006 年，杭州工商信托与深圳世纪证券、英大信托与湘财证券合作，由信托机构设立集合资金信托，信托财产交由券商具体运用管理，也就是说，信托公司担任受托人，最重要的功能是募集资金，而投资管理人实际上是由券商担任的。这样的合作模式在银监会要求信托公司履行亲自管理职责的政策引导之下，在 2007 年之后有所变型，就是券商的角色演变为投资管理顾问，其在整个产品运作过程中的主导作用和重要性至少在形式上有所降低。

但是，与银信合作比较，信证合作无论是深度还是广度都相差甚远，证券公司、基金公司与信托公司之间的竞争关系显得远远突出于合作关系。加上主管部门对于信托风险蔓延到证券业的恐惧（证监会的一些分支机构明确发文禁止证券公司销售信托产品），信托公司募集资金能力的不足等多种因素，两者之间的合作规模很难出现重大发展。

第六节
金融经济形势对创新的影响

一、金融形势对证券投资信托业务的影响

金融经济形势对信托领域创新的影响也非常直接和明显。最典型的例子就是证券投资信托业务的创新以及发展与整个经济金融形势尤其是股票市场走势所呈现出的关联关系。

就整个信托行业的情况看，证券投资一直是信托资金的一个重要运用领域，但是2007年之前，证券投资信托业务并不占据特别重要的地位，有些信托公司甚至在2004年、2005年的证券投资信托产品数量为0。这种情况的出现并非偶然，而是与2001年之后长达5年的漫漫熊市存在直接关系。

进入2007年之后，从整个行业的情况看，证券投资领域的信托产品呈现一枝独秀的局面，传统的其他领域投向的信托产品均出现大幅度萎缩（整个行业是相对数量和规模的下降，而具体公司则甚至出现绝对数量和规模的下降）。导致这种情况出现的重要因素有两个：新政政策的导向和股市火暴。一方面，新政的政策导向要求信托公司必须提高投资类信托业务，而投资类业务中，证券投资信托业务显然属于技术难度较小、在信托公司现有的资源约束下最容易大规模开展的，从这类业务开始入手转型是理性选择；另一方面，2007年中国股市是历史上最大的牛市，股市火暴，这类业务直接迎合了市场的需求。如果没有牛市作为前提，证券投资信托业务是难以成为热点的。这充分印证了形势的重要性。

二、经济形势对房地产融资类信托业务的影响

2007年信托产品的另外一个重大变化是房地产融资类的信托产品的占比急剧下降。几年来，房地产融资类的信托产品的特点是大起大落，数量和规模变化很大，说明房地产行业处在国民经济中的风头浪尖，受房地产调控政策法规的影响很大。2007年房地产融资类信托产品的大幅度下降，显然

经济形势的变化是最重要的因素。一方面，股市火暴导致信托产品的热点转移，另一方面，政策面继续维持对房地产业的高压，而信托公司转型的要求又限制了信托公司以传统方式进行短期融资方式，投资类的房地产信托产品要被房地产开发商接受需要时间，并且房地产投资信托产品也受到制度制约难以开发创新。

房地产融资类信托产品经常被媒体和业界说成是“房地产信托”或者“房地产投资类信托产品”，其实这两种说法都是错误的。房地产信托属于不动产信托，其信托财产是房地产。而媒体记者和业界人士的本意显然都不是指的信托财产为不动产的信托，而是指的为房地产企业提供融资的一类信托产品，一般是资金信托产品，也包括通过受益权分割转让为房地产商融资的信托产品。但是，将其称为“房地产投资类信托产品”也不正确，原因在于，2008 年之前，这类产品的信托资金多数是以贷款方式运用，以投资方式设计的产品非常少见。

新政之后，原来的贷款或者其他短期债务融资方式的信托产品受到法规和政策限制，于是信托公司不得不进行创新转型。在房地产类信托产品方面，最典型的创新表现之一是多家信托公司纷纷推出被媒体或者自己宣传为“中国第一个真正意义上的 REITs 的信托产品”。但是这些产品中，有些根本就与 REITs 完全无关，例如 2008 年 3 月建设银行、上海国际信托投资有限公司合作推出的“乾图理财信托理财产品”，被媒体说成是“除了缺乏流通性外，其余已与真正的 REITs 非常接近”。这款产品由招商地产将旗下包括深圳招商地产有限公司和深圳招商新安置业有限公司的部分物业的收益权打包作为信托的支持资产，然后将受益权转让给银行理财资金，实际上就是一个为房地产开发商招商地产融资的受益权转让的信托产品（因为银信对接，也是银行理财产品），或者说是类似资产证券化的一个信托产品。

在 REITs 方面，真正有所创新的是“中信凯德 1 号科技园区股权投资信托计划”，但是这款产品也谈不上是真正意义上的 REITs[①]，将该款产品归为中国“第一支按照国际标准 REITs 经营管理模式设计的”的信托产品的说法显然是牵强附会。

① 杨林枫：“中信凯德 1 号科技园区股权投资信托计划评析”，《信托与理财研究网》，2008 年 4 月 2 日。

投资类的房地产融资信托产品之所以创新困难，最重要的制约因素是制度制约。如果开发真正意义上的REITs，首先将遇到的障碍是现有制度约束下募集规模的瓶颈，而没有募集规模显然就没有真正的组合投资，也就不可能出现真正的REITs；其次是房地产交易税费如果不能减免，将大大提高房地产投资信托的经营成本。中信信托的“凯德1号”之所以要投资项目公司的股权而不是直接投资房地产资产，其背后的隐情是：在现行的房地产产权登记制度之下，信托收购资产必然会被视同信托公司收购资产，要支付各种交易税费，而收购项目公司的股权是一种最节省交易成本的交易安排。

新政之后，一方面，信托公司在产品营销和资金募集方面面临比过去更高的门槛，新政关于合格投资人的规定，也使得风险承担能力不强的普通投资者被拒之信托投资门外，信托公司必须针对风险偏好型的高端投资者开发新产品，以前实现产品结构和客户结构的转型；另一方面，信托公司的转型是新政确定的硬任务。在这种情况下，信托公司面临很大挑战，其研发部门是否能够顺利探索研发各种非贷款类信托产品，尤其是适合公司特定情况、具有竞争优势的投资类产品，不但事关公司的战略转型是否能够顺利完成，以及完成的时间进程，而且一定程度上决定了信托业的命运。因此，信托业的发展需要更多的制度建设支持。

第七节
战略选择：做创新的领跑者还是跟进者

战略选择显然也是影响信托公司产品创新开发的非常重要的因素。信托公司一旦选择了作为创新的领跑者，把创新作为引导公司业务发展的发动机，就必须倡导创新思维，为产品和业务的创新奠定思想基础和组织基础。而如果信托公司仅仅是选择作为创新的跟进者或者模仿者，则创新和业务开发采取的策略显然是不同的。

私募型信托产品的一个典型特点就是非标准化或者说个性化，这个特点导致信托产品与一些标准化的金融产品相比容易有更多的创新，也必须有更多的创新，以在竞争中保持优势。在另外一个方面，私募本身的特点是信息在一定范围内的封闭，并且创新需要投入大量的智力成本和其他成本，但是创新成果一旦公开，其技术上被模仿的成本又相当之低。更重要的是，创新者创新的重要动机之一是希望通过创新谋求在行业内、某个业务领域内或者某个具体产品领域中获得领先地位，通过创新获得经济利益，包括公司形象效益和品牌效益，因此，创新者一般都将创新视同专利，一般不会向同行公开其中的关键点和技术细节。如果创新的保密是有效的，行业中的大量创新并不能够立即被同行所模仿或者跟进。这导致的结果是，从一定意义上说，信托公司即使要跟上行业的潮流，也需要通过不断的研发，谋求破解同行创新的关键点和技术细节，制定整套业务流程和管理规范，并组织创新跟进业务的实施。从这个意义上说，未能成为第一梯队的创新领先者，要保持业务进展始终紧跟行业潮流，研发工作仍然是不可缺少的。而研发工作的卓有成效，可以保障公司始终能够跟上时代的潮流。

为什么有些公司选择作为行业的领跑者，但也有的公司宁愿作为行业创新的跟进者，原因其实是简单的：首先是创新领先者所需要具备的人力资源等资源，并不是所有的业者都可以具备。作为领跑者固然精彩，但是，不是所有的人都有能力加入领跑的行列。而作为行业跟进者可以或多或少地借鉴领跑者的经验，并且可以规避大量政策风险和市场风险。也正是因为如此，我们才看到，信托业的多数创新都是由这个行业的10多家公司进行的。当然，不做或者不做行业的领跑者，并不意味着在所有的产品和业务领域都只能模仿和跟进，事实上，一些跟进者也时有重大创新，也就是说，创新被行业中的第一梯队完全垄断是不可能的。

选择成为创新领跑者的信托公司，对产品研发创新工作将会更加重视，在产品研发方面会安排较大的资源投入，对研发团队的组建也会更加重视。目前几乎所有的信托公司都设置有研究发展部门，但是很多公司的研发部门所起的作用非常有限，甚至与业务部门完全隔绝，信托公司研发部门沦落为花瓶的情况也绝非个别。事实上，研发部门只有通过与业务部门相结合的方式，研发体制采取专职研发部门和业务部门自主研发相结合的方式进行，业务部门与研发部门的研发力量和资源才能进行有效的整合，有效扩大信托公司的研发整体力量。

产品研发的创新战略选择还必须考虑信托公司的相对优势，根据公司在项目运作和风险控制方面所积累的经验，集中资源于特定产品和业务运作领域，为公司形成主导型、有核心竞争能力的拳头产品和业务奠定基础。

第八节
人力资源与创新

人力资源与创新的关系首先表现在人力资源的素质上，而人力资源的创新素质主要表现在研发人员和信托业务人员的创造性思维能力、项目研发设计能力、技术创新能力、产品开发推广能力以及市场组织开发能力等多方面，并且表现信托公司中高级管理人员的创新战略思维能力、政策执行能力、管理协调能力、开拓创新能力、业务拓展能力和风险防控能力等方面。

根据信托公司所公开披露的信息，信托公司从业人数总计仅仅约 4000 人，平均每家公司不到 100 人。

信托业在其最高峰时代从业人员超过 8 万人（这是中国银监会估计的数字，学界估计数字为超过 10 万人），但是，行业的清理整顿旷日持久，其间又经历分业经营，信托行业的人员、资产大量被剥离给其他行业（主要是证券行业、基金行业以及其他实业投资行业），最终导致信托业成为人数最少、业务规模最小的行业。虽然从 2003 年之后经历了几年的恢复发展，业务规模有较大的增长，但是由于业务模式和业务结构的影响，人员并没有相应规模的增长。即使未来行业的规模进一步大大扩展，但是由于信托行业从事的是受托管理财产业务，是一个高度依赖智力、创造力开展业务的行业，依赖的是人的智力、素质而非数量，因此，信托业的人力资源也不可能出现大规模的增长。并且，最近两年，随着银信合作业务的迅速扩展，信托公司主动管理型或者说主导管理型信托业务占比出现下降趋势，管道型业务占比大幅度上升。而管道型业务本身没有太多的技术含量，信托公司的角色是辅助，无需投入太多的人力资源。这类业务虽然导致信托公司受托管理的财产规模迅速膨胀，但信托公司对投资管理人才的需求并不会相应增加。这些因素都导致了未来“行业人口”的规模仍然将维持在较低的水平。

信托业的人力资源状况总体而言并不尽如人意，突出表现在：第一，现有的信托公司的人力资源中，缺乏信托从业经历的人员占比相当之高，甚至从非金融行业转入的人员的占比也非常高，尤其是高管人员。相当多高管进入信托行业不是因为他们是资产管理行业的专业经理人，而是因为他们是股东的代表，其中有些人对于信托和财产管理缺乏基本的概念，需要在工作中边干边学；第二，信托行业名义上是个老行业，至少具有 20 多年的历史，但是由于传统的信托公司开展的业务庞杂，信托业务未能成为主业，因此即使是所谓的老信托，也未必对信托制度和业务知识有多么精深的了解。而由于从业资格考试制度迟迟未能实施，高校金融专业多数也没有开设专门的信托课程，新加入的从业人员没有受过基本的信托理财理论训练。这样的人力资源状况显然会对信托公司的金融创新产生负面的影响。

从理财市场和整个金融理财行业的角度看，最近几年所有金融机构都以各种名目开展了信托理财业务，但是总体而言，理财专业人员严重匮乏，而我国高校金融学院教学课程体系设计的严重缺陷，以及理财专业师资的严重匮乏，使得高校在短期内根本不可能具备大规模高质量培养理财人才的能力，更何况对理财人才的培养迄今根本就尚未列入高校金融专业的议事日程。这就导致了整个金融行业理财人才严重匮乏的状况要长期持续。

而在所有金融机构理财专业人力资源状况均存在质量问题的情况下，信托公司相对来说反而显出了在理财人才方面的一定优势。事实上，目前的银信合作中，银行由于在渠道和网点等多方面的资源优势使得其在收益分配方面占据绝对优势地位，信托公司处于非常弱势的地位，但是在理财产品研发设计方面，银行严重依赖信托公司的人力资源，信托公司经常处于主导地位。这个情况的出现主要原因是银行虽然家大业大，人马众多，但是在理财或者说财产管理业务领域的人才却极度匮乏。银行之所以大量从洋人那里进口垃圾理财产品方案，固然与中国人固有的崇洋媚外传统高度相关，但是显然也与银行自己的人马对理财理论知识缺乏基本的了解直接相关①。

① 即使是在大量垃圾理财产品出现零收益的情况下，某些银行仍然宣称，他们的产品本身并没有问题，是投资者和市场有问题。例如某银行声称，“我们的产品是从国外著名银行购买的，不是我们设计的！国外理财市场和产品是非常成熟的，国内市场是不成熟的，投资者的心理也不成熟，因此可能对产品产生误解。我们理财产品的推出有合理性，但是市场的变化有时是不合理的！”

第三章 信托公司的标杆模式与产品创新

第一节 信托业务发展模式

根据信托业数年的实践，信托公司业已形成了可资总结的多种业务发展模式，主要包括财富管理模式、专业领域模式、综合经营模式等。

一、财富管理模式

这种业务模式着重发挥的是信托产品的财富管理功能，将信托产品进行基金化运作，使用组合投资的方式来管理信托财产。业内有人称之为类基金模式。其实“类基金”这种说法本身未必准确，因为我们通常说的基金——证券投资信托基金，本身就是一种典型的信托产品。将这类产品称之为“类基金”的主要原因是这类产品和证券投资基金一样，是先募集资金再进行组合投资运用。

目前多数信托公司运作项目都是先筛选和论证项目，确定融资项目的可行性之后再由信托公司设计一定形式的信托产品，向投资者推介产品募集资金。这种业务模式的中心是为委托人（受益人）之外的第三方融资，而在稳健前提之下为受益人谋求最大利益的信托精神和信托目的在这类产品和业务中反而不是非常突出。这种模式因为募集规模的制约，通常也不可能进行充分的组合投资。

同先有项目后募集资金的信托业务运作的一般模式相比，财富管理模式有两大特点，一是先募集资金，再选择资金运用的项目；二是进行组合投资。这里所说的先募集资金再选择项目其实并不是资金募集到位之后才着手寻找项目，实际上，按照这种模式开展业务，如果投资对象不是证券而是实物资产和实业项目，则一定是从信托公司早已建立的项目储备库中进行筛选的。

这种类基金化的运作模式能够更科学、更高效的管理信托资产，降低信托资产运作中的非系统性风险，同时这种模式对信托产品管理团队的投研能力要求更高，更能发挥信托公司能够横跨资本市场、货币市场、产业市场等多个领域进行投资运作的优势。这种财富管理的模式也更符合广大富裕阶层对理财的需求，所体现的为投资者（受益人）谋求最大利益的信托精神和特点也更鲜明。因此，这种模式应当是信托公司业务转型的一个主要方向。

但是，这种财富管理模式在目前的制度架构之下很难成为信托公司业务模式的主流，因为现行的信托经营法规对自然人投资者有很高的投资门槛限制和数量限制，导致信托产品很难有较大的募集规模，除非借助于与银行合作，募集规模达到有效地进行组合投资的规模是非常困难的。除了制度方面的障碍之外，监管政策的不统一也是一个重要障碍。从实践看，这种模式并不被所有区域的银监机构所认可。虽然法律和法规都没有禁止这种模式，但是部分地区的监管机构和监管人员思想僵化，他们认为只有“法律允许才是合法的”，而不是“法律没有禁止就是合法的”，出于防范风险的目的，他们禁止信托公司按照这种模式运作业务。

从信托产品本身的性质上看，也并不是所有信托产品都适合运用财富管理模式进行运作。一般来说，最合适运用这种模式的信托产品是投资对象适合运用组合投资或者品牌经营的，其中最典型的信托产品为证券投资信托、私人股权投资信托（PE）等。

目前我国信托公司中，较多运用财富管理模式的信托公司有联华信托、深国投、华宝信托、平安信托等。其中的联华信托运用这种模式较早，产品运用范围较宽，并且很早就将这类模式运用于地产项目融资类信托产品的开发，运用过程中不断深化了产品创新，并且产品的品牌化进程也先于行业其他公司。在财富管理模式方面，联华信托可谓是行业的领先者。

二、专业领域模式

当信托公司根据自己的资源优势，选择某一或者某几种类型的特定信托产品和业务作为自己的主打产品和拳头业务时，专注于这类产品的开发和创新以及品牌化，其在该产品和业务领域内的专业运作经验和能力将不断累积，并且对整个行业这一领域的产品创新和业务发展起到比较强的推动作用，当其业务规模达到一定的规模具有较大影响力时，往往它的品牌形象与这一专业业务领域就会密切地联系到一起，以至于外界一提到某类信托产品，必然将其与某家或者某几家信托公司联系到一起，这种经营模式就是专业领域模式。

因此，专业领域业务发展模式是指公司在某一特定领域或者具体细分业务上拥有较多的资源和经验，具有自身独特的优势，公司的业务经营重心主要放在该领域从而成为特定产品和业务的行业领跑者的业务发展模式。

我国在这种模式下运作比较成功有联华信托（房地产项目融资信托领域）、深国投（证券投资信托领域）、中诚信托（年金信托领域）、云南信托（证券承销以及证券投资信托领域）等。

专业领域模式总是与信托产品的创新直接联系在一起的。信托公司在特定业务领域或者产品方面取得优势地位，必须借助于不断进行的创新保持特定业务或者产品的特色和竞争力。一旦创新停滞，原先在特定业务和产品领域形成的相对优势就可能丧失，被竞争对手赶超。而信托公司的竞争对手甚至还包括非信托公司的金融机构。例如，中诚信托的年金信托业务虽然维持在行业内的优势地位，但是面对各类金融机构大军进军年金信托业务领域的竞争格局，就整个理财市场的情况看，中诚信托的相对优势其实已经逐渐丧失。而目前年金信托市场的运作规则实际上决定了这是难以避免的结局。

与财富管理模式比较，这类模式的形成难度更大得多，而这类模式运作成功的结果，不但是信托公司在某类信托产品上形成特殊的竞争优势，拥有较多的市场份额，而且意味着信托公司在行业和社会上拥有企业形象和品牌方面的较大影响力，某种产品、业务总是被与一家或者几家信托公司联系在一起。

三、综合经营模式

综合经营模式是指信托公司在固有资产经营、信托主业经营等方面全面地开展业务，各类业务包括信托业务、以固有资产对金融机构投资入股、投资其他金融产品、投资银行、咨询业务等都全面介入，并且开展的规模较大，均衡发展。这方面做得比较突出的有深圳国投、中信信托、上海国投等。

第二节 资源整合模式分析

创新必须借助于一定的资源支持，因此，创新也可以说是资源整合的过程。我们这里所指的资源整合，主要是信托公司对外部资源利用与整合的模式，包括公司与股东、公司与外部投资管理机构的合作两方面。

一、股权结构模式

股权结构模式是指信托公司的股东构成并由此而产生的公司与股东资源整合的状况。

信托公司的股东背景最常见的有三大类：大型国有企业集团、金融控股集团、地方政府控股，因此对股东资源的整合也主要包括三种情况。但是，从 2007 年以来的情况看，外资金融机构入股信托公司可能会成为一种趋势和潮流。而整合利用外资金融机构的国际品牌和国际人才以及渠道等资源，也将成为一种重要的资源整合类型。

与大型国有企业集团股东的资源整合，有利于信托公司充分利用大股东的专业背景，在某一专业领域内做深做实，不断创新，形成自身独有的优势。这一类型公司包括中海信托、华宝信托等。一般来说，这类公司不仅能够借助大股东的商誉，而且可以充分利用股东的各种资源。例如，中海信托就充分利用了大股东中海油的各类资源，成功介入社保资金等的管理领域，迅速扩展了受托管理财产的规模。

金融控股集团背景下的信托公司，或者信托公司本身就是金融控股主平台的，通过金融控股平台，能够将银行、证券、保险、信托等多个金融子领域有机地整合在一起，充分发挥信托公司对跨金融市场资源的整合作用，实现公司与整个集团资源的优化配置。这类公司可以使用关联金融机构的营销渠道，共享其客户资源。这类公司的典型代表包括平安信托、中信信托、重庆国投等。

由地方政府或其下属企业控股的信托公司，在其所属的地区范围内具有天然的经营优势，与地方政府的先天纽带和良好关系，使得公司在地区内能够在项目的获取、营销的渠道、资源的调配等方面获得充分的优势。这类公司包括上海国投、重庆国投等。

二、外部合作模式

外部合作是指信托公司通过与外部投资管理机构或者金融机构的合作，使公司推出的信托产品能够更好、更有效地运作，为受益人和公司带来利益。这种合作模式的典型方式是在信托财产管理中引入投资管理人或者投资顾问，投资管理人或者投资顾问也可以同时作为受益权分级中的一般受益人（次级受益人）。投资管理人接受信托公司的委托，履行信托财产的投资管理职能，而投资顾问则以咨询顾问的身份为信托公司的投资管理提供咨询服务。

外部合作模式主要被运用于证券投资类信托产品和 PE 类产品。在证券投资信托产品中，这种合作方式已被深国投、平安信托、华宝信托、上海国投等信托公司广泛而成功的应用于私募基金借助信托渠道实现阳光化的过程中。信托新政后，这种模式又开始被深圳国投、湖南信托、新华信托等多家信托公司广泛运用于 PE 类产品中。在 PE 中，信托公司的合作伙伴一般为专业创投机构。

此外，信托与基金公司、证券公司、银行等金融机构的合作也越来越深入，其中基金公司和证券公司作为证券投资信托的投资顾问、银行与信托合作开发产品与共享渠道等，都是信托公司与外部机构合作进而做到资源充分整合的有效方式。

但是，这种模式也可能带来负面作用。信托公司业务领域广阔，在很多领域，尤其是一些新兴的领域，并不具备人才、项目储备、管理运作等方面的资源优势，借助投资顾问的资源显然有利于信托公司的业务开拓。但是，过分依赖于他人的资源也会影响自身投资管理能力的培育，导致信托公司的核心竞争能力难以培育和提升。

三、品牌建设模式分析

品牌建设与创新的关系也非常密切，实际上，品牌本身的创新也是信托公司营销创新的重要组成部分。而品牌建设又经常与产品创新是联为一体的。在专业领域经营模式中，品牌结合创新是信托公司在特定信托业务领域占据优势地位的主要工具。而品牌的培育和提升几乎都是与产品的创新相联系的，两者是相辅相成的关系。

由于信托制度门槛的限制，大部分公众一般都被排除在信托投资的大门之外，信托产品的销售范围受到严重局限，而且又不能直接通过电视、报纸、广播等媒介向公众直接宣传信托产品，在这种情况下，很多具有品牌经营意识的信托公司，如联华信托、百瑞信托、华宝信托、中信信托（与中信集团成员共用理财产品品牌）等都另辟蹊径，运用不同的方式来提高自己的品牌知名度和美誉度。信托公司在品牌经营方面的主要模式包括运用产品名称带动品牌经营、通过专注领域业务的领先带动品牌化经营、通过媒体、广告宣传塑造公司形象等多种。

（一）运用产品名称带动品牌经营

这类方式是将公司的信托产品的名称之前均冠以信托公司的名称或者简称，然后再根据具体产品的特点冠以其他产品品牌。

有些公司只是将某一特定产品品牌化经营，而特定产品之外的其他产品则没有进行品牌化经营。典型的如中泰信托，其证券投资信托产品的品牌是“中国红”。但是公司的品牌化战略没有贯穿到所有产品和业务领域，有些系列的产品没有品牌，或者品牌的使用没有规律，非常不规范。

有些公司则把主要产品均予以品牌化，并且特定种类产品具有共同的产品品牌，例如按照信托资金的投向领域不同分别赋予不同的产品品牌名称，产品品牌之前冠以信托公司的名称，例如比较典型的百瑞信托，其产品分为百瑞宝盈系列、百瑞恒益系列、百瑞富诚系列等，分别代表房地产企业融资系列产品、新股申购系列产品、土地开发与基础设施系列产品。

（二）通过专注领域业务的领先带动品牌化经营

具体而言，就是信托公司集中精力把某一领域的信托产品作为其重点拳头产品进行开发，使之打造成业内和社会知名度和美誉度较高的精品信托产品，最典型的是联华信托的联信宝利系列房地产融资类信托产品。

（三）通过媒体、广告宣传塑造公司形象

在利用媒体塑造公司和产品品牌方面，多数公司选择了新闻报道为主的方式，少数公司采取广告与宣传并重的方式。

选择新闻报道的方式多结合信托公司的一些重要业务活动、公益活动或者结合具体产品的营销进行宣传。

广告投入可以选择不同的模式，其中比较典型的模式是联华信托和山东国投模式。联华信托在福建高速公路沿线以及一些中心城市都投放有巨幅广告，这在全国的信托公司中属于非常少见的情况。而山东国投则在山东本地的报纸媒体长期投放公司形象和产品广告。

应当说，绝大多数信托公司都通过与所在地媒体的合作方式进行公司品牌的塑造，但是对于全国性媒体的利用不多。这主要是因为，现行的法规制度对异地经营的限制以及信托公司自身的区域定位等多种原因导致了信托公司的长期区域化经营，信托公司跨区域经营的情况并不普遍，这就导致信托公司注重其在注册地的社会形象和声誉，但是并不特别看重其在全国的知名度。于是，信托公司多数选择通过当地网络和当地报刊进行广告宣传。

就整个行业而言，多数公司在平面媒体投放的广告量不多，导致整个行业的社会关注度不足。必须指出的是，信托公司的财务会计年报以及重大经营活动强制信息披露制度其实大大提升了信托业的社会关注度，虽然很多业界人士对这个制度深不以为然，并且这个制度的设计初衷显然也不是为了提高信托业的社会影响，但是正是这个制度的存在，使得几乎所有大型财经类媒体出于商业性利益动机长期保持了对于信托行业的关注，大大增加了信托行业的曝光率，提升了信托行业的社会知名度，使得整个行业的成员都获得了外在经济效应。

（四）通过各种公关关系活动宣传塑造公司形象

具体方式包括举办或者参与各种宣传造势活动，举办或者参与各种信托业、金融业的研讨会、高峰会等。

一些政府控股的信托公司，经常借助政府官员出席其各种重大活动的方式造势，突显其政府股东背景，并引发媒体与社会的关注。依托大集团公司的信托公司也会利用集团背景做卖点。

总体上说，信托公司举办的公关关系活动不多。

（五）通过多种营销策略的组合推广公司品牌形象

多种营销策略的组合包括上述各种营销手段和其他金融产品经常使用的营销手段，面向特定的高端客户推广、培养公司品牌。但是这种方式在实践很少被使用，主要的原因是多数信托公司注重产品的销售而不是公司品牌的塑造。

四、营销拓展模式分析

（一）营销渠道

在营销渠道建设方面，不少信托公司都非常倚重于银行网点的代销，在支付一定代销费用的情况下，利用银行的网点、网络和客户资源销售信托产品。这种渠道模式的优点在于能够迅速大面积地将信托产品推向市场，缺点在于产品销售严重受制于银行，对于银行的依赖度非常之大，一旦管理层改变政策或者银行改变政策，都可能严重影响信托公司的业务。也正是因为如此，多数选择与银行合作的信托公司，都高度认识到依赖银行渠道模式的潜在危险，在与银行合作的同时，努力建立自己的营销渠道。但是，由于所处地域的影响或者公司营销战略定位的影响，至今仍然有一些公司没有建立独立的营销渠道，或者自己的营销渠道不足以支持其业务拓展的战略发展目标。

值得我们关注的信托产品渠道建设创新经验主要有：

1. 对传统信托公司时期的客户资源的发掘。对于多数信托公司而言，虽然在 2002 年之前没有多少真正的信托业务，但是一般都有数量众多的存款客户，信托公司重新登记开业后，一些公司充分挖掘了原先的客户资源，形成了自主营销渠道。因此，第一家推出集合资金信托产品的爱建信托，其第一个信托产品就是通过自己的营销渠道销售的。而在发掘原先的客户资源方面，很多公司做得都非常成功，甚至有公司迁址之后将其原先的存款客户多数都开发为信托投资客户的成功案例。

2. 利用银行的渠道，借巢下蛋，最终建立自己的渠道。对于一些没有自己的营销渠道，或者原先的营销渠道不足于支持其信托业务开展的信托公司，在早期阶段几乎不约而同地选择了与银行合作，并且一些公司通过与银行的合作，成功将原先的银行客户发掘为自己的客户，最终建立了自己的客户资源，建立了自己的营销渠道，培育出脱离银行独立运作销售产品的能力。

有些金融控股集团为背景的信托公司，可以利用关联金融机构的渠道和资源，并不存在独立建立营销渠道的内在要求和必要性。

总体而言，多数信托公司都是多管齐下建设营销渠道的。有些公司除了利用自己的渠道以及银行、证券公司的渠道之外，还与“独立第三方理财机构”建立有渠道合作关系。应当说，在营销渠道建设方面，信托业总体上说是成功的。但是，2007 年的信托新政颠覆了信托业的营销模式，多数原先的信托投资客户因为不符合合格投资者的资格条件被排斥在信托投资的大门之外，使得绝大多数信托公司不得不重新开始营销渠道的建设。直到目前，除了银信合作的经验可资评点之外，尚未发现有非常成功营销渠道和模式建设案例。而联华信托等少数信托公司通过电子平台进行营销渠道的创新目前也尚未取得重大成功。当然，电子营销平台的创新可能代表着信托产品营销渠道发展的方向，正如证券公司 20 世纪 90 年代后期推出网上交易的情况一样，虽然开始的时候交投清淡，但是最终电子平台的交易将可能大规模成长，成为信托产品的主流营销渠道。只是这个过程也许很长，需要信托公司进行持续不断的推广和培育。从长远来说，信托产品营销电子平台的建设也许是一场重大革命的开端。

（二）营销体制

信托公司的营销体制复杂多样，主要有下列几种类型：

1. 产品运作主导型营销体制。产品运作主导型体制的特点是产品的运作管理与营销为一体，也就是说产品或者项目的运作主体部门负责项目选择、合作伙伴选择、产品设计、文件制作、营销、投资管理等整个产品运作过程。这类公司一般也设立有营销部门，但是营销部门不是营销的主角，而是配角，主要负责产品营销的管理、客户管理等工作。

2. 营销职能型体制。这种体制的特点是产品运营部门与营销部门完全独立，各负其责，产品运营部门不从事营销活动，营销全部由信托公司的专职营销部门专门负责。

3. 混合型营销体制。混合型营销体制处于产品运作主导型和营销职能型这两种较为极端的营销体制模式之外，是结合了两种体制因素的混合型的体制。例如，有些公司以营销部门的营销为主，并且营销部门承担所有的客户管理职能，但是业务部门的人员也可以参与营销，并且享有销售提成。有些公司则规定，直接的产品推介由业务部门及人员负责，但是募集结束后的售后服务、营销管理、客户关系管理等均交给营销部门。

运用混合型体制的公司，可能在其销售部门与业务部门之间存在一定的职能重叠或者冲突，需要公司持续的协调。

（三）营销队伍

营销队伍的状况与公司实行的营销体制存在密切的关系。总体上说，所有信托公司都建立了销售部门，组建了营销团队。除了信托公司自有专职销售队伍，有的公司还聘请其他金融单位的员工做兼职销售人员，并有相应的激励机制。有的信托公司设立了客户经理制度，试图通过客户经理的全面服务和个性化服务维系与高端客户的良好关系，并开发新客户。

（四）营销策略

信托产品的销售不同于其他日常消费品的销售，甚至与一般的金融产品的销售也存在很大的差异，因此营销策略也有很大的独特性。

目前国内信托公司的营销策略很多，通常都非常注重网络的作用，除个别公司外，绝大多数公司都建立了自己的网站（这一点与银行形成较大的差异），并非常重视通过网站进行营销及产品售后服务（包括受益权转让服务），另外在产品推介期间，信托公司一般会密集采用多种营销工具，例如，电话拜访、理财产品说明会、高端客户上门服务、电子邮件群发等。另外，产品创新的亮点也经常被用于营销手段，例如，一些信托公司在推介房地产融资类信托产品时，会在产品设计时加入有关规定，让投资者有优先获得优惠购买房产的权利等。另外，达到一定投资规模的老客户年底发放礼品、VIP 客户可以享受到公司的一些免费理财策划和其他服务等，也是经常采用的营销策略。各种广告宣传也都构成营销策略的一部分。

另外，在非针对具体产品的营销方面，则细分目标客户，通过会议、知识讲座和联谊活动、公益活动等进行营销活动。

第四章 信托产品组合模式与创新

第一节 产品组合模式战略选择的意义

企业核心竞争力的培育与提升是一项长期任务。综合国内成功企业尤其是金融企业的核心竞争力表述和相关研究成果，信托公司未来核心竞争力可以从专注产品和业务的定位、业务创新能力、客户资源、品牌、风险控制能力、企业文化等多个方面加以提炼并积极培育。

著名战略管理学家麦克尔·波特提出企业的一般性竞争战略主要有三种类型：成本领先、差异化和集中性。以为客户量身定做为特征的信托业务显然最适用于差异化的竞争战略。同时，多数信托公司现有的资源条件并不支持企业在太多领域同时大规模出击，与竞争对手进行全方位竞争，因此，最佳的选择是在若干细分市场领域进行精细化运作，而这又体现出集中性的竞争战略特点。

集中性差异化的业务模式，也就是在适当集中的前提下选择多个具有相对优势或者经过努力可以发展为具有相对优势的业务，在特定专业领域进行精深化的业务开发，在若干细分市场上为客户提供特色化的金融服务产品，通过获取突出的竞争优势，作为公司整体业务优势的多个坚固支撑点。

信托是一种财产管理的工具，任何业务领域，只要是使用了信托的方式进行财产管理和融资，都在信托公司合法的营业范围之内。业务空间广阔，这是信托公司的优势之所在，但是也可能带来负面效果，就是信托公司全面出击，将资源分散在各个业务领域，导致难以形成自己的拳头产品和优势业务。而多数信托公司的人财物等资源都不以支持其在所有的业务领域全面拓展并取得良好的经营业绩。即使具备足够的资源，根据相对优势原理，也必须进行一定的取舍，才能形成特定业务领域内的核心竞争力。因此，产品组合模式的战略定位是非常重要的。

创新与产品组合模式具有密切关系。对于很多公司而言，一旦选择将作为行业中的领跑者作为其战略目标，创新首先的任务就是在产品、业务转型的基础上，通过组织产品研发创新，打造至少一个具有行业影响力地位的专注领域的拳头产品，使之成为与公司形象直接联系在一起的品牌产品。创新与改善产品结构和业务结构总是紧密相联的，与提升公司在优势领域和优势产品中的市场竞争力紧密相关的。

第二节
信托业务组合战略

一、制约业务组合战略选择的因素

确定一家信托公司的业务组合战略，也就是在信托公司法定经营范围之下的各类业务中，根据信托公司自身的资源制约和外部环境制约条件，以及公司的战略定位，确定公司优先发展的业务领域和产品。

确定信托公司的业务组合战略，是各项战略实施措施中最为重要的，这是因为，没有正确的业务组合战略定位，公司的资源就会发生错误配置的情况，不能形成自己的竞争优势，最终导致整个公司的战略发展失败。

要正确地选择业务组合战略模式，必须正确认识制约业务组合模式选择的主要因素。总的说来，制约信托公司业务组合战略模式选择的因素主要包括以下几个方面：

（一）法律制度

信托公司是被严格监管的机构，其业务范围是法定的，不能超越。因此，业务组合只能在法定的业务范围之内选择，不能自行在法定范围之外另行确定。

（二）信托业发展政策导向及其演变趋势

从目前的情况看，2007 年 3 月出台的信托新政虽然没有禁止集合信托资金的贷款运用，但是法规严格限制贷款类信托产品的政策导向非常明显。而从世界范围看，其他国家以贷款方式运用信托资金的情况非常少见，日本曾经在很长的时间内有过“贷款信托”，但是“贷款信托”其实与中国的贷款类信托产品差异很大，所以可以说，信托资金的贷款运用是中国特色，从这个角度说，贷款类信托产品不符合世界潮流，也不符合信托作为资本市场金融工具的特点，最终完全有可能被法规所完全禁止。从这个角度说，信托公司完全应当未雨绸缪，尽早主动进行产品结构的战略转型。

从政策层面的角度说，不论信托公司在贷款类产品具有怎样的相对优势，贷款类产品都不可能再作为公司重点拓展的业务，只能作为过渡期维持的业务。

（三）公司资源的相对优势

只有公司具有相对优势或者经过努力可以具有相对优势的业务，才是应当重点拓展的业务。与之相关的就是在具有相对优势的业务领域通过创新打造具有核心竞争力的拳头产品。

（四）公司的盈利模式

在众多的业务、产品中，符合公司确定的盈利模式的才能成为重点拓展的业务、产品。也正因为如此，盈利能力强的主导性信托业务应当是信托公司重点拓展的业务。而在目前的信托业务收益模式中，就主导型的主动管理型业务和管道型业务这两大类业务而言，前者的盈利能力远远超过后者，并且真正能够代表一家公司的投资管理能力。因此，信托公司应当大力拓展主动管理型业务。

(五) 信托业发展趋势和市场发展趋势

战略规划必须具有超前性，因此，必须考虑信托业的发展趋势。例如，资产证券化业务在目前法规架构之下能够证券化的资产只有银行信贷资产，并且商业银行在这类业务中占据主导地位，基本上属于管道型业务，业务回报率很低。因此，即使是取得了资产证券化业务资格的信托公司，也多不把这类业务作为重点拓展业务。在法律制度没有重大变动的情况下，信托公司是不能把资产证券化业务作为重点拓展业务的。当然，从行业发展趋势和市场发展趋势看，这类业务的未来发展空间很大，也因为如此，也不能轻言完全放弃。

二、主要信托业务的发展前景

信托公司正在开展和将来可能开展的主要信托业务主要有四大门类：贷款及债务融资类信托业务、投资类业务（包括股权投资类、权益投资类、债权投资类、资产投资类等）、受益权转让与资产证券化类、其他类型。我们对这些业务类别中的主要信托产品进行分析如下：

(一) 贷款及债务融资类业务

贷款及债务融资类信托业务由两类性质不同的业务组成，其中一类是贷款类资金信托，这是这类业务中的主流，第二类则是以不同形式出现的短期债务融资业务，例如以买入资产返售方式运用信托资金，其本质是债务融资。这类产品早就存在，但是在信托新政之后大幅度增加，其背景是信托公司利用这类产品规避新政对贷款类信托产品的限制。从本质上说，这类产品与贷款类产品并没有什么差异。因此，我们主要分析前一类产品。

具体地说，贷款及债务融资类产品主要包括基础设施贷款信托、房地产贷款信托、工商企业贷款信托、其他短期债务融资类产品。

贷款类信托产品的共同特点是以贷款方式运作信托资金，其不同之处仅仅是资金运用的领域不同。基础设施贷款信托是以贷款方式运用资金于基础设施建设领域，房地产贷款类产品是以贷款方式运用信托资金于房地产开发领域，工商企业贷款类信托产品是以贷款方式运用于基础设施、房地产开发企业之外的工商企业。由于是贷款运作，因此这类产品的期限一般都很短，多数在3年以下，并且收益率也是可以预计的。

贷款类产品是信托公司的传统产品，也是多数信托公司在过去的几年中的当家产品，“长期的经营”使得不少信托公司在这类产品的经营中具有资源优势，这类产品的开发流程和模式也非常稳定成熟了。但是这类产品最大的问题是存在所谓的“兑付”风险，并且一家公司的个别产品出现兑付风险，往往连带影响到公司所有产品和业务，并且波及整个行业。因此管理层出台的新政的一个重要政策导向就是限制贷款类及其类似的短期债务融资类产品。而从信托业发展的趋势来看，这类业务最终可能完全消亡。因此，对于信托公司而言，这类业务绝对不能成为重点拓展对象，只能是在投资类业务没有发展起来的过渡时期，为了保持业务增长的稳定性而适当维持。

（二）投资类信托业务

投资类信托产品的共同特点是以投资方式运用信托资金。而具体的投资方式则包括股权投资、权益投资、债权投资、资产投资等。其中运用最多的目前是股权投资。而我们预计，资产投资未来在基金型房地产投资信托中会成为主流。

具体而言，投资类信托产品主要包括基础设施股权投资信托、基础设施资产投资信托、房地产股权投资信托、房地产资产投资信托、证券投资信托、信贷资产投资资金信托、PE类信托等。

基础设施股权投资信托是以股权投资方式投资于基础设施项目公司，基础设施资产投资信托是以资产购买的方式（例如买断桥梁的产权）投资于基础设施。由于信托公司在过去的几年中热衷于设计开发贷款类和短期债务融资类的基础设施类信托产品，无论是基础设施股权投资信托和基础设施资产投资信托都非常罕见。新政之后，投资类基础设施类产品仍然非常少见，其实与基础设施投资的起点规模较大有关，而现有的法规导致了信托公司募集资金的瓶颈，实际上信托公司是非常难以通过投资方式介入基础设施投资领域的。

房地产股权投资信托是对房地产企业的股权进行投资，房地产资产投资信托是通过买断房地产产权，并以出租、再出售方式为信托投资者获得信托收益的信托。如果其采取基金化运作方式，则为REITs。房地产股权投资信托目前在信托产品中也仍然不算常见。而资产投资类的就更为罕见了。但是，从国外信托产品的演变看，这类产品代表了信托产品的发展方向。

证券投资信托是投资于上市公司的股权及其他证券的信托，包括打新股的信托产品、股票投资信托、债券投资信托等多种。这类产品早就出现，并且在2007年的超级牛市中规模扩张很快。

信贷资产投资信托是指购买银行信贷资产的资金信托，是一个很成熟的信托产品品种，并且长期保持一定的规模和业务占比。

PE类信托是指投资于未上市公司股权并且以投资对象上市为主要退出方式的信托产品，早就存在，但是规模不大，数量不多，但是在新政后因为符合政策引导方向，突然成为热点产品。

（三）受益权转让与资产证券化类业务

受益权转让类信托产品是指通过设立非资金信托，然后将受益权分割成若干标准的信托单位，通过转让信托单位（受益权份额）的方式达到融资目的的信托产品。

信托模式的资产证券化是把特定的具有预期稳定现金流的资产，通过设立特殊目的信托（SPT）将资产独立为特定的资产池资产，并通过结构性重组（设计次级和优先级资产），使之以证券形式予以表彰的一种结构化融资技术。其基本交易结构是：资产的原始权利人将资产出售给一个特殊目的信托（SPT），该信托以这项基础资产的未来现金收益为支撑发行证券，以证券发行收入支付购买资产的价款，以资产产生的现金流向投资者支付本息。

之所以将这两类不同的产品列入同类，是因为其本质上具有共同性，即都是将特定资产予以信托，然后将资产通过单位标准化予以转让进行融资。从资产结构化的角度说，受益权转让类的信托产品，也可以将受益权区分为次级和优先类，这一点和资产证券化没有什么不同。受益权转让的信托产品，只是没有将其受益权份额证券化而已。

具体而言，这一大类产品包括各类收益权信托的受益权转让信托产品、不动产信托的受益权转让信托产品、银行信贷资产信托的受益权转让信托产品、银行信贷资产证券化、其他资产的资产证券化。

各类收益权信托的受益权转让信托产品的具体的种类很多，例如高速公路的收费权、旅游景点的收费权、污水处理场的收费权、企业的股权收益权等各种能够产生稳定收益的财产权都可以成为信托财产，并据以进行受益权的分割转让。2007年以来，这类产品形式被很多信托公司利用于规避贷款类信托的政策限制。我们认为，真正的受益权分割转让的信托产品与假借其形式规避政策限制的同类产品之间是存在本质差异的，其最大的差异就是，真正的受益权分割转让的信托产品，必须通过未来不断持续收取的收益支付给投资者收益，而假借类的产品则都安排有受益权原始转让方或者第三方的受益权承诺回购或收购，并不真正地收取信托财产的收益，也不将信托受益分配给投资者，其实是一种变相的短期债务融资类产品。

（四）其他类型的信托业务

我们这里所说的其他类型的信托业务是指不能包括在上述三大类的信托业务和产品，主要包括公益信托、遗嘱信托、年金信托、MBO信托、股权信托、附担保公司债信托、私人财产管理类业务等多种。

公益信托的特点是其信托目的的公益性，因为其信托财产的不确定性，因此难于归类到资金信托业务或者其他类信托业务中。

遗嘱信托的信托目的是处理委托人的身后事宜，也是因为信托财产的多样性难以归类为资金信托业务或者其他类信托业务中。

年金信托的信托财产是资金，因此也可以归类为资金信托，但是因为其交付信托财产的特殊性以及其他特点，我们将其归类为此大类型。

MBO信托虽然是通过信托资金贷款予特定企业的管理层以收购企业的控股股权，但是收购期间，管理层收购的股权设立另外一个独立的股权信托，由信托公司持有管理层收购的股权，并且股权信托的受益权是质押给信托公司的。因此MBO信托是股权信托与资金信托的结合体。

股权信托是一种财产权信托，信托财产是股权，没有融资行为，其信托目的多种多样，例如有些企业通过设立股权信托进行隐名收购。股权信托也可以被用于交易安全的保障。

附担保公司债信托是发行公司债的企业将其担保财产信托以保障债券投资者利益的一种信托。

私人财产管理类业务是从为高端客户理财的角度设计的各类信托产品或者业务的总称，其信托财产可以是资金、证券、不动产等多种，财产管理的目的主要是价值增值，其特点主要是根据不同客户的需求和特点量身定制理财方案，选择不同的资产投资组合。遗嘱信托、年金信托在很多情况下也属于这类。

总结上述论述，信托公司的主要信托业务可以以表 2－8 表示：

表 2－8　　信托公司的主要信托业务

序号	分类	具体业务和产品
11	贷款与短期债务融资类	基础设施贷款信托
12		房地产贷款信托
13		工商企业贷款信托
14		其他短期债务融资类产品
21	投资类	基础设施股权投资信托
22		基础设施资产投资信托
23		房地产股权投资信托
24		房地产资产投资信托
25		证券投资信托
26		信贷资产投资资金信托
27		私募股权投资信托（PE）
31	受益权转让和资产证券化类	各类收益权信托受益权转让信托产品
32		不动产信托受益权转让信托产品
33		信贷资产信托受益权转让的信托产品
34		银行信贷资产证券化
35		其他资产的资产证券化
41	其他类	公益信托
42		遗嘱信托
43		年金信托
44		MBO 信托
45		股权信托
46		私人财产管理类业务
46		附担保公司债信托

三、SWOT 分析在产品组合模式选择中的运用

（一）SWOT 分析方法的原理

任何一个企业都必须依赖于一定环境生存和发展。同时，每个企业，都

具有其特殊的优势与劣势。因此，企业在制定其发展战略的时候或者进行业务组合模式选择的时候，需要结合其外部环境和内部情况进行综合分析和考虑。SWOT 分析正是这样一种研究企业优势（Strength）、劣势（Weakness）、机会（Opportunity）和威胁（Threats）的综合分析工具。

运用 SWOT 工具对企业内外部条件各方面内容进行综合和概括，进而分析其优势与劣势、面临的机会和威胁。其中，优劣势分析主要着眼于企业自身的实力及其与竞争对手的比较；机会与威胁分析将注意力放在外部环境的变化及对企业可能的影响上。但是，外部环境的同一变化给具有不同资源的企业带来的机会与威胁却可能完全不同，因此，两者间又有紧密的联系。在依据 SWOT 分析的结果作出判断时，就需要进行各因素的组合分析，进而确定一些针对性的战略或策略。例如，优势 S 与机会 O 中相关因素结合后的 SO 策略，通常要求企业充分发挥自身某项优势去把握某项市场机会，体现出一种积极进取型的发展策略；采取 WO 策略的业务，将通过对某项企业劣势的改进或弥补而主动争取适应市场机会的要求，体现出一种竞争型的发展策略；采取 ST 策略的业务，希望通过发挥企业优势来减小外界的威胁，体现出一种保守型的发展策略；采取 WT 策略的业务，通过企业劣势的改进或弥补而回避威胁，体现出一种防御型的策略。通过这种组合分析，将提供一系列的战略编选方案，供企业的决策者进行选择。

SWOT 分析的步骤是：（1）罗列企业的优势和劣势，可能的机会与威胁；（2）优势、劣势与机会、威胁相组合，形成 SO、ST、WO、WT 策略；（3）对 SO、ST、WO、WT 策略进行甄别和选择，确定企业目前应该采取的具体战略与策略（如图 2－1 所示）。

任何企业的发展战略，都是在一定的资源制约条件和环境之下做出的。只有正确地把握公司的资源优势和劣势，认清公司所面临的机会和挑战，才能制定出切合实际的公司未来发展战略。因此，借助于 SWOT 分析是非常重要的。而信托公司业务组合模式的选择，也是一种战略选择，SWOT 分析也是一种有利的分析工具。

图 2－1 即 SWOT 图示。在该图中，各因素的排列依照的是由弱到强的顺序，并以相应的序号对影响因素进行简单的量化。我们分别以机遇和挑战为一组，优势和劣势为另一组，将各项业务的影响因素进行量化加总，以此选择各类业务的发展战略和公司的总体发展战略。

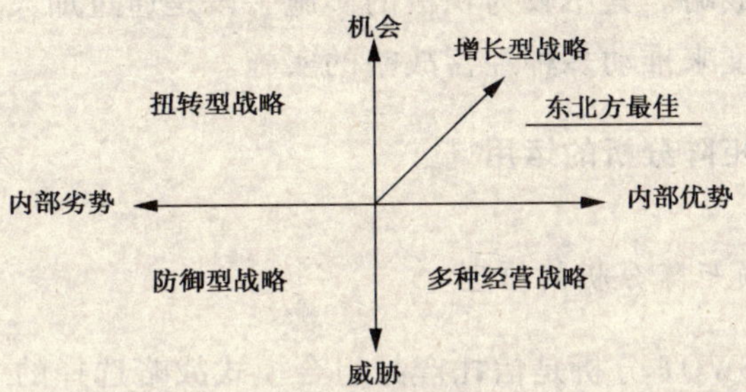

图 2－1　SWOT 分析图

（二）SWOT 方法在信托产品组合模式选择中的应用

在信托公司的目前已开展及未来可能开展的主要信托业务中，我们重点分析以下类型业务：基础设施贷款类、基础设施投资类、房地产贷款类、房地产投资类、证券投资类、私募股权投资类、私人财产管理类。

总的来看，各类业务所面临的机遇与挑战同在，优势与劣势并存。按照各因素的影响力大小列出各种不同产品业务的总体优劣以及机遇和挑战后，将其运用到我们目前的业务类别当中，将可以选择出相应的业务合作发展战略。以下是一般的分析结论，也就是说，没有特别考虑具体信托公司的不同资源约束和优势。

1. 基础设施贷款类：威胁大于机会，劣势大于优势，应实施逐步退出战略。

2. 基础设施投资类：机会大于威胁，优势大于劣势，应实施增长型战略。可通过扩大机构客户、与银行合作这一策略来实施弥补募集规模不足的缺陷。

3. 房地产贷款类：威胁大于机会，劣势大于优势，应实施逐步退出型战略。

4. 房地产投资类：机会大于威胁，优势大于劣势，应实施增长型战略，应当通过创新重点发展这类业务。

5. 证券投资类：机会大于威胁，优势大于劣势，应实施增长型战略。

6. 私募股权投资类：机会大于威胁，劣势大于优势，应实施扭转型战略，创造条件发展这类业务。

7. 私人财产管理类：威胁大于机会，劣势与优势相当，应实施防御型战略或多种经营战略。其中较为积极的实施手段是通过加大人才投资和强化产品研发创新力度来推动多种经营战略的实施。

四、波士顿矩阵分析的运用

（一）波士顿矩阵分析的原理

如前所述，SWOT 分析是信托产品组合模式战略选择的一个有用的分析工具，但是，仅仅使用这一个工具是不够的，得出的结论可能过于笼统，我们也难以判断其中的一些目前不具备优势的业务未来的发展前景如何，因此，我们还必须同时使用其他分析工具，而波士顿矩阵就是一种著名的用于评估公司业务组合的有效模式，可以将其配合 SWOT 分析综合评估公司业务组合模式。

从制约信托公司信托业务组合模式的主要因素出发，按照波士顿矩阵分析，我们将信托公司正在开展和可能开展的主要信托业务进行分门别类的分析，提出其业务组合战略模式，筛选出未来信托业的优先发展业务、兼顾业务、放弃业务，提出一般情况下信托公司的业务组合战略模式。

波士顿矩阵分析法将一个公司的业务分成四种类型：明星业务、幼童业务、现金牛业务和瘦狗业务（见图 2－2）。

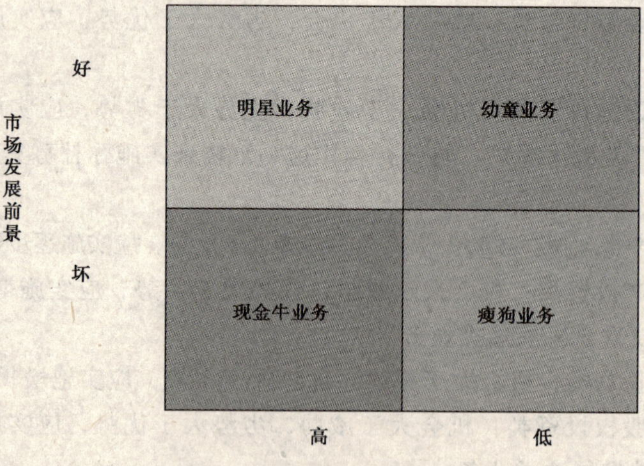

图 2－2　波士顿矩阵分析图

明星业务是指高市场发展前景、高相对市场份额的业务，这是由幼童业务继续投资发展起来的，可以视为高速成长市场中的领导者，它将成为公司未来的现金牛业务。但这并不意味着明星业务一定可以给企业带来滚滚财源，因为市场还在高速成长，企业必须继续投资，以保持与市场同步增长，并击退竞争对手。企业没有明星业务，就失去了希望，但群星闪烁也可能会耀花了企业高层管理者的眼睛，导致做出错误的决策。这时必须具备识别行星和恒星的能力，将企业有限的资源投入在能够发展成为现金牛的恒星上。

幼童业务是指高市场发展前景、低相对市场份额的业务。这多数是一个公司的新业务。为发展幼童业务，公司扩大规模，增加投入，以便跟上迅速发展的市场，并超过竞争对手。“幼童”非常贴切地描述了公司对待这类业务的态度，因为这时公司必须慎重回答“是否继续投资，发展该业务？”这个问题。只有那些符合企业发展长远目标、企业具有资源优势、能够增强企业核心竞争能力的业务才能得到肯定的回答。

现金牛业务指未来的市场发展前景不佳，但是目前处于高相对市场份额状态的业务，是成熟市场中的领导者，也是企业现金的来源。由于市场已经成熟，企业不必大量投资来扩展市场规模，同时作为市场中的领导者，该业务享有规模经济和高边际利润的优势，因而给企业带来大量财源。企业往往用现金牛业务来支付账款并支持其他三种需大量现金的业务。需要注意的是，尽管现金牛业务可以确保公司的现有财务状况，但在政策环境的不断变化下，现金牛业务会逐渐甚至很快成为瘦狗业务，进而被公司淘汰。

瘦狗业务是指低市场发展前景、低相对市场份额的业务。一般情况下，这类业务常常是微利甚至是亏损的。瘦狗业务存在的原因更多是由于感情上的因素，虽然一直微利经营，但像人对养了多年的狗一样恋恋不舍而不忍放弃。其实，瘦狗业务通常要占用很多资源，如资金、管理部门的时间等，多数时候是得不偿失的。对于该类业务，应该果断舍弃，做到有的放矢。

（二）波士顿矩阵分析的一般结论

信托公司同时经营多项业务，其中有昨日黄花，也有明日之星。就目前的信托公司而言，贷款类资金信托业务仍然占据优势，投资类业务主要局限于证券投资类，多种具有潜在发展空间的业务有的刚刚起步，有些则尚未启动。为了使信托公司的业务发展能够适应千变万化的市场机会，必须合理地在各项业务之间分配资源，而重点配置资源的业务其选择标准主要是潜在利润，根据潜在利润分析各项业务在企业中所处的地位，最终确定优先发展的业务。

信托公司未来的核心盈利模式应当主要围绕公司的战略重点业务的发展状况而确定。从收益来源情况看，主要体现为信托公司主导的信托业务（主动管理型业务）的信托报酬（如房地产投资信托、证券投资信托、基础设施投资信托等产品的信托报酬）、信托制度或者管道安排的信托报酬（如银信合作的打新股信托产品、银信合作等银行主导的各类信托产品、各类不发生融资行为的股权信托以及其他非资金信托的信托报酬、信贷资产的资产证券化产品的信托报酬等）、投行项目的咨询顾问收益、固有资产业务收益、其他业务收益等。

从上述收入来源看，除了固有业务收入之外，构成信托公司核心业务盈利来源的应当首先是第一部分业务收益，也就是信托公司具有主导能力的信托业务，尤其是公司定位为关注经营类的信托业务的收益。这主要是因为，第一，如果信托公司不能在这一部分业务上面形成收入的主要来源，就不能真正形成核心竞争力。信托公司没有核心竞争力，只是依靠与银行的合作、依靠信托管道的安排获得类似地租的收益，则短期内也许可以轻而易举地获得收益，过富足小康的生活，但是从长远角度看，反而加剧信托公司市场竞争能力的丧失，一旦政策面有重大变动，将导致信托公司陷入非常被动的局面；第二，信托公司主导的业务的回报水平较高，尤其是投资类的信托产品，可以通过业绩分成、公司自己以部分资金投资作为次级受益人等多种方式，大大提高业务收益率。因此，即使规模不大，产生的信托报酬却可能巨大。

信托制度或者管道安排的信托报酬也是可以挖掘的巨大收益来源之一。原因在于：第一，信托业正面临银行理财业务扩展导致的历史性市场机遇。当前商业银行急于扩大理财业务规模，急于通过理财业务的发展为其客户提供更加综合性的金融服务，并通过理财业务大大提升其中间业务的收入。预计在未来的几年中，银行在理财业务方面将会有惊人的发展，不但是全国性银行会争相介入和扩大理财业务规模，而且地方性银行、信用社也将越来越多地介入这一领域。另外，随着中国社会保障体系和医疗保障体系的完善，中国人的储蓄行为也会发生变化，导致银行存款增幅的减小，最终必须依赖信贷资产证券化支持其流动性的银行会越来越多，这些都将给信托公司发挥信托管道作用提供巨大的业务机遇。因此，这一块业务的收益虽然收益率很低，但是依赖规模的扩充，也可以获得较大规模的收益；第二，这类业务虽然主导权在其他机构手中，或者信托公司的话语权有限，但是，通过与银行等机构的合作，信托公司有可能获得银行的客户资源，扩展自己的营销渠道，并利用银行的理财资金直接作为其主导性信托产品的信托资金，并且通过合作取得发展的时机，壮大自己，逐步增强自己对合作产品和业务的主导能力，增强话语权。

投行业务也是信托公司可以扩展的重要业务。信托公司的投行业务可以与信托公司的 PE 业务、过桥贷款、过桥融资信托产品等业务、产品紧密地结合起来，虽然其直接提供的投行顾问收入一般不会占有非常重要的地位，但是其衍生的业务收益不可小视，所以也有可能培育成为其重要业务之一。

具体地说，在业务组合战略选择方面，首先是各类信托业务中，选择资金信托以及与融资有关的受益权转让类的信托产品作为主打产品，在资金信托及受益权转让类的信托产品中，则选择投资类信托产品为主打产品，在投资类产品中，以短期见效的房地产投资信托、证券投资信托为主打产品，对于投资规模较小的基础设施投资，也应当适当发展，并同时发展中长期才能见效的 PE 类产品，以短辅长，最终让 PE 类产品也成为信托公司具有核心竞争力的产品。

（三）主要信托业务的发展前景

具体分析各类信托产品的发展前景，结论如下：

1. 贷款及短期债务融资类业务。贷款及短期债务融资类可以说是多数信托公司过去多年具有相对优势的业务，信托公司具有运作这类业务的多项优势，包括运作管理经验的丰富积累、业务运作模式的成熟、项目资源储备丰厚等，因此，该种类业务从 2003 年以来多数信托公司一直处于稳中有升的态势，募资规模较为平稳，是信托公司最重要的利润来源业务。但是，由于这类产品不符合行业发展的趋势，发展前景并不看好，故将其归于现金牛类业务。

2. 证券投资信托业务。在中国证券业复苏和高速发展的时代，证券投资信托业务成为了各金融机构炙手可热的业务品种，也成了信托公司重要的业务。与信托公司该类业务形成竞争的主要是基金公司的基金业务以及证券公司的证券投资集合资产管理理财业务。但是，就信托公司整体来说，除了深圳国投、华宝信托、云南信托等少数信托公司在证券投资信托业务领域取得了比较明显的竞争优势之外，多数信托公司只是涉足了这类业务，但是并没有在这类业务中取得明显的竞争优势，该类业务占比也并不高。但是从2007年的情况看，证券投资信托业务获得了重大发展，这既是股市火暴导致的结果，也是由于新政政策引导的结果。

从其他国家的情况看，证券投资信托是信托业务占比最高的业务，而从中国的情况看，中国的证券市场方兴未艾，未来发展空间很大。虽然中国特殊的国情是证券投资基金公司被归属到了证券业，基金业虽然从事的也是证券投资信托业务，但是由于运作制度规则不同，监管机关不同，信托公司显然在这个领域根本就无法与基金公司竞争，但是由于市场空间巨大，信托公司在这个业务领域通过受益权分层等创新可以不断推出具有不同特点和优势的产品，因此，也不可能在竞争中被基金业彻底赶出市场。由于其持续发展可期，在信托公司也仍然属于刚刚起步发展的业务，我们将信托公司的证券投资类信托业务归类为幼童业务。

3. 房地产股权投资类信托。房地产项目融资是信托公司占比相当高的业务，但是，过去的几年，信托公司几乎都是以贷款方式或者短期债务融资的方式运作房地产项目融资，真正以股权投资方式介入该领域的情况不多，案例也相对较少。就整个行业来说，这类业务属于典型的幼童业务。

就整体而言，房地产股权投资信托业务尚刚刚起步。但是，多种因素决定了这类业务应当成为信托公司未来大力拓展的业务领域：

（1）新政对于信托公司提出的转型要求，信托公司需要发展投资类信托业务。而住宅房地产开发行业的最大特点是产出周期短，从拿地到交房只要2～3年时间，这个特点使得房地产开发融资非常适合股权投资方式运作。

（2）房地产行业是众所周知的暴利行业，公司通过投资方式介入这一行业，可以通过业绩分成、自有资金投资作为次级受益人等多种方式获得远远高于其他业务的盈利回报。

（3）就可以选择的投资领域而言，信托公司多数都在房地产领域有一定优势，在过去的数年中，房地产项目融资一直是信托公司占比很高的业务种类，虽然多是以贷款运用信托资金，但是仍然积累了大量的房地产行业经验，对于开展股权投资类房地产信托业务奠定了基础。

(4) 只要中国的城市化进程没有结束，房地产行业的市场前景就始终看好，未来的发展空间很大。

(5) 与基础设施建设领域的股权投资相比，房地产股权投资信托业务介入的资金门槛较低；与 PE 类业务相比，房地产股权投资的见效时间短，PE 的投资一般都需要多年才可能通过投资对象企业的上市退出，尤其是其中的风险投资类业务，更是如此。但是房地产投资占据主流的住宅投资，从以往的房地产业的情况来看，平均 21 个月就能收回投资。这是在未来最有潜力迅速成为明星业务并且替代现在的贷款类现金牛业务的潜力最大的业务，在其他的明星类产品成长起来之前，最可能率先成长。

(6) 房地产投资信托产品可以将房产直接作为信托收益分配给投资者，将房地产投资与房地产的销售结合为一体，在资金募集阶段就解决了销售问题，并且可以满足一些投资者客户的特殊要求。

(7) 房地产贷款政策的不断收紧，客观上导致银行业务领地的萎缩，房地产企业通过银行贷款融资的困难，使得房地产公司尤其是其中的中小型房地产公司愿意接受股权投资信托的方式进行融资，让渡其高额利润和必要的管理权。

从上述角度说，房地产投资信托业务实在是信托公司势在必争的业务。而在开展这类业务时，一个难点是防止信托公司从金融服务商的角色演变为房地产开发商，对此，我们认为可以采取将股权投资与夹层融资相结合等创新手段和技术。

还值得一提的是，房地产资产投资类信托业务也是值得信托公司大力拓展的业务领域，这类业务的发展，还可以为未来 REITs 的运作奠定基础。信托公司开展这类业务，可以通过与专业物业管理公司合作，也可以通过设立专门的子公司或者关联公司从事房地产物业的管理。对此，管理层应当在政策法规方面给予支持。

(四) 基础设施投资类业务

运用股权投资或者资产投资的方式开展基础设施投资信托业务，在新政之前的信托行业来说，非常少见，因此这类业务也属于典型的幼童业务。

基础设施投资信托业务的发展具有如下优势：首先，这类业务符合信托新政的政策导向；其次，基础设施投资项目多具有收益长期稳定，风险较小的特点；再次，中国经济的高速成长，为基础设施建设提供了巨大的市场商机，为信托业务的发展提供了巨大的项目资源；最后，信托公司在这一领域以贷款方式运作项目融资的时间很长，积累的经验完全可以在投资类产品中运用，对于开展基础设施投资信托业务奠定了坚实的基础。

但是，开展基础设施投资信托业务最大的难点是投资基础设施对资金规模要求很高，资金规模过小不但无从制衡基础设施项目公司的管理层，甚至可能连参与投资的资格也无从谈起。而从信托公司以往投向于基础设施的贷款类信托产品的情况看来，平均规模只有约 1 亿元人民币。因此，信托公司想在这一领域有所作为，在法规制度没有重大变动之前，只有投资规模较小的项目（例如桥梁隧道投资）可能可以采取资产投资或者项目公司股权投资的方式，对于投资规模较大的项目，必须借助银行理财产品的对接，或者由多家信托公司组成“信托团”共同募集资金共同投资，以解决募集规模不足的问题。

总而言之，基础设施投资信托业务虽然开展的难度较大，但是该业务的市场发展前景较好，因此应当作为信托公司的幼童业务予以培育。

（五）PE 类业务

PE 类业务信托业早就有所探索尝试，例如，2005 年 9 月天津信托的“渤海银行股权投资集合资金信托计划”就是一个典型的 PE 信托产品，其创下的信托期限 20 年的历史记录至今没有被打破。2006 年以来，中原信托已经先后推出 3 期投资于拟上市公司股权的信托项目，主要以金融股权为主，投资对象已于 2007 年顺利上市，3 期项目运作一年来为投资者取得了 2 ~ 5倍的超额投资回报。

PE 类信托业务真正开始出现热潮是新政出台之后。由于转型的政策引导，也因为股市火暴带来的早期投资者的巨大的创富效应的影响，中国的信托公司开始较大范围地介入这个业务领域。

受多种因素的影响，PE 注定要成为一个发展潜力巨大的产业。其中最重要原因是，在中国发展 PE 具有战略性意义[①]。从制度设计的角度看，中

① 西南财经大学信托与理财研究所：“中国 PE 发展研究报告”，《信托与理财研究网》。

国的金融制度具有天然的缺陷，其突出表现是最需要金融资源支持并且在国民经济成长中扮演重要角色的创业型企业和处于成长期的企业，只能获取少得可怜的金融资源支持。改变这个局面，并不是简单地通过增加银行数量就可以解决的，因为银行无论大小，从其经营的经济性角度说，选择为大客户服务是其天然倾向。我们也不可能只依赖证券市场的发展，因为证券市场与银行类似，都是做锦上添花的事情为主，基本上不做雪中送炭的事情。银行为主的金融体系和证券市场留下的缺陷，应当通过大力发展多种融资方式和多种金融机构来解决，其中非常重要的就是大力发展PE。PE的发展上升为国家战略具有重大战略意义。从中国银监会、中国证监会和中国人民银行纷纷介入这个领域的法规制订的政策动向看，发展PE最终上升为国家战略，也是非常可能的。因此，信托公司在这个业务领域，绝对不能缺席。

但是，目前信托公司开展PE信托业务仍然存在巨大的政策障碍，这个障碍来自证监会。2007年之后，中国证监会对信托公司通过PE投资有潜力的上市公司，实际上持排斥态度。而信托公司通过多种有效的创新，实际上已经突破了中国证监会设置的障碍，当然也付出了巨大的代价，付出了巨大的交易成本。而这些制度成本本来是完全不需要支付的。但是，政策障碍即使完全被突破，信托公司在短期内也不可能将PE业务作为未来的重点拓展业务，主要原因在于，PE类业务真正见到成效需要较长的时间，因为需要创富效应的引导，需要信托公司进行市场开发和培育，才可能有效地扩大PE业务的规模。正因为这样，信托公司在短期之内只能适度介入，为未来在这个领域的大规模拓展积累经验和人力资源基础，最终将这类业务发展为明星类业务。

（六）受益权转让与资产证券化类业务

在目前法规制度架构之下，证券化的资产仅仅限于信贷资产，而在银行信贷资产的证券化业务中，信托公司只是起一个管道作用，主导权在银行手中，因此这类业务的利润率很薄，也没有多少技术含量，并且因为很多大型银行流动性过剩，不缺资金使用，因此开展资产证券化业务的积极性不高，因此，这类业务当前并没有很大的市场空间，面对少数开展此类业务的银行，众多的信托公司争相降低信托业务收费，属于典型的买方市场，因此这类业务属于信托公司的瘦狗业务。也因为如此，这类业务本应属于信托公司应当放弃的业务，但是有两大因素可能导致情况发生变化，第一，未来数年资产证券化的制度建设是否会出现重大进展，如果可以证券化的资产放宽到其他具有稳定现金流的资产，届时资产证券化业务会成为非常具有发展前景的信托业务，如果信托公司完全放弃这块业务，可能导致将来在这一领域的竞争中处于不利地位；第二，即使资产证券化的法规架构没有重大变化，如果未来几年中国的社保体系和医保体系完成重大改革，得到完善，可能导致中国人的储蓄行为发生根本性变化，未来中国的银行将可能出现西方国家类似的情况，大量银行必须借助资产证券化进行融资，这也会导致银行与信托公司在这一领域中的交易地位发生变化，资产证券化业务成为市场规模较大的业务。从上述角度衡量，这类业务不能轻言放弃。

与资产证券化业务相类似的受益权分割转让信托业务，也经常被称为准资产证券化业务，这类业务开展的最大障碍是信托登记制度缺失。由于这类业务的信托财产多数都是需要借助信托登记完成信托财产的独立化的，例如将高速公路的收费权作为信托财产，理论上说，收费权是附着在公路这种不动产上面的，不可能脱离不动产独立存在，因此信托设立时，应当进行信托登记，以确保信托财产的独立性，如果没有信托登记制度，就可能发生公路产权发生变动所带来的收费权的转移问题，一旦相关关系人不承认信托的存在，法院也不认定信托的生效，则投资者的利益根本就得不到保障。目前，在制度缺陷明显存在的情况下，很多信托公司已经大量开展这类业务，未来一旦出现纠纷，将可能导致投资者利益的受损，严重损害信托公司和信托业的社会形象，因此，这类业务是存在隐患的。当然，这类财产权中，有些财产权的基础资产是可以通过变通实现过户的，例如股权收益权信托，如果能够将股权先行信托过户（其实我们的工商局并不知道什么信托过户，也不承认信托过户，多数情况下只能是以形式上的交易进行过户。由于过户的成本很低，因此股权信托业务才能得到一定规模的发展），则投资者的利益得到保障的可靠性大大增加。这类业务不但本身可以能够为信托公司创造一定经济价值，更重要的是，这类产品作为准资产证券化产品，其操作原理与资产证券化业务类似，大量开展这类业务，可以为未来在制度架构完善的情况下开展大规模资产证券化业务奠定基础。

（七）私人财产管理类业务

私人财产管理类业务或者称之为私人银行业务，从整个行业的情况看，尚处于起步阶段，很多信托公司甚至尚未开展，因此是幼童业务。由于这类业务能够最直接地体现信托公司专业理财机构的功能定位，并且中国的富人阶层正在迅速扩大，市场前景看好，因此属于必须大力拓展的业务。该类业务的主要竞争对手是商业银行的私人银行业务和贵宾理财业务。但信托公司的财产运用方式的多样化是银行不能类比的，因此，信托公司开展此类业务具有一定的优势。因此，属于应当大力拓展的业务。

（八）其他业务

1. 年金信托。年金信托业务由于多种类金融机构介入竞争，制度设计也对信托业非常不利，除了像中诚信托这样的已经占据相当市场份额的信托公司，就整个行业而言是瘦狗业务，我们认为，尚未进入年金信托市场的信托公司完全没有必要耗费资源进入这一领域。

2. 公益信托。公益信托由于其信托目的的公益性，信托公司作为受托人一般不便于收取过高的管理报酬。因此，信托公司开展这类业务的盈利性不高。但是这类业务的开展可以提升信托公司的社会知名度和信誉度，树立其高尚为民、勇于承担社会责任的形象。因此，信托公司可以结合企业品牌的塑造开展公益信托业务。

2006年6月2日，中国银监会办公厅发布《关于鼓励信托公司开展公益信托业务支持灾后重建工作的通知》，终于在公益信托发展的制度建设方面迈出了历史性的一步。这个通知在制度方面有三大重大突破：一是突破了信托公司推介信托不得进行任何形式的宣传广告的限制，通知规定，信托公司设立公益信托，可以通过媒体等方式公开进行推介宣传；二是公益信托的委托人性质不限，通知规定，公益信托的委托人可以是自然人、机构或者依法成立的其他组织；三是公益信托的信托财产规模不限，通知规定，公益信托的信托财产的数量及交付信托的金额不受限制。我们认为，这个规定的出台，将大大促进中国公益信托事业的发展，从而促进中国公益事业的发展。这项制度突破是历史性，可能是其他信托业务种类投资门槛制度突破的一个开端。

信托公司开展公益信托事业的最大利益不是公益信托本身带来的信托收入，而是通过公益信托事业的大规模发展，信托制度得以广泛传播，信托观念得以深入人心，信托公司的社会声誉得以提升，从而大大促进信托公司开展的其他商业性信托业务的发展。因此，在公益信托的制度出现重大突破的情况下，信托公司应当把开拓公益信托业务提升到战略性高度的地位。

3. 股权信托。股权信托业务中，信托公司的主要作用是管道，积极管理的成分很少，所有的信托公司都可以开展，市场空间有限，也难以形成行业内的优势地位，因此属于瘦狗业务。但是这类业务的开展无须占用公司过多资源，投入很小，因此，应当作为公司的保留业务。

综上所述，信托公司的现金牛业务包括房地产贷款类业务、基础设施贷款类业务以及其他短期债务融资类业务，再就是证券投资信托；幼童业务包括房地产投资类信托业务、基础设施投资类信托业务、PE 类业务和私人财产管理类业务；瘦狗业务主要包括资产证券化业务、年金业务以及股权信托业务，从理论上说，对这类业务应尽可能舍弃，避免其成为公司资源投入的陷阱，但考虑到可能的政策变化和提升公司社会形象的要求以及这类业务对公司整个资源配置的影响，对有可能“返老还童”的资产证券化业务尚不能轻言放弃，对无需占有太多资源的股权信托则可作为公司的保留业务。

总的说来，信托公司的业务结构不合理，业务序列中的“脱节”现象严重，具体表现为在现金牛业务严重不足，幼童业务过多且瘦狗业务难以割舍的同时，明星业务太少，调整和优化业务结构的压力很大。在今后一段时间内，如何有针对性地采取合理的营销组合策略，并辅之以适当的投入，尽力扩大幼童类业务的市场份额，推动其向明星业务转变，以增强信托公司的市场地位，并通过正确预测自身的营销能力和市场占有率变化趋势，果断地舍弃“幼童”中市场占有率提升无望的业务，是信托公司的一个战略课题。

五、信托公司主打业务拓展的阶段安排

综上所述，列为信托公司细分市场应当精细化运作主动管理型业务的主打业务依序是：房地产投资信托业务、证券投资信托业务、基础设施投资信托业务、私人财产管理类业务、PE 类业务。未来数年中，信托公司应当集中人财物资源重点拓展上述业务。同时，在幼童业务处于成长期阶段，为了保持信托公司的盈利能力和业务发展的稳定性，仍然需要维持对贷款类及短

期债务融资类产品的资源投入，但是应当逐渐递减。当然，各家信托公司的资源禀赋和市场环境等情况差异巨大，我们在这里论述得出的只是一般性的结论，各家公司在制订自己的业务组合拓展战略时当然必须考虑自身的特殊情况。

考虑到制度制约的因素、信托公司资源配置因素以及维持业务稳定发展的因素，上述主打业务的拓展不能齐头并进，而是应当分阶段重点拓展。

在证券投资信托业务领域，应当结合证券市场的情况，在牛市的时候大规模介入，进一步扩大战果，提升质量，使之进一步成为明星业务。虽然2008年再次出现2007年火暴行情的几率不高，但是从长远看，证券市场的发展是必然的，证券投资信托业务的发展空间也是巨大的，因此，证券投资类信托业务仍然应当作为重点业务拓展。证券投资信托业务目前也是信托公司惟一形成一定规模并且产品开发模式比较成熟的投资类信托业务，应当为其他投资类信托业务的发展起到承前启后的作用，利用其提供的业务收入为其他投资类信托业务的拓展提供财力支持。

信托公司为了有效地拓展证券投资信托业务，应当加速配备证券投资专业人士，不断提升自己的投资管理能力，改变目前严重依赖私募基金管理公司、证券公司和基金公司等投资顾问的局面。应当进一步提升证券类产品的创新设计，大力推进证券投资信托业务的质量提升，以适应不同投资需求和风险承受能力的投资者。

在房地产投资信托领域，应当以房地产项目公司的股权投资信托业务为重点，并将其作为所有主打业务中优先发展的业务领域，使之成为与证券投资信托并驾齐驱、占据相当业务份额的业务。在产品的设计方面要进行结构创新，赋予信托投资者以适当的优惠价格购买到相应的楼盘或者具有优先选房的权利，将房地产的投资与销售紧密结合起来。同时，适当试水房地产资产投资信托产品，大力发展写字楼资产投资信托和其他商业地产的投资信托，为未来可能出现并具有广阔市场前景的REITs业务的开展奠定基础。

在基础设施投资领域，应利用基础设施投资风险较小、收益稳定的特点，力争与银行合作，实现银行理财资金与信托的对接，并积极拓展机构客户投资者，突破基础设施投资的募集规模瓶颈，争取使基础设施投资信托也成为信托公司的优势业务之一。

在PE业务领域，由于存在制度障碍，也因为PE风险相对较高，投入见效的时间较长，需要创富效应的带动，因此初期对于多数信托公司不应当作为资源重点配置领域，只进行探索性尝试，静待政策面的变动，为未来的大规模拓展取得试点经验。在起步阶段，可以借助创投公司的专业经验与资源，建立与创投公司的合作联盟，必要时可以考虑设立创业投资的关联子公司，进行私募股权投资信托的管理运作。要储备相应的专业人才，为开展PE业务奠定人力资源基础。积极参与银信合作，解决资金规模的募集问题。

在私人财产管理业务领域，则需要长期谋划，从长计议。这一业务领域的市场空间极大，但是开拓不可能一蹴而就，因此要进行持久战。

当然，信托管道型业务也是非常重要的业务，尤其是与银行合作的票据投资类业务、信贷资产卖出回购业务等，风险很小，收益率适中，信托公司应当大力拓展。

第五章 信托产品开发创新的战略实施

第一节 组织结构的完善

一、组织结构完善的原则

组织结构完善战略的最基本原则就是适应信托公司的业务组合战略，适应信托公司产品创新开发战略，根据主打业务及阶段重点拓展规划，调整和完善公司的组织机构。

企业的组织职能主要体现在对资源的整合能力上。目前多数信托公司的组织结构基本上属于直线职能型组织架构，经过数年运作的实践验证，证明这种架构下的部门权责基本上清晰明确，资源整合能力较强，基本上适应企业发展和市场形势变化的需要。但是，在新政的背景下，未来数年信托公司面临功能定位的战略转型任务，业务组合模式和产品开发模式都会发生相当大的变动，为此，需要根据形势发展的需要及公司的具体情况适当调整。

二、组织结构完善的具体措施

对于多数信托公司而言，组织结构的调整方案，应当是保持原有的直线职能型组织架构的基础上，根据战略转型的需要，进一步明晰部门的分工，主要是明晰各个主要信托业务部门之间的分工，在保留业务交叉的赛马机制的同时，根据公司的业务组合战略发展的需要，对信托业务部门的业务侧重点进行明确分工，将房地产项目融资、基础设施融资、私人财产管理、PE等重点拓展业务分别配属给一个信托业务部门，一方面有利于拳头产品专业化经营程度的提升；另一方面也有利于相关行业经验的集中积累。

组织结构调整后可能出现的问题是，私人财产管理部门所服务的对象是高端客户，可能在一定程度上与营销部门发生职能冲突问题，应当通过部门之间的职能细化、加强部门间的横向沟通与合作等方式解决这个问题。

第二节 营销拓展战略

一、建立核心辐射型的营销团队

新政颠覆了信托公司传统的营销渠道和模式，使得营销渠道的再建和拓展成为信托公司面临的重大工作。为了应当业务组合模式和产品创新开发的转型，也为了核心竞争力的培育，信托公司必须建立自已主导的营销渠道和高效的营销模式。而这些都必须依赖核心营销团队的建立。信托公司建立核心辐射型的营销团队的主要要点是：

1. 发现、选拔信托公司营销核心骨干，提高营销骨干的素质。以公司内部营销部门为基础，采取引进人才、派出学习和组织培训等方式培养营销核心力量，着重加强产品理解能力、市场适应能力和团队领导能力的培养，以期造就适应混业趋势下理财服务市场激烈竞争的核心营销专家。

2. 以业务部门为基础，全面增强业务单元营销能力。以营销核心骨干为团队领导，以投资理财项目为载体，全面提高项目经理人和信托经理人的营销能力。重点加强专属业务单元产品价值的解释能力、金融理财产品的比较分析能力和客户沟通能力的培训。

3. 以信托公司为中心，发展兼职营销人员。以信托公司为产品营销信息和管理中心，大力发展股东相关单位和合作机构，特别是保险证券代理机构中的优秀营销人员为本公司营销员工，以业绩激励和人本管理为联结纽带，建立信托公司的营销覆盖网络。

二、拓展多层次营销渠道

拓展多层次营销渠道的要点是：

1. 重视柜台营销的潜力挖掘，提高柜台营销质量。柜台营销是信托公司传统的主要营销渠道，在新形势下仍然具有不可取代的地位。柜台营销既有接待客户咨询、办理一般业务受理手续、引导客户与后台办公系统衔接等传统功能，还可以担当电话销售、客户维护、展示公司形象等功能。因此，应当进一步提升柜台营销的质量。其中重点做好柜台咨询代表的选拔和培训工作。

咨询代表的基本功应当包括：（1）掌握金融、理财、信托等方面的知识，为客户提供一般咨询；（2）掌握信托产品的特征和亮点，为客户提供具体产品的专业咨询；（3）为客户查询产品信息，办理受益权转让手续等；（4）接待由公司外围销售人员开拓的潜在客户，做好客户开发的衔接工作。

信托公司应当在以下几个方面按照柜台营销人员素质的要求健全机制，合理调配资源：（1）调整薪酬激励机制，提高柜台营销人员积极性；（2）加强有针对性培训，促进柜台咨询代表适应市场发展趋势；（3）安排内部轮岗，丰富柜台营销环节的信息流量及其与其他业务环节的互动。

2. 密切与其他金融机构的合作。基于互惠互利，双赢的原则，信托公司应当进一步挖掘外部的营销机构的潜力，通过各种合作拓宽信托产品的销售渠道，以实现资源互补，提高营销绩效。首先是加强信托公司的同业合作。信托公司之间的合作早有先例，合作的意义在于放大募集规模，提升信托产品组合优势，增强产品信用。例如，在基础设施投资业务中，就可以联手其他信托公司组成信团共同开展业务，利用团体的力量解决募集规模过小的瓶颈问题；其次是密切与银行、保险、证券公司的合作。银行、保险、证券公司等经过多年的发展，已经构筑了发达的营销网络体系。信托公司可以通过多种合作方式借助它们的营销渠道销售信托产品。当然，合作并不局限于销售产品，还可以包括共同开发理财产品，进行产品开发创新等。例如，人寿保险信托在美国和日本都很流行，在我们国家还没有出现，信托公司可以和保险公司就可能共同合作开发这类产品。

3. 拓宽与其他非金融机构合作展业的渠道。信托公司应当加强与股东单位相关机构、行业协会、其他集团公司等高端私人客户和机构客户信息集中的非金融机构的合作，以理财咨询、投资规划、合作研发等形式，扩大优质客户资源和业务平台。

三、丰富营销工具

在丰富营销工具方面，主要采取下列措施：

1. 巩固广告宣传。按照有关规定，信托公司不准通过报纸、电视、广播等媒体进行信托产品的宣传推介。但信托公司可以通过下列一种或多种渠道进行公司形象和信托知识的宣传推介，从而达到间接营销的目的：（1）全国性或地区性的报纸广告；（2）专业杂志、刊物和公司年报；（3）电视和广播；（4）展览和室外标识，印发宣传手册。广告宣传以树立公司形象、宣传信托理念、普及信托知识为主，辅助信托公司理财产品营销。

2. 适度开展公共关系、公开宣传和赞助活动。信托公司和信托产品在我国公众中仍未被认识和完全理解。信托公司应在特定区域内适度展开公共推广，提升公众对信托公司和信托产品的理解。信托公司应把公共关系定位于有意识、有计划和持续地建立和保持公司与公众之间相互了解的过程，定位于一个主动创造形象的过程。信托公司应该加强与政府、企事业单位、同业机构、新闻媒体和社会大众的交往，密切与各方的感情交流，使客户对信托公司基于了解和互动，产生信任感并最终愿意将财产托付给信托公司管理。通过新闻发布会、记者招待会等进行宣传，借助参与举办各种大型会议、社会公益事业等来营造良好的信托营业环境，扩大信托公司及信托产品的辐射面和树立良好的自身形象。

3. 开展专题知识营销和会议营销。信托公司可以通过举办专题讲座、座谈等方式，向潜在客户讲解信托理财知识，介绍公司通过信托机制运作理财业务的优势，比较各类信托产品乃至其他理财产品的优势，抓住产品与客户需求的契合点。增强客户对信托产品的理性认知，培养客户对公司形象和公司产品的认同度，为特定信托产品的营销奠定基础，以便达成规模销售，提高营销效率。

4. 探索开辟电子营销系统，为营销模式的根本创新奠定基础。信托公司应当结合提升数据库建设和完善信息系统，探索推出以公司网站为平台、以电子交互营销技术为支撑的、集网络、人工语音、移动短信为一体的电子营销系统。

第三节
品牌提升战略

一、品牌提升的总体战略思路

卓越的品牌意味着赢得客户的广泛认可，产品品质优异，服务出众，能够创造社会财富，提升公司的价值。在市场竞争日趋激烈的今天，一家信托公司如果没有在行业和理财市场中知名并且具有美誉度的特色品牌，便绝对难以跻身一流企业行列。如何结合拳头产品的开发创新和锤炼，重磅出击市场，塑造信托公司作为卓越理财机构的企业品牌和具有较高美誉度的信托产品形象，已成为信托公司未来的重点工作之一。

实施品牌战略，就是要把公司的品牌和信托产品的品牌放到关系信托公司全局利益和长远发展的高度来认识，并把这一认识落实到公司领导者和全体员工的实际行动中，创品牌产品，做信托乃至金融行业的明星企业和领袖企业，通过品牌引路，创造商机，抢占市场，把握市场竞争的主动权。

信托公司实施品牌发展战略不但应当塑造公司卓越理财机构的企业形象，创建品牌企业，而且应当实施企业品牌与产品品牌联动战略，通过打造专注业务领域精品产品的领先战略，带动公司的品牌化经营。

品牌产品是由品牌企业开发设计的，信托公司要实施品牌提升战略，必须把自己建成品牌企业。而作为品牌企业，除了需要必备的技术、资源硬件外，更重要的是必须具有良好的企业形象。良好的企业形象需要通过行业、理财市场中较高的知名度、透明度和美誉度来体现，需要通过优秀的产品、卓越的服务来体现，需要一定的业务规模、良好的经营业绩来体现，还需要员工的精神风貌和素质形象来体现，只有在这些方面均能给理财市场留下良好的印象，信托公司才能成为真正的品牌企业。因此，品牌提升是一项系统工程，涉及公司的产品、营销和服务的全部方面和过程。

就品牌提升战略的核心来说，信托公司的战略选择应当是企业品牌与产品品牌联动战略，就是集中精力把某一或者少数领域的信托产品作为其重点拳头产品进行开发，使之打造成业内和社会知名度和美誉度较高、市场份额较大、投资者高度认可的精品信托产品。通过精品信托产品的带动，实现整个公司品牌和产品品牌的全面提升。

二、品牌提升战略的具体要点

1. 要在整个信托公司的层面树立创品牌观念。企业要树立创品牌的观念，首先要做到领导者思想上的高度重视，把创公司品牌和产品品牌作为实现企业战略发展目标的重要任务之一并身体力行，将品牌作为一项事业来经营，通过自己的言行贯彻这一思想，影响全体员工。

2. 信托公司要把创公司品牌和产品品牌的观念体现到企业的组织建设、资源配置和所有工作的各个方面中去，把品牌的提升作为各项工作的出发点，在市场调研、产品开发、技术开发、业务运作、项目管理、营销推广、人才培训等方面贯彻品牌提升的战略。

3. 信托公司应当在特定业务领域打造精品理财产品，为客户提供优质的服务。优质的产品是创建公司品牌和产品品牌的根本基础，没有精品和卓越的服务，企图通过广告轰炸和营销推广，是不可能真正塑造出卓越的品牌的。卓越品牌必须拥有庞大的客户市场，拥有一流的客户服务体系，以细致入微、快捷高效的服务使自己的品牌在客户群中深入人心，赢得客户高度的满意。因此，信托公司必须在至少一个业务领域内成为行业创新的领先者、服务的领先者，理财市场中主导产品的提供者，才有可能真正实现品牌提升战略的目标。

4. 信托公司创建和提升品牌，必须建立标准的服务流程、规范的行为管理体系。信托公司为客户服务的流程应当是标准化，行为管理是规范的，人的行为准则是规范的，产品营销是规范的，信息披露也是规范的。通过标准化和规范化的服务，树立良好的社会形象，打造一流企业的形象。

5. 信托公司应当通过多种宣传、推广方式塑造公司品牌、产品品牌，提高公司和产品的社会知名度。企业具有高质量的服务产品做基础，仍然必须通过宣传推介让广大客户知道，让社会知晓。宣传品牌就要利用各种宣传工具，让消费者（也是信托产品的投资者）了解公司的优势、产品的特点和优势，从而使公司和精品产品家喻户晓。要提高宣传推广的效益，必须组合使用多种方式进行，在统一的宣传推广计划下，运用公司形象广告、精品产品广告、公关广告、社会公益活动、产品咨询和服务等多种方式全面展开品牌的推广。

6. 要做好持续推广工作。品牌提升战略不是一朝一夕就可以完成的，这是一个企业综合实力、知名度、美誉度逐步由小到大的过程，这就需要持续发展品牌。发展品牌要做好三方面的具体工作：（1）发展产品，包括增加精品产品的数量、品种，根据信托产品投资者的市场需求进行产品创新，提升服务质量，让公司和产品的精品、卓越形象在客户心目中生根；（2）扩展市场，发展客户，要根据不同市场特点进行开发创新，不断提高市场的占有份额，要将产品从本地市场扩展到外地市场，在扩大市场范围中提高信托公司和信托产品的声誉，在提高市场占有率的过程中树立品牌形象，不断提高客户对于公司产品品牌的忠诚度；（3）发展企业，通过扩展信托公司的规模增强企业的实力，扩大业务规模增加公司的利润，加强管理、提高员工素质等举措，在发展品牌产品的过程中把公司发展成为知名企业，企业的各项工作都不能有损品牌形象，必须贯彻公司的行为准则，诚信经营。

三、品牌提升的具体策略

品牌提升的具体策略方面，信托行业有很多经验可资借鉴，归纳起来，比较可资借鉴的品牌创造策略是：公司与产品品牌联动；产品品牌系列化、标准化；通过公司形象宣传提升产品品牌等。

（一）公司与产品品牌联动

从信托业品牌战略实施先行者的情况看，公司与产品品牌联动是一种非常有效的产品品牌提升策略。这种策略是在信托公司所推出的所有信托产品的前面都冠名公司名称的简称，突出公司的名号，利用精品产品提升公司的整体品牌，达到通过产品宣传公司品牌的目的。

（二）产品品牌系列化和标准化

在梳理信托产品和业务种类的基础上，按照资金投向领域、运用方式等信托产品的主要分类标准规范命名所有各类产品，编制序号，所有主要产品均分门别类赋予富有个性的特定品牌名称，这样不但有利于客户辨别信托产品的性质和种类，也为信托公司将来在某一领域打造精品信托系列产品提供了副品牌效应。

（三）通过公司形象宣传提升产品品牌

在广告和推广方面，由于目前信托产品以私募为主，难以进行具体产品的广告宣传，因此，应当以公司的形象广告宣传为主导。可资利用的宣传的媒体和管道包括：报纸、电视、广播、网络、理财产品讲座、公益活动、金融类会议或论坛、书籍出版赞助等。在网络时代，建议高度重视网络的作用。而报纸作为影响力重大的媒体，其功能作用也要高度重视。

信托公司形象宣传的重点应当是塑造公司诚信、实力、创新、高端服务、专业理财机构的形象。要充分发挥信息披露管道的作用，通过信息披露的规范化，塑造透明、业绩优良的社会形象。

第四节 产品创新战略

一、产品创新的战略任务

信托公司产品创新的战略任务应当是：打造一流的信托产品研发队伍，实现产品研发创新实力的根本性提升，以创新思想引领产品开发、设计、管理的全过程，以创新带动信托公司各项业务的发展，通过产品创新，着力打造拳头产品，形成市场竞争优势，确立信托公司在特定业务领域的业界创新领先优势，扩大信托公司的市场占有率，为公司提供持续的盈利增长点，为客户提供高质量和卓越服务的信托产品，满足客户的金融服务需求，树立信托公司在金融市场上的创新形象。

二、产品创新的原则和创新的方向

我们认为，信托公司产品创新的战略原则应当包括：（1）继承与发展相结合的原则；（2）跟进行业发展与优势领域产品创新领先的原则；（3）紧密结合公司业务组合发展战略的原则；（4）将产品创新与制度和机制创新、组织创新以及经营理念创新相结合的原则。

由于信托行业的特殊性，信托公司的研究发展定位应兼顾战略层面和具体业务及产品；其研究发展应该具有宏观性、前瞻性和实用性；研究发展的内容应以产品创新为主，兼顾公司发展战略研究、产业行业政策研究、市场研究、投资机会与投资策略研究、同业合作研究等。

在产品创新研究领域方面，应当根据信托公司战略转型的定位，针对性地选取符合公司长远利益的产品发展方向，根据继承与发展的原则，巩固传统产品领域多年来形成的运作经验和已有的开发能力，积极推进产品结构的升级，重点研究由贷款类产品和债务融资类产品向股权投资、资产投资、受益权转让类产品转型的研究。重点研究领域包括：房地产投资信托（包括REITs）、证券投资信托、基础设施投资信托、私人股权投资（PE）信托、私人财产管理信托等。

在产品创新技术层面的研究方面，重点是交易结构的创新研究，尤其是风险控制研究。具体包括：（1）投资类产品的风险控制研究；（2）信托受益权分级的结构化设计，要通过产品的结构化的设计，改变产品的风险收益结构特征，以此来满足不同风险承受能力客户的投资需求；（3）产品流动性安排研究，要通过有效的流动性安排，进一步提高信托产品对市场的适用性，更好地为客户提供服务；（4）开放式申购赎回设计研究，研究利用开放式申购赎回安排扩大募集规模；（5）产品期限的结构化设计研究，通过同一信托计划分为多种不同期限的受益权，满足不同资金期限约束的投资者需求；（6）信托收益的实物化分配安排研究，通过在特定信托产品中使用附加条款，比如购房优惠等措施，来进一步提升产品的吸引力，提升资金募集和管理的效果。

三、信托产品创新战略的保障机制

（一）制度保障

信托公司决策层应充分认识创新对于公司生存发展的重大意义，高度重视创新工作，通过制度手段保障研发工作的拓展。要确定专职领导负责创新工作的规划与实施。在公司的费用中明确研发创新的开支，确定研发创新部门的设置及人员安排，逐步提高研究开发经费占公司营业收入的比例。

（二）机构保障

研发实力是信托公司核心竞争力的体现，在一定意义上它决定着公司未来在中国信托行业中和金融市场中的地位。因此，信托公司应当高度重视研发部门的建设，应当赋予研发部门业务、产品研发的主导权和管理权。公司的主要业务创新、绝大部分制度创新和管理创新都应由研发部门负责组织设计论证。但是研发部门人员有限，也不可能大量扩编，为此，应当充分调动所有部门、员工的积极性，创造条件让各业务部门、业务人员都在实践工作中积极探索业务创新，并建立由研发部门主导的业务创新研究的交流互动机制，提高公司的创新能力。

（三）人力资源保障

信托公司应通过对外招聘和内部培养，建立稳定的研发创新人员队伍和持续的人员补给机制，同时要注重对现有研发人员的再培养，提供包括培训深造、交流学习、调查研究的机会，从而保证研发人员的信息交流和知识更新，提高产品设计的技术含量，优化产品创新能力。

（四）外部交流合作机制保障

信托公司要与外部机构进行有效的交流合作，使内部研发与外部合作相结合。加强同银行、基金公司、资产管理公司、证券公司等的交流与合作，吸收和借鉴其他机构在产品研发和管理上的先进经验，并借助其他机构的专业团队和网络，实现自身产品创新的突破。

第五节 人力资源发展战略

一、总体目标

当今中国之信托业是最具有资产管理功能和投行业务特点的金融机构，但是目前信托公司在很多业务领域并没有基本的人力资源配置，很多业务不得不通过外聘其他专业机构担任投资顾问，这是导致信托公司投资管理能力不强、核心竞争能力不足的重要原因。信托公司在金融行业中的异军突起，要仰仗快速建立一套与金融市场发展需求匹配的人力资源体系。

为了适应信托公司战略转型和产品创新的战略要求，信托公司的人力资源发展战略的总体目标应当是：打造分工科学、业有专攻、素养综合、整合高效的专家型队伍；完善奖励贡献、激励创新、鼓励超越的薪酬考核机制；开发衔接市场、激发潜能、以人为本的培训体系；提炼与组织结构调整、品牌管理、企业文化培养联动互补的人力资源管理体制。

二、信托精英团队的打造

信托公司在各种金融机构中对于人力资源、智慧、创新思维的依赖度最高，可以说，信托公司的人力资源发展战略的必然选择是培育员工的精英意识，建立信托精英团队。

信托公司应当特别强调职业信托精英的培养及其创新才能的发挥，要求信托精英具有较强的战略意识、市场敏感性和创新精神，善于从全局出发考虑公司的利益，敏锐地捕捉金融市场信息，进行公司长期发展战略的创新，同时要具有稳健、质量、风险和管理的理念。为了弥补信托精英作为经济人而存在的个人缺陷，就必须刻意造就信托精英群体，让信托精英群体来管理信托公司，用群体思维来弥补个体思维的缺陷，以此推动积极向上的企业文化的形成和发展。为此，要积极创造条件，努力培养和造就一批具有较高素质、较强能力的较为成熟的信托精英，让他们在激烈竞争的市场环境中发挥最大的效率。

三、建设“人本化”的信托公司

信托公司应当特别强调“以人为本”人力资源发展战略和企业文化建设中的重要地位。为此，必须在理念上实现从传统的人事管理向人力资源管理的转变，把员工当作最宝贵的财富而不是工具或手段来看待，牢固地树立“是员工为公司创造收益和财富，而不是公司为员工提供谋生的机会和场所”的观念。同时，应在公司内部努力营造“尊重知识，尊重人才；物尽其用，人尽其才；知人善用，用人所长；求贤若渴，惟才是举”的良好氛围。

信托公司还应当高度重视员工的职业生涯设计和规划，使每一位员工都能有一个奋斗的目标，激发员工努力实现人生价值；高度重视员工培训，积极倡导团队协作精神，鼓励创新，充分调动员工的积极性和创造性。

最后，信托公司还应在完善员工考核措施，健全分配机制的同时，切实帮助员工解决实际问题，编织员工与公司之间的亲情纽带。总之，强调“以人为本”就是通过增强员工在公司的“成就感”和“家园感”，不断创造出“事业激励、待遇激励、感情激励”的亲情化氛围，使员工与公司同步成长。

四、创建学习型的信托公司

学习型企业是一个能熟练地创造、获取和传递知识的组织。当前世界金融一体化和全球化格局下的金融业竞争正在由以规模、网点为主的竞争转向以创新、科技和文化为主的竞争，积累这种竞争能力的关键在于不断提高组织的创新能力和应对外部环境变化的能力，在于通过团队培训增加公司的专用性资产和不可模仿的隐性知识，总的说来，在于如何创建学习型公司。

要创建学习型公司就必须提倡全员学习，无论公司决策层、管理层或是操作层的员工都要结合自身的职责，全身心地投入学习，并把学习和工作结合起来，做到边学习边准备，边学习边计划，边学习边推行。同时，还应在重视个人学习和个人智力开发的同时，强调团体学习和群体智力开发，以提升学习的整体效应。倡导并形成全员学习的良好氛围，最终建立起学习型公司是一个渐进的过程。

1. 应培育一个有助于学习的环境。这就需要通过宣传鼓动、健全机制和建立共同愿景等手段使员工实现从“适应性学习”向“创造性学习”、从“被动型学习”向“自主型学习”的转变。

2. 应使员工掌握正确的学习方法。这就需要通过积极引导，使员工改善心智模式，实现自我超越，并学会系统思考。

3. 应打破部门界限，并鼓励彼此交流思想，在公司内部建立起一个开放的环境，确保信息流动顺畅，以形成组织思考的平台。

4. 应创建学习论坛。学习论坛应该按照明确的学习目标设定计划。计划可以采取多种方式，具体包括战略性评论、系统评估、内部基准评估，以及向国内外的先进信托公司和金融企业学习等。

第六章 信托创新报告：2002～2008年

“信托的运用范围可以和人类的想象力媲美”。美国信托法专家斯考特的这句名言，一直在全球的信托业界广为流传。这句话体现出来的精髓其实正是信托的创新本质。总体来看，2003年信托业在新的一法两规制度架构之下恢复营业之后，中国信托业的创新信托产品层出不穷、不断涌现，在产品创新方面亮点频现。创新与信托业的发展同步，构成了信托业发展的主旋律。

第一节 信托业重新起步阶段的创新

一、2002年信托业的重新起步

2002年之前的信托业之所以称之为传统信托业，就是因为在基本的信托制度安排缺失的情况下信托公司主要从事的不是信托业务。

从1994年第四次清理整顿，一直到1998年3月的清理整顿，再到2001年10月《中华人民共和国信托法》生效，然后到2002年7月18日的《信托投资公司资金信托管理暂行办法》正式实施，信托业在清理整顿中翘首等待信托法律制度的出台整整8年，其中1998年3月之后的约4年是在业务几乎完全停顿中苦度岁月，终于熬到在全新的制度架构之下重新营业的日子，爱建信托在新法规出台的第一天捷足先登推出了新法规架构下第一款集合资金信托产品——“上海外环线隧道项目集合资金信托计划”，这标志着信托业进入一个崭新的时代。从此以后，各种信托产品如雨后春笋般涌现。在产品创新方面亮点频现。可以说，信托制度所具有的创新天赋和能量，在中国信托业历经长期清理整顿结束后终于有机会爆发出来。

这一阶段的信托产品，从资金投向领域看，覆盖面非常之宽，囊括了基础设施、房地产、证券、消费信贷、购并重组、银行信贷资产投资等各个领域；从资金运用方式看，涵盖了贷款、股权投资、权益投资、债权投资、租赁等；从融资的方式来说，包括了资金信托和受益权转让的信托产品；从信托财产的形态来看，则包括了资金、不动产、财产权等。从风险控制措施方面，信托公司创造性地利用了政府的信用作为担保，并同商业性担保结合起来，并大量运用了受益权的分级设计。这些风险控制措施多数都被信托业沿用到现在。

由于这个阶段的信托产品可以说从零起步，几乎每一款产品都是重大创新的结果。这一阶段虽然时间很短，但是其中的许多重大创新为后来信托产品的持续创新奠定了基础。

二、2003年：创新热潮爆发的年代

应当说，2002年仅仅是信托业的起步，2003年中国信托业才真正掀起了创新热潮：这一阶段，信托工具被广泛运用于烂尾楼重建、MBO、出口退税、法人股投资等多个领域，多种收益风险特征和运作方式迥异的信托产品不断推出，初步显示出信托业创新的冲动与巨大能量。信托业创新的躁动，转变为信托业发展壮大的持续推动力。

按照孟辉博士的意见，在2003年7月，中国信托发展史上一个重要的分水岭悄然出现[①]。2003年6月，为了防范因房地产开发过度使用银行贷款而可能产生的金融风险，当时的监管机关中国人民银行出台了《关于进一步加强房地产信贷业务管理的通知》（121号文件）。121号文件的出台，沉

① 孟辉：“2003信托业创新躁动”，《信托无限网》。

重打击了原有的房地产融资模式，对房地产企业的资金链形成了巨大的压力，也对银行的信贷资产质量造成了巨大的压力。在这个特殊的历史关头，信托公司充分显示了信托创新的优势，开发设计了大量非贷款类信托产品，主要是股权投资信托和债权投资信托产品，提供的创新性的解决方案实现了房地产融资的多元化，为信托业在房地产融资领域的金融地位奠定了坚实基础。

三、创新特点

信托业起步阶段的信托创新，其主要特点是：

1. 信托制度最重要的功能未必清晰体现，绝大多数信托产品体现了融资的功能，填补银行融资服务的空隙，综合运用多种融资方式进行产品创新，成为行业潮流。

中国金融发展的特殊历史造就了银行一家独大的金融体系，而信托业没有获得法定的专属独占经营领域，使得在信托业刚刚起步的历史背景之下，信托公司必须抓住自己的优势为银行拾遗补缺。这一时期，无论是从房地产融资类信托产品的迅猛发展，还是MBO信托和法人股投资信托的异军突起，实现传统银行融资所不能实现的目的，无疑是信托创新得以发展的重要因素。

股权投资信托、债权投资信托和受益权转让类信托产品在2003年获得了迅猛的发展，特别是股权投资信托和受益权转让信托产品，融资规模占到了所有整个融资类信托产品融资规模的41.7%，规模远远超过了证券投资信托等非融资性信托产品的规模。这类产品在121号文件出台后规模迅速扩大，大大缓解了房地产业资金紧张局面。

2. 这一阶段很多信托产品创新成为规避法规限制的工具，创新产品是否可以持续经营面临着很大的不确定性。在这方面比较经典的创新包括：利用受益权分割转让突破200份信托合同的规定；通过一个委托人出面签订信托合同，但是指定多个受益人的方式规避200份信托合同的限制；在MBO收购案例中，信托公司接受委托出面收购上市公司股权但是不披露实际控制人等等。

2003年度最经典的规避政策限制的创新信托产品是中诚信托的“荣丰2008项目财产信托优先受益权信托产品”。该产品募集金额达1.8亿元人民币，如果按照一般方式募集资金的话，每份信托合同的平均金额不能低于90万元人民币，这在2003年的信托市场中是非常困难的。对此，中诚信托设计了财产信托的方式，即房地产公司以价值3.27亿元人民币的房地产设立信托，以房地产开发公司为受益人，并将受益权分为优先级和次级，其中1.8亿元人民币作为优先受益权向投资者发售，并且信托产品的认购起点仅为5万元人民币。显然，在这款产品中，不动产信托的受益权分层是一个重大创新，而更重要的是，利用了法规没有禁止受益权分割转让的"空隙"，成功突破了信托合同200份的限制，大大降低了投资门槛。也正因为如此，这款产品的销售非常火暴。

应当说，规避政策和法律限制是金融创新的一个重要推动力量，本身无可厚非。这类创新最终可能会被监管机关或者法律所禁止，但是也可能会被正式认可。而我们在这里所说的几类规避政策限制的创新，最终都被管理层否定。而未被否定的创新也很多，包括法人股投资信托，其实就突破了自然人不得持有法人股的限制。实际上，最近两年银信合作规模的不断放大，最重要的推动力量是银行为了突破政策和法律限制发展理财业务。而这类创新实际上已经得到了监管机关的认可。

3. 从风险控制技术的角度来看，2003年的信托产品创新也有多项重大进展，比较典型是风险控制措施的多样化和复合化，地方政府、大型企业、保险公司、银行等都被引进到信托产品的风险控制结构中，受益权的优先/次级结构得到更多的运用。

财产和财产权的抵、质押也是常用的风险控制措施。与2002年相比，本年度信托公司对抵押财产不仅关注其清算价值，也开始注重资产未来现金流的价值。与此相关的是，在风险控制过程中，专业化中介机构包括银行，基于商业原则介入了整个信托产品的风险控制流程，信托产品的信用得到增级①。

在银行方面，除了代理信托产品的销售之外，多家银行与信托公司的合作转到信贷资产的卖出回购形式的产品运作合作。对于银行而言，盘活了资产，利用自身信用以较低的融资成本获得了资金。对于信托公司而言，这类产品由银行承诺回购，增强了信托产品的信用，无疑有利于信托产品创新的

① 孟辉："信托产品创新：巧排'三性'迎合市场需求"，《信托无限网》。

健康发展。证券公司也加入了与信托公司的合作行列，山东国投的鲁信证券投资信托计划就是信证合作的典型产品。

除了金融机构之外，担保公司和信用评级机构也以专业中介的形式介入了风险控制的过程，在重庆国投推出的“景龙公寓股权信托计划”中，银基担保公司提供了担保，而在中信信托推出的“华融不良资产优先受益权产品”中，中诚信评级公司作为独立的信用评级机构介入了对华融资产包偿付能力进行了评估，并给予了 AAA 的评级，这对不良资产包这一需要专业化程度较高的价值评估给出了相对简便的评判标准。在联华信托的多款产品中，都引进了中诚信评级公司进行产品评级。

除了外部信用风险控制方式的改变以外，内部信用增级方式“优先/次级结构”在更大范围内使用，被采用的比例产品占比由 5.26% 提高到 7.87%①。这种内部信用增强方式使得产品的风险特性摆脱了项目本身性质以及外部信用担保的制约，而仅仅依赖于项目自身权利和义务的重新分配。这一方式的创新意义和独特优势主要体现在证券投资信托产品中，并陆续扩展到其他种类信托产品中。

4. 信托公司在信托产品流动性方面也进行了大量创新。这些创新主要有三种模式：一是构建信托产品转让的信息平台，降低产品转让的信息搜索成本，以重庆国投与西南证券飞虎网合作推出的“信证通“为代表。但是这个模式最终无疾而终；二是构建信托产品转让的做市商制度，一般是直接由信托公司自身作为做市商承接受益人转让的信托产品，在中诚信托推出的“车公庄危房改造贷款信托”中使用了这种方式；三是引入商业银行为信托产品办理质押贷款为投资者提供短期融资服务。北京国投推出的“债券投资资金信托”是第一个具有这一功能的信托产品。

四、经典创新产品

这一阶段经典的创新产品很多，主要包括：爱建信托的“外环隧道项目集合资金信托计划”，这是一个以股权投资的形式出现、但是因为安排了股权的收购机制，实质上是一个短期融资性质的信托产品；苏州信托的“苏嘉杭高速公路股权信托资金计划”，实际上是一个受益权转让的信托产

① 孟辉“信托产品创新：巧排‘三性’迎合市场需求”，《信托无限网》。

品，利用高速公路项目公司的股权设立信托，再通过对股权受益权的分割转让进行融资；重庆国投的“世纪星城股权信托集合资金信托计划”，以设立股权信托转让受益权的方式实现了房地产开发融资需要，规避了121号文件房地产贷款条件的限制，维系了房地产公司的资金链；中诚信托“荣丰2008项目财产信托优先受益权信托产品”，通过受益权转让规避了200份信托合同对募集规模的限制；衡平信托“精图大厦烂尾楼优先受益权信托”，第一次将信托金融工具运用于烂尾楼处置续建；苏州信托“精细集团MBO贷款信托”，成功运用信托融资进行管理层收购；山东国投“鲁信证券投资信托”，第一款信证合作的证券投资信托产品；上海国投“秦山三期外汇信托产品”，帮助企业进行低成本融资，替代原有高成本外汇融资，降低企业的财务成本；新华信托等信托公司与广发行合作的信贷资产转让信托产品，引进了银行信用，并增加了银行资产的流动性；中诚信托推出的“车公庄危房改造贷款信托”，引入了做市商机制建立信托产品的流通机制；北京国投“债券投资资金信托”引入了商业银行为信托产品办理质押贷款。

第二节
2004～2006年：监管环境变化下的信托创新

一、信托公司痼疾再发与监管环境的变化

“一法两规”奠定了信托业经营的制度基础，但是并没有解决传统信托业时代信托公司存在的根本性治理缺陷，信托公司在重新恢复营业之后的财产管理功能不彰，融资机构的特征鲜明，并且最糟糕的是，信托公司行为目标仍然是融资规模最大化而不是盈利最大化，融资中的关联交易比重畸高，很多信托公司依然是大股东的融资平台，行为模式完全异化，不是为受益人谋求最大利益而是为大股东谋求最大利益。

与此同时，少数信托公司完全违背受托人的忠实义务，将不同委托人的财产混合使用于为自身谋取利益的用途，挪用和侵占信托财产的情况并没有

完全杜绝。在这方面比较典型的如金新信托和庆泰信托。金新信托和庆泰信托在重新登记之后，仍然延续传统信托业时代的经营思维和模式，把信托财产当成存款，对受益人承诺保证最低收益率，然后将委托人的资金混在一起使用，用于证券投资或者实业投资、贷款等。由于金新信托是德隆集团的融资工具，其借信托之名进行的集资多被德隆挪用，德隆的覆亡也就导致了金新信托的末日。而庆泰信托坐庄桂林旅游投机失败，导致巨额亏空，委托人的资金化为乌有，也只能关门停业。这些问题其实都是因为信托公司的行为目标模式异化和治理结构存在根本缺陷造成的，是老问题而不是新问题，根本上说是制度设计缺陷问题。但是，很遗憾的是，这一时期的舆论延续了传统信托业时代的思维，一边倒地指责信托公司，个别媒体甚至出现了清理整顿信托公司必须年年搞、月月搞、天天搞的说法。

由于金新信托、庆泰信托等数家信托公司陆续出现危机，信托监管力度陡然加大：2004 年 4 月合肥会议召开，主题是加强监管；5 月进行了大面积的交叉检查；6 月监管机关下发《关于进一步规范集合资金信托业务有关问题的通知》（46 号文件），进一步收紧政策。这些措施导致了整个行业面临的市场环境和监管政策发生了根本性的改变。

这些变化主要有①：

1. 严格限制使用信托资金向热点行业（房地产业等）投融资。

2. 严格限制具有关联交易性质的信托产品，并且要求对已发生的关联交易要立即进行严格清查。

这一规定从长远来说积极意义是不能否认的，有利于改变信托公司目标模式的异化，防止信托公司的经营与其大股东一体化。这个措施也使得很多公司在开展业务时不得不面对原先并不熟悉的非关联方，从而对产品开发的风险控制和风险保障措施提出了更高的要求。

3. 加强对异地集合资金信托业务的监管力度，异地集合资金信托由于从严控制基本上名存实亡。

4. 部分地区的银监机关对信托产品的审批收紧，甚至连证券投资信托业务都被禁止，影响了信托公司业务发展的规模，也对产品创新造成了不利影响。

① 参考了孟辉的信托产品创新研究报告的总结结论。

5. 明确规定财产权信托按照资金信托业务的监管原则进行监管。这意味着信托投资公司针对资金信托合同“200 份”的限制而采取的通过财产信托方式进行规避的途径被堵死。

二、2004 年信托产品的创新

2004 年是承前启后意义上的转折年，两个重要因素对于信托业的发展以及产品开发创新具有重大影响：一个是宏观调控力度的不断加大；另一个是金新信托、庆泰信托等事件相继爆发，行业内部在过去高速发展过程中所掩盖的部分公司不规范运作和沦为大股东融资平台的矛盾和问题相继暴露，从而引发了整个信托行业再次面临监管层和社会的“信任危机”，导致监管政策出现持续收紧的变化趋势。对于新生的信托行业而言，这次危机促使信托公司不得不寻求在新的市场环境和监管环境下的经营之道，主要应对措施包括：调整产品结构，增加低风险产品；针对宏观调控开发融资产品；采取市场细分策略，结合自身的核心竞争力寻求在特定领域的竞争优势；通过提升信托产品的安全性、收益性以及流动性吸引投资者，缓解行业面临的信任危机，信托产品更多地引入政府信用、银行信用增强产品的安全性，引入了产权交易增强产品的流动性等。

值得一提的是，2004 年是宏观调控年，但是也堪称金融创新年，在这一年中，银行、证券、保险、基金、信托乃至期货公司等金融机构的金融创新产品层出不穷。银行方面，招商银行发行了 MINI 信用卡，并推出了个人理财账户，建设银行推出了国内首张双币种商务卡；基金业方面，国内首只保本基金发行，首只可转债基金成立，首只 LOF 上市；保险业方面，国内首个房贷两全保险出现，瑞泰人寿推出了新型投资连结理财产品，在期货业，燃料油、玉米、棉花期货上市等等。在众多金融机构的创新中，信托创新产品非常亮眼，信托制度天生的创新优势表现非常明显。

（一）产品创新策略

1. 产品结构调整。产品结构调整既是应对金新等信托公司危机爆发、监管政策变化的对策，也是应对宏观调控的策略。2004 年信托产品结构变化的主要特点是：

（1）投资于银行信贷资产的产品有较大规模增加，与 2003 年相比，就规模而言，银行贷款债权投资信托取代了股权投资信托，成为占比仅次于贷款类产品的排名第二的信托产品。

银行信贷资产投资类产品运作模式有多种，最基本的模式有两种：一是信托公司发行集合资金信托，募集资金投资于银行信贷资产，并由银行承诺到期回购资产；二是将银行贷款债权作为信托财产，然后将受益权分割转让。这两种模式都引入了银行信用，实际上是由银行担保的，风险几乎为零。

银行和信托公司在宏观调控和信托业监管从紧的大环境中都迫切需要这类业务，是这类业务大幅度上升的两大推动力。银行在宏观调控中，融资和调节资金头寸的需求大大增加，迫切需要存款和同业往来之外的新资金来源，信托融资正是一个具有发展潜力的重要资金来源渠道。而对于信托公司而言，行业整体在面临监管机关和社会信任风险的情况下，产品风险控制成为了关系自身生存的关键因素，借助银行的高信用，开发风险近乎于零的产品，不仅有利于增强信托产品的信用程度，提高整个行业的社会声誉，而且可以获得稳定的信托收益，并借机进一步拓展与银行在其他领域的合作。所以，两者的共同需求促成了银行信贷资产投资类信托产品成为了2004年重要的信托产品类型，银行信用也成为2004年信托产品风险控制措施中最常采用的手段之一。而由于这类产品几乎没有风险，监管部门一般也乐观其成，这是这类产品发展迅速的重要原因之一。

（2）与2003年相比，为各种企业解决资金融通问题为目的的信托产品数量和规模增加，占比上升。就具体产业领域而言，受到宏观调控影响最大的房地产开发领域超过了基础设施建设领域，成为信托产品最主要的资金运用领域。由于2004年国家宏观调控力度的进一步加大，市场各参与主体普遍面临资金链条偏紧的问题，银行等金融主力军在宏观调控的背景下受到较大的限制，于是信托公司和其融资类信托产品成为众多企业追逐的对象。

房地产融资信托产品的数量增加也导致了这类产品的创新增加。这一时期，多种不同种类的房地产融资产品纷纷出现，比较典型的是以不动产资产或者不动产租赁收益财产权作为信托财产设立信托，再将受益权分割转让进行融资的产品。而在这类产品中，几乎都引进了受益权的分层设计，即将受益权分为优先和次级（劣后）两类。一般只将优先受益权转让给社会投资者，次级受益权则保留给委托人。

2. 市场细分与创新的结合。和其他金融机构不同的是，信托公司没有非常明确特定的营业范围，只要是采取信托方式开展的财产管理及其相关业务，都在信托公司的合法业务范围之内。这是信托公司的优势，但是从另外一个方面看也是劣势，最容易引发的负面效应就是什么业务都做，但是什么业务也做不精。正确的战略是采取市场细分的策略，结合自身的核心竞争力寻求在特定领域的竞争优势，而监管政策的收紧促进了信托公司的市场细分战略的实施。这一竞争策略最明显的特征就是信托公司在特定行业与该行业的领衔者进行战略合作，以此培育实现在特定市场的经验积累与人才培养，并以此降低产品开发的成本和风险控制的难度，体现为信托产品开发设计出现系列化特征。

这一创新模式在 2004 年运作比较典型的是对外经贸信托与通用电器（GE）在医疗设备销售领域进行的合作。对外经贸信托通过发行集合资金信托的方式，筹集资金购买 GE 的医疗设备并租赁给需要该设备的医疗机构，医疗机构作为设备的承租方用一定期限的医疗收入作为租金支付给对外经贸信托。如果作为单一的项目，该产品并没有什么特殊之处，但是由于产品系列化，信托公司开发此类产品的成本显著降低，而且对此类项目的风险控制措施也更加完善。更重要的是这种模式对构建信托公司盈利模式的意义，通过不断的复制，信托公司可以获得稳定持续的信托收益。

深圳国际信托投资公司与零售业巨头沃尔玛的合作创新模式也具有经典意义。深圳国投是沃尔玛在中国大陆最早设立的合资企业深圳沃尔玛珠江百货有限公司的中方股东，基于二者合作的历史渊源，2003 年之后伴随着沃尔玛在全国的业务扩张，深圳国际信托下属的深圳国投商用置业发展有限公司为沃尔玛提供了店址调研、房产开发和店铺使用权出租等一条龙服务，仅 2004 年深圳国投就与沃尔玛在湖南长沙、安徽芜湖、广东佛山等地购买土地进行开发，为沃尔玛的进入提供了金融和其他服务，对此，深圳国投开发了商铺租赁权受益权转让信托产品以及其他衍生的信托产品，开创了开发、投产、变现的滚动发展模式，从而培育并实现了未来信托收益的稳定性。

类似的操作模式还包括北京国际信托投资公司与法国欧尚合作推出的“法国欧尚天津第一店资金信托计划”以及后续的计划等。这些战略转变说明，严峻的市场环境刺激了信托公司的创新，深刻影响了信托产品开发和业务运作模式。

3. 组合投资策略。除了以组建稳固的战略合作联盟和专业化分工为特征的市场细分模式以外，2004 年信托产品创新开发中，组合投资理念的运用也可以看作产品开发模式转变的一个可喜变化。利用投资组合的原理，信托资金运用的风险得到了分散。但是，由于受信托合同 200 份的限制，信托募集的规模有限，组合投资基本上只能局限于证券投资领域，在实物投资领域，组合投资的产品并不多，主要体现在外汇、票据、法人股投资类的信托产品中，在房地产融资领域的信托产品组合投资原则也有所运用。

4. 结构化产品与私募基金联动发展的策略。2004 年，信托产品的一个重大发展动向是大量结构化产品出现，尤其是在证券投资信托领域。通过结构化设计可以改变原有资产的风险收益状况，使得风险和收益在优先和次级投资者之间进行重新分配，从而满足不同风险偏好的投资者的市场需求。而在另外一个方面，结构化设计也迎合了私募基金阳光化的产品设计要求，导致信托公司的结构化的产品与私募基金的阳光化紧密结合，私募证券投资信托产品大规模涌现。在这一领域，深圳国投和私募大王赵丹阳合作的“赤子之心证券投资信托”是最经典的产品。这类产品由于在信托公司和私募机构之间进行了明确的职能划分，两者之间形成了相互制衡的关系，有利于对受益人利益的保护。

上述策略的组合运用，有效化解了宏观调控以及日趋从紧的监管环境对整个信托行业发展构成的制约，信托行业在产品发行数量以及融资规模全年仍然再创历史同期最高水平，信托行业整体仍然保持了高速增长的发展态势。

（二）经典创新产品：苹果社区消费信托

2004 年最为经典的创新产品当属北京国际信托开发设计的苹果社区消费信托产品。该款产品是第一款房地产消费信托产品。其创新和精妙之处在于：其本质上属于房地产融资类信托产品，但是在形式上表现为向消费者（购房者）提供按揭贷款服务的信托产品。

该产品的特点是：北京国投以集合资金信托的方式募集资金，在项目楼盘封顶之前，以信托资金向苹果社区的购房者按揭贷款。楼盘封顶之后，按揭将被转让给银行，也就是购房者将转向银行按揭。

这款产品的创新之处除了将融资与购房消费按揭相结合之外，还通过信托绕过了中国人民银行 121 号文件"未封顶不能办按揭"的规定，为房地产商今典集团提供了融资。而对于信托产品的投资者来说，则可以像银行一样介入到房地产按揭贷款领域，通过按揭贷款投资获取收益。

三、2005 年信托产品创新分析

（一）政策背景

2005 年监管政策延续了 2004 年的主基调，继续强调规范，中国银监会在 1 月即出台了《信托投资公司信息披露管理暂行办法》，要求信托公司分阶段实施强制性信息披露。应对短期融资类信托产品风险难以消除或者缓冲的问题，信托业界进行了热烈讨论，提出了多种缓冲风险的方案和政策建议，并引起了监管层的关注，监管官员曾经表态要对信托风险的保险机制进行研究，帮助信托公司解决可能发生的兑付危机，从而提高信托产品的安全性。

2005 年 8 月，中国银监会下发《关于加强信托投资公司部分业务风险提示的通知》（银监办发〔2005〕212 号），规定对未取得国有土地使用证、建设用地规划许可证、建设工程规划许可证、建筑工程施工许可证的项目，不得发放贷款，而且申请贷款的房地产开发企业必须不低于二级资质，开发项目资本金比例不低于 35%。这个政策出台的结果导致房地产信托贷款的门槛远远高于银行贷款。

中国银监会"212 号文件"进一步收紧了房地产融资，对信托贷款提出了更加严苛的要求，房地产融资类的信托产品一度受到"212 号文件"的影响发生深度调整，但很快便走出低谷，创出新高，恢复的幅度和速度超出了业内预测。这显然是信托创新导致的结果。在 2005 年发行的众多信托产品中，房地产融资类的信托产品无论在数量还是在规模上都居于榜首。由于创新的成功，监管政策的收紧对信托创新和信托业务规模的发展都没有形成实质性的重大影响。

（二）2005 年信托创新的特点

2005 年信托产品创新呈现出的主要特点包括：

1. 信托产品特别注重风险控制和信用增级方面的创新，这显然与监管政策的不断收紧具有直接关系。

在市场风险的控制方面，华宝信托的宝钢新日铁汽车板项目贷款信托计划比较典型，该产品的主要创新点是设定了贷款的浮动利率条款，贷款利率半年调整 1 次，以避免升息风险。

2005 年信托产品在风险控制方面更多地引入银行担保和银行信用，据统计有 25.5% 的信托产品利用了银行信用①。委托银行进行信托财产保管也是控制风险和增强信托产品风险的一个创新，比较突出的是上海爱建信托开发的“上海市政颛桥配套商品房投资资金信托计划”，通过招标选定浦发银行作为信托资金托管行，也使得爱建信托成为上海首家全面试行信托财产保管行制的信托公司。

2005 年信托产品安全性创新还体现在组合投资方面的进一步运用方面。除证券投资信托产品的组合投资外，组合投资还更多地体现在房地产融资信托产品上。据统计，2005 年共发行了 13 个房地产融资类的组合投资信托产品。

2. 信托产品在流动性方面的创新更多地利用了做市商机制（信托公司作为做市商充当受益权转让的交易对手）和银行质押受益权贷款等流动机制。而在流动性机制安排方面最典型的创新是引进了开放型基金在开放日申购和赎回的概念，开发了可再申购和赎回的开放式信托产品，信托产品的流动性整体而言进一步提升。

3. 信托产品更加注重收益性机制方面的创新，2005 年很多信托产品预期收益率设计中都带有浮动利率或超额收益条款，尤其是结构型产品，优先级投资者很多情况下除了固定收益之外，还可以获得超额收益分配权。另外，有些产品还根据期限和投资资金等标准分档设计收益率，传统的收益率设计方法有了创新。

而最具有突破性创新意义的是，没有设置预期收益率的真正的股权投资信托产品出笼，如天津信托发行的“渤海银行股权投资集合资金信托计划”和华宝信托发行的“伊利股份法人股投资集合资金信托计划”，它们的收益来源于所购股份的分红和价值增长。而该类产品的收益性设计更加符合信托产品的本源特质，是信托产品收益的经典模式②。

① 上海国际金融集团有限公司发展研究部：“信托产品创新呈现出三大特点”，《证券时报》2006 年 2 月 14 日。

② 同上

4. 房地产融资借道“夹层融资”等多种创新成功突破政策限制，为房地产业的平稳发展起到了一定作用。“212号文件”基本上扼杀了以“过桥贷款”为主的信托融资业务，但是信托公司很快就开发出了各种房地产股权投资、夹层融资、信托资金直接购买商业用途楼房或住宅（但也有些是到期返售）、以房产实物作为信托到期清算分配的对象、链式信托等信托融资产品，房地产融资类产品进一步多元化。应当说，2005年度，信托创新在房地产融资领域表现的最为精彩纷呈。

（三）经典创新产品分析

1. 渤海银行股权投资信托计划。天津信托发行的渤海银行股权投资信托计划是一个开创性的集合资金信托产品，其创新点非常之多，开创了集合资金信托产品的诸多先例。

（1）这是一款真正的股权投资信托产品。之前的股权投资信托产品，几乎都设计有股东或者第三方在约定时间回购、收购、受让信托资金投资的股权的“特殊条款”，也使得股权投资的性质异化为短期债务融资。而信托资金最经典的运用模式正是投资（包括股权投资和资产投资等多种投资形式），而不是贷款或者其他短期融资。

（2）该款产品的期限为20年，这个期限设计对应的是其作为一款真正投资类产品本身的特质，其时间期限之长所创造的记录，至今没有被其他信托产品所打破。

与股权投资和期限设计所对应的是信托到期信托财产交付形式方面的重大创新：该产品到期时可以根据实际情况交付现金或者股权。这个设计也是与股权投资类产品的特点相适应的。如果渤海银行在信托期间上市，则可以通过在股票市场上溢价出售股票使得投资者获得投资对象价值成长的成果。如果到期渤海银行未能上市，则将信托公司名下的股权过户至受益人名下。

（3）该产品是第一款投资于银行的集合资金信托产品[①]，其成功运作产生了巨大的社会影响，社会各界对银行和金融机构投资价值开始进行再评

① 有研究人士称，这款产品是首款投资于银行股权的信托产品，但是根据部分资料显示，之前由委托人提供资金，以信托公司名义投资银行的情况就已经出现多起，包括对于交通银行的投资、对于一些城市商业银行的投资，都有信托公司的身影，只是我们没有发现集合资金信托产品投资于银行的案例。

估，也使得对于金融机构的投资掀起了历史性高潮。

（4）该产品经过银监会特批，突破了当时法规规定的集合资金信托投资者不得超过 200 人的限制。

2. 深国投·农产品股改信托。深国投为了配合上市公司“农产品”进行股权分置改革，推出了市场上第一个股改信托计划——深国投·农产品股改信托，这是信托公司首次在上市公司的股权分置改革中分得一杯羹。该信托计划对信托行业如何参与股改具有积极意义。之前股改一直被认为是证券公司的专利业务，信托公司此次参与无疑有了新的突破。

3. 链式信托。链式信托是由多个单一或者集合资金信托组成的信托。链式信托是几个独立存在的信托被置于同一个受托人，作为一个同一的整体进行管理，并运用于同一个项目。

链式信托最早由北京国际信托发明，但是北京国际信托的首款产品的交易结构非常复杂，不但具有伞形信托的特点，而且具备信托银团融资的特点，在这款产品中，北国投牵头成立一个信托公司的融资联盟，根据融资盘子的大小及融资项目包内资产来设计总信托和子信托，每个信托的期限有所不同。参与联盟的各个公司发行的信托构成相对独立的子信托，总信托和子信托募集的资金都运用于同一个地产开发项目。而且，在运用管理方式方面，这款产品采取了债权融资与股权融资结合的方式。因此，这款产品是信托银团融资，在信托规模上则是总信托与子信托的伞状链接，在信托融资模式则是投资与债权融资的链接，在期限方面则是不同信托存续期限的链接①。这种复杂的交易结构显然是信托产品的一个重大创新。

链式信托的形式比较单一，中融国际信托与工商银行合作的一款新股申购信托产品，由中国工商银行作为单一资金信托的委托人，将多个单一信托组合为链式信托，各个单一信托的信托财产运用方式完全相同，其产品为“新股申购链式信托”。

4. 联华信托的夹层融资信托产品。夹层融资是处于股权和普通债务融资之间的一种融资方式，也是私募股权资本市场的一种投资形式。夹层融资是一种资本的混合形式，在偿付的优先权次序上，它是次于或者说“低于”优先债权，但优先于普通股或股权。

① 杨林枫等：《信托产品概述》第五章，中国财政经济出版社 2008 年版。

联华信托借鉴欧美国家的夹层融资概念，将夹层融资嫁接于集合资金信托产品，推出了“联信·宝利7号”理财产品。在夹层融资集合信托产品中，信托资金是“夹”在股权和债权之间的。由于中国的公司制度尚未正式确认优先股的合法性，夹层融资通过信托方式，将股权的受益权区分为普通受益权和优先受益权，将信托投资的收益分配和受偿次序排列于股权信托受益权的劣后受益权之先，债权之后，使得这个问题迎刃而解。夹层融资在开发商四证齐全之前投入，之后再进行成本较低的银行债权融资，从而构成一个经典的夹层融资。

5. 中信信托组建信托银团共同运作产品。信托合同份数和投资门槛的规定，制约了信托公司募集资金的规模，导致信托公司不能参与规模较大的项目融资。为此，中信信托牵头组建了类似于银团的信托融资联盟，开发了“重庆市地产集团基础设施建设贷款项目集合资金信托计划：10家信托公司共同发行信托产品，募集资金12.6亿元，以贷款方式运用于重庆市地产集团的基础设施建设项目。该集合资金信托产品由国家开发银行提供连带责任保证和承诺提供后续贷款支持。

这个产品的创新意义是信托银团模式有效解决了信托合同份数对于募集规模的限制，使得信托公司借助集体的力量能够参与投资规模较大的大型项目。同时，信托银团模式有效规避了信托产品异地发行所受到的法规限制。

四、2006年的信托产品创新

（一）政策背景

2006年在今天看来，是中国信托业发展的又一个分水岭。本年度管理层在政策层面的动向值得关注，年初的动向似乎在延续2005年的政策，但是随着监管机关人事的重大调整，政策动向发生了重大变化。可以说，2006年的监管机关人事调整实际上是信托业监管制度重大变局的前夜。

8月15日，中国银监会下发《关于信托投资公司开展集合资金信托业务创新试点有关问题的通知》（65号文件），明确表态鼓励支持创新类信托公司进行产品创新。这个通知被业界人士解读为监管机关准备正式实施酝酿已久的信托分类监管制度。许多业内人士强烈质疑分类监管与创新挂钩的合理性。这个通知实际上最终并没有真正实施。

2006年接近年终的时候，监管层大动作修改信托业管理法规，新法规经过短暂的征求意见后迅速公布，并定于2007年3月起正式实施，同时给予三年的过渡期。这就是信托新政。信托新政虽然在2006年尚未生效，但是由于其对信托公司功能、角色以及业务模式的重新定位，在2006年就对行业产生了强烈的震撼性影响。

（二）重大创新

2006年度信托业的重大创新主要有三项①，一是银信对接的理财产品的出现并迅速发展；二是房地产融资类产品的进一步多元化；三是信托终于取得了作为机构参与证券投资网下配售的资格。

我们认为，银信对接的理财产品的出现是具有战略性意义的，其意义不仅仅限于信托业，而是超越了整个金融界，是2006年度最具重要意义的金融创新。由于信托产品和银行产品的成功对接，银行理财业务从此大大拓宽了其业务边界和领域，并为摆脱银行理财基本依赖洋产品奠定了基础，银行理财业务迅速开始了本土化进程。而信托公司方面则借助银行的渠道在社会投资者中迅速普及了信托观念，推广了信托产品，使得信托业务的规模空前扩张。

1. 银信联手推出理财与信托对接的产品。银行与信托公司合作，从2006年5月开始联手推出了多款银行理财与信托产品直接挂钩对接的理财产品。这一领域的开创者主要为兴业银行、民生银行、平安信托等。由于多家银行与信托公司的跟进，信托投资类银行理财产品成为投资热点。

这类产品的特点是银行以其募集的理财资金投资于信托公司的信托产品，银行理财产品和信托对接，对接的方式有两大类，第一类是银行理财资金募集后，银行以其自己的名义，以单一委托人或者集合资金信托中的多个委托人之一的身份与信托公司签订《信托合同》，将理财资金交付信托运用；第二类是银行以自己的名义，将理财资金投资于信托公司受益权转让的信托产品，成为信托受益权唯一的受让人或者受益权转让的信托产品的多个投资者之一。在银信对接的理财产品中，银行理财资金的收益来源于信托的收益。从法律关系的角度来看，这类产品的特点是，先由银行理财产品的投资者与银行以人民币理财产品为载体建立第一层信托关系，然后银行作为机

① 本节内容主要来自杨林枫主撰的2006年信托创新的研究报告。

构委托人或者投资者，再与信托公司以集合资金信托产品为载体或者受益权转让的信托产品为载体建立第二层信托关系。

这类产品的出现的重大意义在于：

（1）银信之间这一制度合作与产品设计，为银信在混业经营趋势下实现战略融合开创了非常富有想象力的发展空间。这类产品的出现，使得银行与信托公司在理财领域从竞争对手关系发展为产品开发创新的合作伙伴关系，原先银行与信托公司之间存在的信托产品代理销售等非常简单的浅层次合作关系发展为深层次的产品领域合作关系，使得银行与信托公司的关系发生了本质上的变化，金融混业经营的趋势更加明确。

（2）这类产品有效地实现了银行与信托公司的优势互补。对于银行而言，通过投资高收益信托产品的方式可以达到提高人民币理财产品收益率的目的，从而提高了自身产品的竞争力，扩大了市场份额，吸引优质客户资源。另外，银行也借助与信托公司的合作，大大加快了理财产品本土化的进程，开始摆脱理财产品对于洋机构和洋产品的依赖。

对于信托公司来说，银行将收益比较高的信托理财产品作为投资标的，使信托公司可以充分利用银行的网络优势和客户资源，在较短期限内获得大规模资金用于项目投资，并且有效地突破了现有制度架构下信托合同份数、投资门槛等限制对于信托资金募集规模的制约。而更加重要的意义是，对于整个行业来说，信托产品借助银行的渠道，迅速向社会普及，成为社会广泛认知的金融产品。

2006年度银信深层次合作最具代表性的创新作品是民生银行和平安信托于2006年5月16日合作推出的“双层信托银信连结理财产品”，即民生银行“人民币非凡理财产品——T1、T2计划”对接平安信托平安信托的“江珲高速公路项目贷款资金信托计划”。6月民生银行又推出了T3、T4计划，继续追加对于上述项目的投资。T计划中的英文字母“T”正是信托的英文单词“TRUST”的缩写。

银信合作的创新理财产品是2006年度影响最大和最为深远的创新亮点。

2. 房地产融资类信托产品的进一步多元化。由于2005年出台的“212号文件”在信托创新的出击之下未能有效地达到遏制房地产融资的目的，2006年7月，中国银监会发布《进一步加强房地产信贷管理的通知》（54号文件），要求进一步规范信托投资公司房地产贷款业务，将以投资附加回购承诺等方式明确列为“间接发放房地产贷款”。

在“54号文件”的严格限制之下，资金运用于房地产开发的信托产品数量一度大幅度下降，一度有人认为“房地产开发商通过信托融资的渠道基本被堵死”。但是，严格的监管政策再次催生信托产品在设计上的创新，创新在房地产开发信托融资领域再次规模性涌现。2006年度房地产开发信托产品的创新亮点在于，产品在设计上都改变了以往直接抵押贷款的方式或者股权投资加回购的方式，利用项目相关的债权、租金收益权或不动产收益权等权利设计交易结构，通过交易的方式来获取实质上的项目融资，通过权利交易安排绕开了相关监管政策障碍。

总的来说，这些信托产品的共同特点是都一致采用了与房地产项目相关的某种权利，通过集合信托募集的资金，将资金受让该权利或者该权利的优先受益权，通过交易的方式进行项目融资。

由于信托创新产品的大幅度涌现，2006年12月信托产品资金投向分布发生了结构性变化，原来统治市场达8个月之久的投向金融领域的产品12月退到第四位。而房地产投资的资金信托在经历了4个月的低迷调整状态后，开始走向明显复苏。

3. 证券投资领域信托产品的创新。2006年，证券市场在经历了多年的熊市之后开始明显复苏，股市逐步趋于火暴。由于这个因素的影响，加上房地产开发融资受到政策层面的严格管制，信托募集资金投向证券投资领域的产品和规模均大幅度增长，本年度在证券投资信托领域的创新趋势继续发展。

2006年度证券投资领域的最大创新是在中国证监会、中国银监会等管理部门的支持之下，信托公司成为IPO的配售对象，参与网下配售①。第一个网下配售股票的证券投资集合资金信托产品是华宝信托于10月8日推出

① 非常遗憾的是，中国证监会在2007年“暂停”了信托网下配售业务。信托业界很多人士认为，这个政策的不正常变动，连同其他的中国证监会对于信托公司的限制措施，包括中国证监会对于信托公司从事PE业务的限制等多种政策，其实反映的不过是中国证监会的部门利益。2006年中国证监会之所以同意信托网下配售，是因为其时证券市场尚未根本好转，中国证监会需要更多的机构投资者包括信托公司进入证券市场抬轿子。而之前信托公司从事PE业务，未见中国证监会反对，但是到了2007年，证券市场火爆，中国证监会不再需要信托公司抬轿子，相反，他们认为信托公司开展的这类业务是瓜分了证券业的利益，于是他们就将信托业排斥在PE之外。但是，与信托公司同样性质的洋PE基金，却未见限制，导致巨额的证券投资利益被境外投资者占有，信托公司背后的中国投资者却不得享有。

的"华宝—聚金证券投资资金信托计划第一号"，该信托产品的募集资金投资于境内证券市场上的新股（含首次公开发行和增发）、一级市场发行的可转换公司债券。在进行新股申购时，受托人将以网下配售为主，网上申购为辅，投资间隙期的资金可用于银行存款、货币市场基金和逆回购等。

与一般的金融创新完全不同的是，信托本身作为一个机构参与网下配售，基本上是管理层政策许可和制度构建的结果。从其属性来说，信托的功能类似法人机构，作为机构参与证券投资并没有法律障碍；其次，允许信托参与包括网下配售的证券投资，符合国家关于发展直接资本融资的政策精神，符合中国证监会大力发展机构投资者的既定方针，也有利于证券业的发展。因此，在中国银监会的协调之下，2006 年 9 月发布的《证券发行与承销管理办法》对信托投资公司新股询价资格的限制有较大的放宽，并规定信托投资公司可作为 IPO 的配售对象，其集合信托既可以网上申购新股，也可以参与网下配售。

据不完全统计，2006 年沪、深两市新股网上申购的平均中签率仅为 0.53%，而网下配售则高达 2.76%。因此，信托公司集合资金信托获准通过网下配售方式申购新股，势必将提高信托产品新股申购的收益率，也为理财投资者通过信托管道参与网下配售、分享投资收益提供了良好的管道。

（三）经典创新产品

2006 年度经典创新产品主要有①：

1. 江珲高速公路项目贷款资金信托计划。平安信托和民生银行合作发行的"江珲高速公路项目贷款资金信托计划"开创了银信产品对接的合作先河。

2. 中华企业债权信托优先受益权转让及回购信托产品。华宝信托的"中华企业债权信托优先受益权转让及回购信托产品"，从法律层面看是由两个信托关系组成的：一是债权信托。委托人是中华企业，受托人是华宝信托，受益人在信托成立时为委托人。这个信托的信托财产是中华企业拥有的银行委托贷款债权，信托财产的价值 2.6 亿元人民币，分割为两部分：优先受益权部分 25000 万元，余下 1000 万元为一般受益权；二是集合资金信托。

① 主要参考文献为西南财经大学信托与理财研究所的产品创新研究报告。

这个信托的委托人是社会投资者，受托人是华宝信托，受益人是委托人或者委托人指定的人。

从交易结构看，这款产品是以第二个信托所募集的资金与第一个信托的优先受益权进行交易，从而使中华企业股份有限公司获得了融资。为了保证信托到期终止时归还投资者的资金，在交易上安排了债权的回购：即中华企业股份有限公司承诺信托期满时按一定价格回购转让的全部优先受益权。显然，这款产品以债权优先收益权的转让加回购避免了制度对于“投资加回购”间接贷款的限制。

在风险控制方面，优先受益权回购方中华企业股份有限公司为上海的上市公司，是其所在行业的龙头企业，银行信用优良，具有相当充足的实力履行回购义务。更重要的是，中国农业银行为回购方履行回购义务提供了无条件、不可撤销连带责任担保，这使该产品的风险近乎为零。

中原信托推出的“浦发国际金融中心 B 座不动产收益权信托受益权受让集合资金信托计划”与华宝信托的上述信托产品的设计非常类似。

3. 华宝—聚金证券投资资金信托产品第一号。华宝信托发行的“华宝—聚金证券投资资金信托产品第一号”，是第一款信托资金运用于网下配售的信托产品。

4. 中国红结构化证券投资信托产品。中泰信托发行的“中国红结构化证券投资信托产品”，将受益权的分级进一步细化，即分为优先和次级受益权的情况下，优先级受益权实际上再分为两档，其中的第二档由信托公司以自有资金投资，特殊的分层设计使受托人与优先受益人利益捆绑以增级信用，信托公司的利益与社会投资者的利益更加紧密地结合为一体。

其他有代表性的创新产品包括：苏州信托发行的“苏州市职业大学图书馆建设项目集合资金信托产品”，创新点是通过代建职能和建管安排，确保对融资项目财务和建设管理的控制能力；深圳国投发行的“南光股份格兰云天大酒店项目集合资金信托产品”，创新点是每个月等额分配信托收益及信托财产，规避集中兑付风险；中诚信托发行的“天津领世郡贷款项目集合资金信托产品”，资金募集对象特定化，创新点是该产品只对“天天朝阳宣武门大厦贷款项目信托”的信托投资者定向发行募集；上海国投发行的“白金系列（二）结构性存款外汇资金信托产品”创新点是投资结构性银行理财产品，收益与香港恒生指数挂钩。

第三节
新政之后的信托产品创新

一、新政的政策背景与产品创新的特点

新政的政策导向首先是引导信托公司的功能定位转型，从代人融资的机构转变为专业财产管理机构，而功能引定位的战略转型必然体现在信托公司的业务模式和产品结构的转型上。

2007 年度，投资类产品数量和规模大大增长，占比迅速提高。由于证券市场出现空前的牛市，也由于选择证券投资信托产品作为转型的突破口在技术上难度较小，证券投资信托产品在本年度一枝独秀，证券投资信托产品的规模出现了高达 952.69% 的爆发式增长。但是本年度的创新却主要发生在各类私募股权投资产品中，主要的原因是证券投资信托产品相对比较成熟，创新的技术难度越来越大。在 2007 年，证券投资信托业务领域主要的创新是多家信托公司推出不同种类的开放式证券投资集合资金信托产品，将再申购和赎回的基金运用模式镶嵌到信托产品中，并且开放式证券投资集合资金信托产品还采用了优先和次级受益人的结构化设计来控制风险，并且将这类产品与私募基金、基金管理公司、证券公司的合作结合在一起。

而 PE 类产品的创新更多的是由于证监会改变游戏规则，企图将信托公司驱逐出这个领域。银监会的新政战略转型的要求使得信托公司必须开拓各种投资类产品，而 PE 类产品作为最具魅力的真正的股权投资信托产品，当然是信托公司不可能放弃的业务领地，于是大量的针对证监会政策限制的创新不断涌现。这些创新亮点主要是：

1. 针对证监会限制信托公司作为拟上市公司的股权投资主体，采取了以信托资金投资设立有限合伙制企业，以有限合伙企业的名义进行拟上市公司的股权投资的方式。

2. 引进创业投资公司作为战略合作伙伴，借助外力提升信托公司项目

筛选和投资管理的能力，缩短进入PE产业的周期。

3. 信托公司及其管理团队、投资顾问及其管理团队，均以其自有资金购买一定的信托单位，以实现PE投资主体的利益捆绑，使得受托人及其管理成员、投资管理顾问及其团队与信托产品的社会投资者的利益一体化，达到产品增信的目的。而这种利益机制安排实际上使得信托PE具备了有限合伙制PE的激励机制的基本特点，被监管机关高度肯定。也因为这个创新，某些人所持的信托型PE在激励机制上不如合伙制PE的说法被事实所否定。

本年度，监管机关出台了信托公司境外理财业务管理法规，但只有中信信托和上海国投两家信托公司获得QDII业务资格，并且产品迟迟没有推出。主要原因是法规限制了信托QDII的投资范围，不允许投资境外股票，并且投资门槛特别高，相比于其他金融机构的同类产品，信托公司的QDII产品没有任何优势。另外，人民币不断升值的背景下，这类产品的市场风险很大。实际上，介入这一领域的银行，所有的产品都出现了巨额的亏损，银行的信誉严重受损。信托公司因为种种原因未能参与这一业务，未必不是好事。

2008年的创新延续了信托业战略转型的特点，投资类产品品种进一步多元化，除了在PE领域的创新之外，最值得关注的发展趋势主要是：第一，投资对象进一步丰富，黄金、具有稳定租赁收益的不动产项目公司的股权、不良资产甚至葡萄酒等都成为投资对象，交易型开放式指数基金（ETF）套利以及股指期货的套利也被作为投资对象；第二，创新技术有所推进，可转换权证概念、房地产置换加预售概念，债权转为股权概念被信托产品引进，收益率结构设置细化技术得到进一步发展。

二、经典创新产品①

（一）湖南信托深圳达晨系列之创业投资一号集合资金信托计划

湖南信托推出的该款产品并不是第一款PE类产品，但是却是新政正式实施之后的第一款PE产品，并且这款产品在很多方面也具有创新亮点。该

① 主要参考资料为西南财经大学信托与理财研究所李勇等人的产品创新研究报告。

信托产品将多个由投资者指定用途的信托资金集合管理和运用，参与 Pre－IPO，投资拟上市公司；投资拥有核心技术或者创新型经营模式的高成长型企业，以获得超额的股权投资收益。该产品的创新亮点主要是：第一，引进了著名的创投企业深圳市达晨财信创业投资管理有限公司作为投资管理顾问；第二，该产品对投资退出做出了详细的规定：实现项目公司股票上市、将股权直接转让给第三方投资者、通过受益人大会同意将信托计划期限顺延或者采取规定的清算方案对信托项目进行清算。这些交易结构的设计和安排在一定程度上解决了创业投资集合资金信托产品的“退出难”的问题。

（二）中信锦绣一号股权投资基金信托产品

中信锦绣一号股权投资基金信托产品也是新政背景下的 PE 类信托产品，该产品的最大创新亮点是实现了 PE 信托产品与两款银行理财产品的对接，这两款银行理财产品分别是中信理财之锦绣 1 号之 5 年期理财产品和建行财富三号一期股权投资类信托理财产品。

上述两款银行理财产品的募集资金投资方向均为中信信托设立的“中信锦绣一号股权投资基金信托产品”的优先受益权。信托资金将用于中国金融领域企业的股权投资、IPO 配售和定向增发项目，未投资的资金可用于银行存款、货币市场基金、新股申购和债券逆回购。该信托的受益人结构为“优先—次级”受益人结构，优先受益权 9.5 亿元人民币，次级受益权 0.5 亿元人民币。其中优先收益权由该产品的投资人（包括银行理财投资者）认购，次级收益权由中信信托认购。

中信信托设立的“中信锦绣一号股权投资基金信托产品”与湖南信托的“深圳达晨信托产品系列之创业投资一号集合资金信托产品”相似，均属于投资于私人股权投资领域的股权投资类集合资金信托产品。但中信信托的产品不仅投资目标明确，而且方法更加果决，它不仅利用了中信集团的内部资源优势，还和中信银行合作推出“‘中信理财之锦绣 1 号’之 5 年期人民币产品”以及中国建设银行银行合作，推出“‘建行财富三号’一期股权投资类人民币信托理财产品”。该产品充分借助银行优势，实现了信托和银行的优势互补。

（三）同威一号集合资金信托计划

新华信托于 2007 年末推出了两款私人股权投资类信托产品，分别是“南海创业首期股权投资集合资金信托计划“和”天慧投资一号集合资金信托计划”。这两款产品未能按照原计划投资于高成长拟上市企业，经受益人同意，转而投资于证券市场进行新股申购等。

新华信托于 2008 年 3 月 3 日发行的“同威一号股权投资集合资金信托计划”拟投资于稳定成长、预计 1 ~2 年内可以申请公开发行上市的拟上市企业股权，并在资金闲置时投资于证券市场。值得关注的是其发行地为深圳，是非常少见的异地推介的信托产品之一。

（四）可转换权证概念：北京太平洋国际大厦投资项目集合资金信托计划

北京国投发行的“北京太平洋国际大厦投资项目集合资金信托计划”，北京国投以信托资金购买大厦特定物业收益权，同时将新项目公司中北京甲乙丙资产管理有限公司持有的股权分割为“对应特定物业收益权份额的受益权，若发生新项目公司未按约定实现特定物业收益权的情形，则未实现的特定物业收益权按一定比例转化为新项目公司对应份额的股权受益权，直至享有全部股权受益”。其实质是北京国投拥有将特定物业收益权份额的受益权转化为股权受益权的权利。

（五）房地产置换加预售概念：万象新天 II 集合资金信托计划

北京国投发行的“万象新天 II 集合资金信托计划”也属于一个别具特色的创新产品，其创新点主要是房地产置换加预售概念。该信托产品的资金运用是向北京天鸿房地产开发有限责任公司购买位于北京市朝阳区常营乡万象新天项下的部分房产；在信托成立之日起 10 个月内，北京天鸿房地产开发有限责任公司可向北京国投申请以万象新天未销售的其他房产置换。合同到期时，北京天鸿房地产开发有限责任公司退还购房资金并支付约定的资金占用费等。在北京天鸿房地产开发有限责任公司将销售价款或约定的资金占用费等支付至由北京国投设立的销售回款监管账户的前提下，北京国投可解除该部分销售房产的预售登记。

在该产品中，销售房产的预售登记实际上是被作为一种担保方式设计的。这种担保方式非常少见。

（六）金满堂1号黄金投资集合资金信托产品

国投信托推出的“国投信托·金满堂1号黄金投资集合资金信托产品”的创新亮点在于：第一，新政以来，在集合资金信托产品中，首次选择黄金作为投资对象；第二，在信托到期日，投资者可以根据资金的需要，选择以现金进行分配或者以黄金进行分配。

（七）安泰·上海机场高速污水管道（BT）项目集合资金信托产品

安信信托2007年11月推出的“安泰·上海机场高速污水管道（BT）项目集合资金信托产品”的创新亮点在于：第一，该产品期限虽为4年，但由于采用的是资金本金按4年等额向受益人返还、年度分配信托计划收益的形式，因此以加权平均的方法计算，该产品的实际投资期限为2.5年；第二，该产品设置了按投资者投资额度的不同分配不等的收益率的方式，并且预期收益率随人民银行公布的同期贷款基准利率等额上调，不下调。这样的控制措施避免了投资者因为央行加息而使得实际收益缩水的可能性；第三，采取股权投资+债权投资的组合投资方式运用资金。

（八）收益率详细分级的信托产品

天津信托于2008年1月28日发行的“公有住房房租收入收益权购买业务集合资金信托计划”和北京国投于2008年1月7日推出的“北京火神庙国际商业中心项目集合资金信托计划”，两款产品的创新亮点在于：它们都设置了非常详细的收益率分级。所不同的是，前者是按照投资期限的长短分配不等的收益率，它设置了多达6种不同的期限，从6个月到36个月不等，相对应的预计税前年收益率也从5.5%～9%划分为6个档次。后者则是按投资者投资额度的大小分配不等的收益率，其中个人投资者的预计年收益率在11%～17%之间，机构投资者的预计年收益率从14%到18%不等，都分为4个档次。虽然收益率的分级设置并非首次出现，但如此详细的分级使得信托产品设计上更加趋于精细化，以便能更加符合投资者的需求，也是产品创新的表现。

（九）中信—凯德1号科技园区股权投资集合资金信托计划

中信信托于3月26日发行的“中信—凯德1号科技园区股权投资集合资金信托计划”，期限为4年，预期年收益率为10%～20%，拟募集资金2亿～5.4亿元，投资于中国重点城市科技园区内用于办公、研发、试验、数据处理等用途的处于开发或运营阶段的商务房地产项目。

值得关注的是，这是一款非常少见的房地产投资信托产品。之前信托公司推出的房地产类信托产品，几乎都是融资类信托产品，多数以贷款方式或者短期债务融资方式运用信托资金。即使一些信托产品以股权投资方式运用信托资金，也与回购等退出方式嫁接在一起，其本质是为房地产公司提供融资。但这款信托产品不是融资类产品。这款产品虽然号称“股权投资集合资金信托计划”，但是从推介文件的有关信息分析判断，这款产品实质上是一款资产投资类产品。因为推介文件声称，该信托产品是经中国银行业监督管理委员会批准的第一支按照国际标准REITs经营管理模式设计的，并且透露信托财产盈利模式是稳定的租金收入、资产升值和退出时项目股权溢价的收益。

有人将该款产品归为中国“第一支按照国际标准REITs经营管理模式设计的”的信托产品，我们认为这种说法显然有点牵强附会①。但是，即便存在很多缺陷，这款产品的出现仍然具有重要意义。这款信托产品的出现可能改变国内信托公司总是围绕融资做房地产领域信托产品文章的状况，其创新的方式和方向值得肯定。我们认为，业界应当沿着标准REITs的模式去构造中国的房地产投资信托产品，而管理层也应当进一步推进制度建设，以期引导信托公司向正确的业务方向拓展。

（十）国民稳盈宝1号集合资金信托计划

2007年7月国民信托发行的“国民稳盈宝1号集合资金信托计划”，最大的创新亮点是稳盈宝1号是第一款基于套利原理设计的信托产品。该产品投资于证券市场、期货市场进行低风险套利，主要包括交易型开放式指数基金（ETF）套利以及在本信托存续期内推出的股指期货的套利；闲置资金可

① 杨林枫：“中信—凯德1号科技园区股权投资集合资金信托产品评析”，《信托与理财网》。

投资于受托人同意的定向增发、网下申购以及银行存款、网上新股申购等具有高流动性和低风险性的理财投资。

从投资方向来讲，稳盈宝 1 号与一般新股申购类产品相比，只是多了 ETF 套利、股指期货套利和定向增发，其创新设计对技术含量较低的新股申购类产品而言有所发展。稳盈宝 1 号发行以后，中信信托于 2008 年先后成立了 3 款证券投资类的套利产品。这 3 款产品的投资范围更加广泛，包括 ETF 套利、股指期货套利、正股 + 认股权证保本组合套利、可转债转股套利、基金封转开套利、新股申购、股票回购套利等，实现了多点套利的产品设计。

参考文献

中文部分

1. 杨崇森：《信托与投资》，台湾正中书局 1983 年版。

2. [美] 庞德：《通过法律的社会控制——法律的任务》，商务印书馆 1984 年版。

3. [法] 勒内·罗迪埃尔著，陈春龙译：《比较法概论》，法律出版社 1987 年版。

4. [美] 美国法律协会著，台湾司法院和国立政治大学法律研究所合译：《信托法重述》，台湾司法周刊杂志社印行，1987 年版。

5. [日] 川崎诚一著，刘丽京等译：《信托》，中国金融出版社 1989 年版。

6. [美] 约瑟夫·熊彼特：《经济发展理论——对于利润、资本、信贷、利息和经济周期的考察》，商务印书馆 1990 年版。

7. 黄国精：《信托论著集粹》，（台湾）大伟书局 1992 年版。

8. 魏曾勋等：《信托投资总论》，西南财经大学出版社 1993 年版。

9. 张中秀：《信托投资理论与实践》，企业管理出版社 1994 年版。

10. 方嘉麟：《信托法之理论与实务》，（台湾）月旦出版社股份有限公司 1994 年版。

11. 卢云：《法学基础理论》，中国政法大学出版社 1994 年版。

12. 林毅夫：“关于制度变迁的经济学理论：诱致性变迁与强制性变迁”，《财产权利与制度变迁——产权学派与新制度学派译文集》，三联书店上海分店、上海人民出版社 1994 年版。

13. [美] D. C. 诺思，“制度、制度变迁与经济绩效”，《财产权利与制度变迁——产权学派与新制度学派译文集》，三联书店上海分店、上海人民出版社 1994 年版。

14. 周小明：《信托制度比较法研究》，法律出版社 1996 年版。

15. [日] 大和证券投资信托公司商品企通部编著：《日本的证券投资基金》，经济日报出版社 1996 年版。

16. 张庆寿：《中国信托业全书》，中国社会出版社 1997 年版。

17. [美] 弗兰克 · J. 法博齐、弗朗哥 · 莫迪利亚尼著，唐旭等译：《资本市场：机构与工具》，经济科学出版社 1998 年版。

18. 张天民：“论信托财产上权利义务的冲突和衡平——信托的合同基础与中国继受信托法”，载于《民商法论丛》第 9 卷，法律出版社 1998 年版。

19. 张静琦：《金融信托学》，西南财经大学出版社 1998 年版。

20. 生柳荣：《当代金融创新》，中国发展出版社 1998 年版。

21. 周树立：《中国信托业的选择》，中国金融出版社 1999 年版。

22. 周三多、陈传明等：《管理学——原理与方法》，复旦大学出版社 1999 年版。

23. 王新权：《信托与投资经济问题研究》，辽宁人民出版社 1999 年版。

24. [美] 安东尼 · M. 桑托莫罗，戴维 · F. 巴贝尔著，郭斌译：《金融市场、工具与机构》，东北财经大学出版社 2000 年版。

25. [美] 兹维 · 博迪，罗伯特 · 莫顿：《金融学》（中译本），中国人民大学出版社 2000 年版。

26. 何五星：《金融创新与发展》，西南财经大学出版社 2000 年版。

27. 王长庚：“信托生成发展的学理分析——对重建我国信托业的研究”，《西南财经大学博士学位本书》2000 年。

28. [美] 罗伯特 · J. 希勒：《非理性繁荣》，中国人民大学出版社 2001 年版。

29. 王德中：《管理学》，西南财经大学出版社 2001 年版。

30. 赖源河、王子诚：《现代信托法论》，中国政法大学出版社 2002 年版。

31. ［美］菲利普·科特勒：《营销管理（新千年版·第十版）》（中文版），中国人民大学出版社、Prentice Hall 出版公司 2001 年版。

32. 孙金龙、史永生：《现代金融工程——实现金融工具创新的路径》，中国金融出版社 2001 年版。

33. 曾康霖：《金融经济学》，西南财经大学出版社 2002 年版。

34. 朱淑珍：《金融创新与金融风险——发展中的两难》，复旦大学出版社 2002 年版。

35. 柴效武、王淑贤：《家庭金融理论与实务》，经济管理出版社 2003 年版。

36. 盖永光：《信托业比较研究》，山东人民出版社 2004 年版。

37. 黄达：《金融学（精编版）》，中国人民大学出版社 2004 年版。

38. 李宏宇："中国衍生金融产品创新机制研究"，《西南财经大学博士学位本书》2004 年。

39. 饶育蕾、刘达锋：《行为金融学》，上海财经大学出版社 2003 年版。

40. 邵祥林、董贤圣、丁建臣：《信托投资公司经营与管理》，中国人民大学出版社 2004 年版。

41. 沈蕾、邓丽梅：《金融服务营销》，上海财经大学出版社 2003 年版。

42. 孙国辉、王海妹：《商业银行战略营销》，山东人民出版社 2003 年版。

43. 万后芬：《金融营销学》，中国金融出版社 2003 年版。

44. 王淑敏、陆世敏：《金融信托与租赁》，中国金融出版社 2002 年版。

45. 吴弘：《信托法论——中国信托市场发育发展的法律调整》，立信会计出版社 2003 年版。

46. 许祥秦：《金融产品设计研究》，中国社会科学出版社 2002 年版。

47. ［英］亚瑟·梅丹：《金融服务营销学》（中文版），中国金融出版社 2000 年版。

48. 杨林枫、罗志华、张群革：《中国信托理论研究与制度构建》，西南财经大学出版社 2004 年版。

49. 徐孟洲：《信托法学》，中国金融出版社 2003 年版。

50. 张天民：《失去衡平法的信托——信托观念的扩张与中国〈信托法〉的机遇与挑战》，中信出版社 2004 年版。

51. 赵奎、朱崇利：《金融信托理论与实务》，经济科学出版社 2003 年版。

52. 赵辉等：《商业银行市场营销策略》，中国金融出版社 2003 年版。

53. 中国人民大学信托与基金研究所：《中国信托业发展报告（1979—2003）》，中国经济出版社 2004 年版。

54. 中国人民大学信托与基金研究所："中国信托业宏观发展研究" 系列报告，《中国信托研究》，http：//cqitic. jianwangzhan. com/11/14603/。

55. 钟瑞栋、陈向聪：《信托法》，厦门大学出版社 2004 年版。

56. 孟辉："创新：信托业发展的原动力——2003 年信托产品创新回顾"，载于杨如彦主编：《中国金融工具创新报告（2004）》，中国人民大学出版社 2004 年版。

57. 柴爱忠："关于我国信托业若干问题的思考"，《金融研究》1996 年第 5 期。

58. 周小明："中国信托业：何去何从——分业政策下信托业的定位和未来发展"，《经济导刊》1997 年第 2 期。

59. 马俊起："我国信托业的定位与出路"，《金融研究》1997 年第 4 期。

60. 孙东升："制度环境、制度创新与制度变异——关于中国信托业恢复和发展的制度分析"，《金融科学》1998 年第 2 期。

61. 熊伟："我国金融制度变迁过程中的信托投资公司"，《经济研究》1998 年第 8 期。

62. 西南财经大学金融学院课题组，陈野华执笔："再论信托的市场定位与发展方向"，《金融研究》1998 年第 9 期。

63. 唐寿宁等："中国信托投资业的问题与前景"，《金融研究》1999 年第 1 期。

64. 杨思群："论我国信托投资公司的改革"，《金融研究》1999 年第 2 期。

65. 史薇："论我国信托业的发展趋向"，《金融研究》1999 年第 6 期。

66. 杨大楷、刘伟："国外信托业发展研究"，《当代财经》2000 年第 4 期。

67. 孟辉、曾俊霞："地方政府与地方性信托投资公司的制度变迁分析”，《改革》2001 年第 6 期。

68. 张旭东：“信托法：规范信托关系，促进经济发展”，《新华网》2001 年 4 月 29 日。

69. 曾鹏：“入世背景下中国信托业的规范发展”，《上海经济研究》2001 年第 8 期。

70. 周小明：“我国资产管理市场的主要问题和对策”，《经济导刊》2002 年第 4 期。

71. 黄来纪：“关于构建我国信托关系法律框架研究——‘信托法研讨会’综述”，《政治与法律》2002 年第 6 期。

72. 吴士君：“信托投资公司的重新定位与开拓重点研究”，《上海金融》2002 年第 6 期。

73. 秦力：“国际上信托投资研究的理论流派简评”，《经济研究参考》2002 年第 48 期。

74. 曾庆芬：“发达国家或地区信托业发展趋势及启示”，《西南民族学院学报》2003 年第 4 期。

75. 盛学军：“中国信托立法缺陷及其对信托功能的消解”，《现代法学》2003 年第 12 期。

76. 邓举功：“银证、银信、信证合作与金融理财”，《上海金融》2003 年第 12 期。

77. 程治中、徐跃：“银行业和信托业合作空间广阔”，《上海金融》2004 年第 1 期。

78. 邓举功：“2002 年、2003 年、2004 年中国信托行业发展报告”，《邓举功信托研究室》，http：//dengjugong. tongtu. com/。

79. 关新红、杨筱燕：“透视中国信托业——发展障碍及对策分析”，《东北财经大学学报》2004 年第 5 期。

80. 何志成：“众公司跌入深渊，中国金融信托业面临‘生死结’”，《中国高新技术企业》2004 年 12 月 9 日。

81. 胡金焱、王旭：“从异化到重构：论我国信托业的制度变迁”，《山东大学学报（哲学社会科学版）》2004 年第 4 期。

82. 李晓毅、朱悦衡：“论利益平衡理念与我国信托立法”，《西南民族大学学报·人文社科版》2004 年第 2 期。

83. 刘正峰："信托制度基础之比较与受托人义务立法"，《比较法研究》2004 年第 3 期。

84. 刘丽华等："2004 年度集合资金信托产品分析"，《衡平信托网》。

85. 罗捷："银监会连颁铁令，信托业年前反思'三大丑闻'"，《21 世纪经济报道》，2004 年 12 月 28 日。

86. 闻岳春、徐峰："券商、基金、信托业合作模式研究"，《证券市场导报》2004 年 12 月号。

87. 毛生苗、徐庆彪："信托投资公司核心盈利模式的再思考"，《浙江金融》2004 年第 1 期。

88. 孟辉："宏观调控背景下行业盈利模式的艰难转型——2004 年信托产品创新回顾"，《中国信托研究》，http：//cqitic. jianwangzhan. com/11/14603/。

89. 王连洲："中国信托制度发展的困境与出路"，《法学》2005 年第 1 期。

90. 王国言："全球金融体系结构变化的新视角：功能观点"，《财贸经济》2001 年第 2 期。

91. 夏斌："发展中国统一信托市场的两大问题"，《法学》2005 年第 1 期。

92. 邢成："2004—2005 年中国信托业发展：回顾、评析与展望"，《中国信托研究》，http：//cqitic. jianwangzhan. com/11/14603/。

93. 杨筱燕："信托投资公司的信托产品体系探讨"，《上海金融》2004 年第 5 期。

94. 应向阳："我国信托产品创新述评"，《农村金融研究》2004 年第 3 期。

95. 朱莉："信托业协会能否挑起两副重担?"，《上海证券报》2005 年 1 月 5 日。

96. 周小明："中国信托业需要二次定位"，《中国信托基金网》2005 年 1 月 11 日。

97. 翟立宏："复杂的投资者行为刍议"，《煤炭经济研究》2003 年第 2 期。

98. 翟立宏："行为金融学的理论基础与发展前景"，《天府新论》2003

年第4期。

99. 翟立宏："个人金融产品的特性：不同角度的考察及启示"，《经济问题》2005年第1期。

100. 杨林枫等：《信托产品概述》，中国财政经济出版社2008年版。

101. 西南财经大学信托与理财研究所月度和年度信托产品分析报告。

英文部分

1. David B. Parker and Anthony R. Mellows, *The Modern Law of Trusts*, Sweet & Maxwell, 3rd. ed. , 1975, London.

2. P. V. Baker and P. St. J. Langan, *Snell's Principles of Equity*, Sweet & Maxwell, 28th. ed. , 1982, London.

3. RPM Meagher and WMC Gummon, *Jacobs' Law of Trustees*, Butterworths, 5th. ed. , 1986, Sydney.

4. David J. Hayton, *Underhill's Law Relating to Trusts and Trustees*, Butterworths, 13th. ed. , 1979, London.

5. Eugene F. Scoles, *Problems and Materials on Decedents' Estates and Trusts*, 3rd. ed. , Little, Brown & Company, 1981, Boston.

6. JD Heydon, WMC Gummon, R. P. Austin, *Cases and Materials on Equity and Trusts*, 4th. ed. , Butterworths, 1993, Sydney.

7. Elizabeth Cairns, *Charities: Law and Practice*, Sweet & Maxwell. 1998, London.

8. Patrick C. Soares, *Trusts and Tax Planning*, 3rd. ed. , Longman Group Limited, London, 1987.

9. Hayton, *Cases and Commentary of the Law of Trusts*, 8th. ed. , Stevent &, 1986, London.

10. Allen and Gale, *Financial Innovation and Risk Sharing*, MIT Press, 1994.

11. John Geanuracos, Bill Millan, *The Power of Financial Innovation*, Happer Collins Publisher, 1994.

12. P. Molynenx, *Financial Innovation*, John Wiley & Sons, Inc. 1999.